KB068290

이스라엘
탈피오트의 비밀

ISRAEL'S EDGE

이스라엘
탈피오트의 비밀

제이슨 게위츠 지음 | 윤종록 감수 | 윤세문 외 옮김

최고 중의 최고 엘리트 조직

ISRAEL'S
EDGE

알에이치코리아

이 책을 당신들께 바칩니다.

제가 아는 한 가장 훌륭한 나의 아버지,
제가 아는 한 가장 이타적인 나의 어머니,
내가 아는 한 가장 강한 나의 형제,
내가 아는 사람 중 가장 상냥하고 멋진 나의 아내,
나의 두 딸, 그것이 어떤 모습이든 너희가 되고 싶은 사람이 되거라.
다만 선한 행동을 하는 착한 사람이기를 바란다.

그리고 탈피오트의 과거와 현재, 미래의 졸업생들에게 바칩니다.
이스라엘을 지키는 군대에 복무하는 남녀 모두에게 바칩니다.
당신들은 국경뿐만 아니라 사람을 지키는 것입니다.

| 들어가며 |

    이스라엘의 군대 징집 가능한 인원은 매년 5만 명 수준이다. 그리고 이스라엘 방위군 병무청은 이들 남녀 고등학생을 대상으로 다양한 방법을 통해 적재적소에 배치하는 작업을 수행한다.

    이들의 선택은 공군, 해군, 기갑 부대, 보병 부대, 포병 부대 그리고 특수 임무를 띤 최고의 엘리트 부대 등 다양하다. 엘리트 부대의 경우 특별한 교육 프로그램이 마련되어 있다. 그 밖에도 정보, 공병 등 다양한 기술선도 부대 등 이루 헤아리기 어려울 정도로 다양하다. 복무 기간은 남학생의 경우 최소 3년 이상, 여학생은 최소 20개월 이상이다. 이스라엘은 적에게 둘러싸여 있어 세계에서 가장 절실하게 막강한 전력이 필요한 나라이기 때문이다. 아울러 어린 청소년에게 군대는 기꺼이 참여하여 나라에 기여하고 싶은 우상이기도 하다. 따라서 고교생들은 원하는 엘리트 부대에 가기 위해 입대 몇 년 전부터 이를 염두에 두고 입대를 위해 사전에 준비하는 등 노력을 게을리하지 않는다. 때에 따라서는 특별한 체력을 요구하는 특수 부대 같은 곳도 있어, 별도로 체력 단련을 하는 등 철저한 대비를 하기도 한다.

일반적으로 공군이 가장 먼저 징집 기회를 갖는다. 다양한 비행기를 보유하고 있는 공군은 전투기, 거대한 수송기, 중무장한 폭격기 등 다양한 용도에 맞는 특수한 체력을 필요로 하기 때문에 징집에 우선권이 주어지는 것이다. 당연히 학생들의 선망 1순위는 공군이다. 미국을 비롯한 여러 나라의 청소년들이 스포츠 스타를 꿈꾸는 동안 이스라엘의 청소년들은 F16 조종사를 꿈꾼다. 만약 시력이 문제가 되어 부득이 조종석에 앉지 못하는 학생이라면 '사이렛 매트칼Sayeret Matkal'이라 불리는 낙하산 부대를 꿈꾸기도 한다. 이들이 신는 붉은색 부츠는 젊은이들에게 강인함과 애국의 상징으로 각인되어 있다.

그러나 1979년을 기점으로 이들의 서열에 큰 변화가 일어난다. 전통적인 공군과 최고의 지상군 중심의 서열이 존재해 왔으나 그 위에 새로운 비밀 부대가 새로이 등장하게 된 것이다. 이 특수 부대는 전통적인 재래식 전투 부대의 모집 방식이 아닌 새로운 역량을 고려하여 선발한다. 그들에게는 고도의 학습 역량이 있는지가 관건이다. 경쟁을 초월하며 혹독한 한계를 뛰어넘고 대학 교과 과정을 압축하여 소화할 수 있는 역량을 요구한다.

교관들은 세계 최고 수준의 수학, 물리, 컴퓨터공학 엘리트이고, 그들은 육해공군에서 전략적 리더십을 갖춘 가장 뛰어난 역량을 동시에 보유한 그룹이다. 이 프로그램의 지향점은 군사적 역량 위에 과학적 역량이 가미된 전 세계 어느 군대도 감히 넘볼 수 없는 그런 군인을 배출하는 데 있다. 이 프로그램은 남녀에 따라 보통 3년 또는 20개월의 복무를 마치는 일반 군대와 확연히 차별화된다. 이들에게는 거의 10년에 가까운 복무 기간이 주어진다. 프로그램이 너무 고강도로 진행되는 이유로 보통 4명 중 한 명꼴로 프로그램 진행 도중에 탈락하기도 한다.

이 프로그램 이수자에게 요구되는 것은 엄청난 지식을 축적하고 응용하여 그 누구도 이스라엘을 넘볼 수 없을 정도의 강한 방어 체계를 구축하는 것이다. 아울러 육해공군이 정보전에서 압도적으로 우위를 점하는 것이다.

이 작지만 선택된 특수 프로그램은 이스라엘이 전쟁하는 방법 자체를 완전히 새롭게 재편하는 것에 의미를 두고 있다. 즉 그 어느 나라도 원천적으로 이스라엘에 물리적 공격을 하지 못하도록 새로운 지식을 앞세운 가공할 무기를 마련하는 것이다. 이스라엘 방위군에 이 프로그램이 착수되면서 아직 그 어느 부대도 이 엘리트 부대만큼 이스라엘, 이스라엘 군대와 무기 체계에 심오한 영향을 미친 적이 없었다. 비슷비슷한 무기로 치열하게 경쟁하는 레드오션의 방위 체계를 넘어서 그 누구도 경쟁이 될 수 없는 블루오션을 지향하는 군대 조직이다.

그리고 이 프로그램을 마친 후에도 그들은 군대에서 익힌 역량을 소진하지 않고 사회에 환원한다. 그들은 군에서 익힌 역량을 산업으로 가지고 나가 전 세계를 무대로 수천억 달러 규모의 경제적 부가가치와 수만 개의 일자리를 만들어 내는 주역이 된다. 그들은 전쟁터에서는 물론 세계적인 비즈니스 무대에서도 항상 첨단을 누빈다.

이 책은 바로 이스라엘의 최고 엘리트 부대인 탈피오트 이야기다.

우리는 원료를 넣어 제품을 만드는 지난 60년의 산업 경제로 성공한 나라에 살고 있다. 그러나 이제 세계는 상상력Imagination을 혁신 Innovation으로 만드는 새로운 패러다임, 4차 산업혁명을 지향하고 있다. 여기에 필요한 힘은 증기, 전기와 같은 하드파워가 아니라 눈에 보이지 않지만 거대한 힘, 즉 소프트파워다. 소프트파워의 근간은 창의력이다. 나는 지난 30년간 우리나라가 세계 최고의 비옥한 디지털 토양(정보통신 인프라)을 갖추는 데 힘써왔다. 이제 이를 바탕으로 청년들의 창의력이라는 씨앗을 키우는 새로운 메시지를 전하고 있다.

2000년간 나라 없이 흩어져 살다가 1948년, 척박한 팔레스타인의 사막 위에 건국한 이스라엘은 70년 만에 세계 최고의 혁신 경제를 만들어 창업 국가로 부상했다. 연간 강우량이 400mm에 불과한 이들은 오직 52센트의 비용으로 바닷물 1톤을 식수로 바꾸는 혁신적 기술을 개발했다. 인터넷이 아직 대학, 연구소의 전유물이던 1990년대 초에 이미 인터넷 보안 기술을 석권하여 최초로 방화벽을 만들었다. 원자폭탄 기술에 중성자 제어 기술을 가미하여 2~3년간 서서히 폭발하게 하는 원자력 발전 기술을 개발했고 마그네틱테이프 기술을 USB로 바꾸었다. 가위를 사용해 인위적으로 유전자를 변형하는 대신 아고라라는 자연 박테리아를 통해 환경친화적 유전자 변이를 일으키는 기술을 만들었다.

아인슈타인을 비롯한 유명한 과학자들이 남겨놓은 6,300개의 특허를 통해 이 나라의 대학, 연구소는 연간 1조 원 규모의 로열티를 전 세계에서 거둬들이고 있다. 연간 5억5천만 톤의 생활용수 중 5억 톤을 지중해에서 끌어와 해결하는 이 나라의 어린이들은 강이 바다에서 발원하여 산으로 올라간다고 서슴없이 얘기한다. 전 세계가 올림픽 중계에 열광할 때 이스라엘은 장애인 올림픽에 열광한다. 앵커는 참가 선수들의 오른쪽 각막, 왼쪽 무릎 연골, 주행 보조기를 일일이 열거하며 이스라엘 어느 대학의 어느 연구원이 개발했는지 하나하나 설명을 곁들인다. 아이들은 경기에 몰입하는 동안 그 인공 장기들이 어떻게 작동하는지 주의 깊게 살핀다. 1년에 유럽이 만들어 내는 창업의 수와 이스라엘이 만들어 내는 수가 같다.

이스라엘은 건국된 바로 그날 첫 번째 전쟁을 치른다. 국방 시스템 없이 출발한 이들은 집단 농장 키부츠의 보조들을 내세워 힘들게 버티고 싸우며 일했다. 그리고 국가의 전열을 가다듬은 다음 6일 전쟁을 통해 세계 전쟁 역사상 가장 불가사의한 성공을 거두며 비로소 두 발 뻗고 편히 잘 수 있었다. 그러나 평화에 안주하는 동안 주변국이 와신상담하며 전열을 가다듬어 이스라엘에 처절한 패배의 쓴맛을 보게 했다. 이른바 욤 키푸르 전쟁이다. 이스라엘은 유대교의 가장 신성한 날인 안식일에 기습을 당하며 가장 치욕적인 패배를 당한다. 이 책은 바로 여기에서 시작한다.

가장 힘든 순간을 맞은 이들의 반응은 패배의식이 아니었다. 오히려 사회, 국가, 제도, 문화를 새로이 바꾸는 새로운 패러다임의 시작이었다. 무작정 폭탄의 파괴력을 늘리는 것이 아닌, 골프 홀에 공이 들어가는 정도의 정확한 공격, 방금 발사된 미사일을 즉각 식별하여 불과 수초 안에 정확히 파괴하여 거대한 가상 안전 공간(아이언 돔)을 만드는 것이다. 여기에는 땀 흘려 근육을 기르는 힘이 아니라 생기 넘치는 두뇌의 힘을 기르는 것에 가치를 두고 진행해야 했다. 누구에게도 간섭당하지 않고 스스로 무한의 상상을 허용하는 공간을 마련해야 했다. 바로 탈피오트 프로그램이었다.

가장 창의력이 왕성한 10대 후반 20대 초반의 두뇌가 이스라엘을 구한다는 생각으로 두 명의 뜻있는 교수에 의해 탈피오트라는 새로운 도전과 성공의 역사가 시작되었다. 최고 중의 최고를 의미하는 탈피오트 부대는 또 다른 차별이 아니라 하드파워 중심의 이스라엘을 새로운 소프트파워 중심의 나라로 바꾸는 거대한 도전의 시작이었다. 그 철학은 단순하다. 상상을 혁신으로 바꾸는 것이다. 원료를 제품으로 바꾸는 것과 근본이 다르다. 눈에 보이지 않고, 손에 잡히지도 않지만 그 힘은 아무나 따라 올 수 없이 막강하다.

부족함이 핸디캡이 아니라 부족함을 통해 오히려 강점을 만들어가는 힘의 원천이라는 것을 명확히 보여준 사례가 이스라엘의 탈피오트 프로그램이다. 젊은 고3 학생들이 애타게 기다리는 것은 하버드, 예일, 프린스턴이 아니라 탈피오트, 8200 부대와 같은 엘리트 부대이다. 이들이 있었기에 오늘날 세계 최고의 혁신 창업 국가 이스라엘이 있다.

우리 사회도 이제 보이지 않는 것의 강한 힘을 인식하고 하드파워와 함께 소프트파워 배양에 매진할 때다. 소프트파워의 원천은 좋은 상상력에 있고 그 힘은 도전을 통해 혁신으로 이어질 때 드러난다. 이제 우리는 하드파워를 상징했던 '근면, 자조, 협동'에서 소프트파워를 대변하는 '상상, 도전, 혁신'으로의 새로운 패러다임을 모색해야 할 것이다.

윤종록

CONTENTS

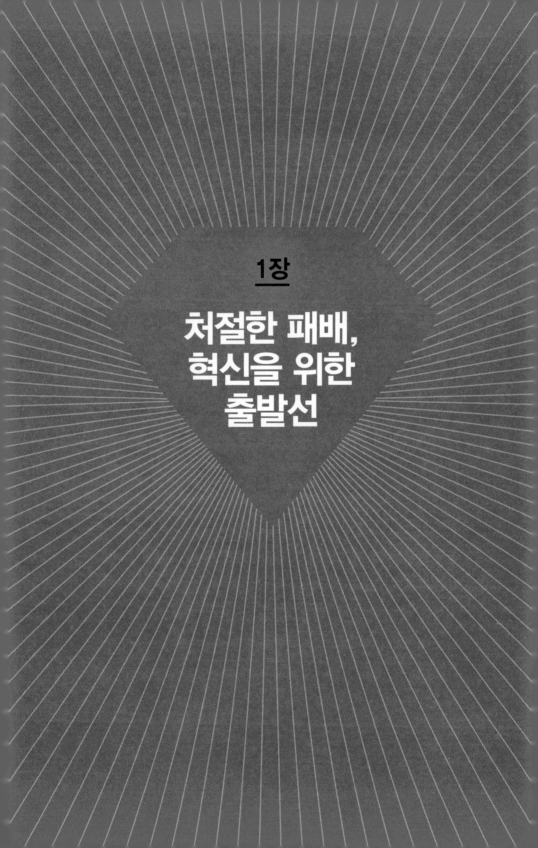

1장

처절한 패배,
혁신을 위한
출발선

ISRAEL'S EDGE

1973년 10월, 비밀스러운 소식통, '더 소스The source'는 런던에 있는 그의 모사드Mossad(이스라엘의 비밀 정보 기관) 참모에게 이스라엘과 아랍 주변국의 전쟁이 임박했다고 알렸다. 그 소식통의 생각이 이전까지는 줄곧 틀려왔으나, 시리아와 이집트 국경에서 볼 수 있는 모든 징후를 종합했을 때, 어딘가 모르게 이번엔 진짜로 전쟁이 일어날 것 같은 낌새를 보였다.

영국 요원들부터 이스라엘 요원들, 그들보다 높은 위치에 있는 모사드 책임자인 자미르Zvi Zamir 장군까지 부산스럽게 움직이기 시작했다. 그는 '더 소스'를 만나기 위해 즉시 런던으로 향했다('더 소스'는 이집트 전 대통령 가말 압델 나세르Gamal Abdel Nasser의 사위인 아쉬라프 마완Ashraf Marwan으로 추정된다). 모사드와 이스라엘의 다른 정보국에서는 '더 소스'를 이중첩자 요원으로 의심하고 있었다. 그러나 현재까지도 진실은 드러나지 않고 있다.

자미르는 이번만큼은 그 정보가 믿을만하다고 생각했고 이스라엘 전쟁이 다가오고 있다고 믿었다. 그는 곧 공격이 닥칠 것이라는 사실에 대해 이스라엘 수상 골다 메이어Golda Meir와 국방부 장관 모세 다얀Moshe Dayan을 설득했다.

그런 중대한 정보를 알았음에도 불구하고 이스라엘의 지도자들은 먼저 나서서 행동하지 않기로 했다. 선제공격을 했을 때 받을 세계적 비난과 그로 인해 미국의 결정적 지원을 잃게 될까 두려웠기 때문이다. 미국의 국무장관은 이스라엘의 총리 메이어를 포함한 지도자들에게 '만약 전쟁이 발발한다면 이스라엘이 그 전쟁을 먼저 시작한 것이 아님을 증명해야 할 것'이라고 경고했었기 때문이다.

10월 5일 오후, 이스라엘 군사정보부의 보고에 따르면 "이집트가 전쟁을 일으킬 가능성은 낮다. 시리아의 의도에 대한 우리의 생각은 변함이 없다."로 기록되어 있었다.

욤 키푸르
전쟁의 발발

1973년 10월 6일, 욤 키푸르 전쟁Yom Kippur War(4차 중동 전쟁)이 발발했다. 때는 유대력의 제10월, 유대교의 5,734번째 속죄일이었다.

오후 2시에 이집트가 이스라엘을 공격했다. 이에 뒤따라 몇 분 뒤 시리아도 공격을 시작했다.

남쪽에서는 이미 이집트의 공격이 시작되었고, 1967년 3차 중동 전쟁(6일 전쟁) 이후 이집트와 이스라엘 휴전선에 해당하는 수에즈운하를 이집트가 넘어오면서 이스라엘의 방어선은 허를 찔렸다. 운하를 가로지르는 이집트군의 전진 속도는 점점 더 빨라졌고, 이집트 쪽의 운하에서 확성기 소리가 울려 퍼졌다. "신은 위대하다! 신은 위대하다!" 이스라엘의 자존심인 바-레프 방어선Bar Lev Line(1967년 3차 중동 전쟁 이후 이집트를 방어하기 위해 건설한 '무너지지 않는 방어선'이다)을 따라 주둔하던 이스라엘군은 그들의 삶과 국가를 방어하기 위해 상대편의 맹공격에 대한 준비를 착수했다. 그러나 결론적으로는 많은 이스라엘 사람들이 바-레프 방어선에 갇혀있었고, 그날이 그들의 최후의 날이었던 것이다.

북쪽에서는 시리아 탱크가 6년 전에 그들이 설치한 휴전선이자 국경을 가로질러 쏟아져 들어오고 있었다. 시리아 특공대는 헬리콥터를 타고 1967년 이스라엘이 차지한 헤르몬 산(시리아, 레바논 사이에 자리한 샤르키 산맥의 최고봉)으로 왔다. 시리아의 전투기와 폭격기는 공습을 거듭했고, 단단하지만 그날따라 무방비하기도 한 이스라엘 표적을 향해 공격했다.

이스라엘의 북쪽 끝인 골란고원부터 남쪽의 시나이 사막까지 일시에 혼란에 빠져버렸다. 현지 야전사령관들은 북쪽과 남쪽에서 일어나는 양동작전을 막아내기 위해 필사적이었다.

예루살렘에 있는 정부 지도자들은 놀라서 할 말을 잃었고, 더 최악이었던 것은 텔아비브에 있는 군 지도자들이 공격에 대한 보고를 처음 받았을 때 과장된 정보라 생각하고 무시한 점이었다. 이스라엘은 아랍 적들이 이처럼 신속하고 효과적인 급습을 할 수 있다는 사실을 믿을 수가 없었다. 불과 몇 년 전에 이스라엘 장교들은 여섯 나라나 되는 아랍 군대를 훌륭하게 격파했기 때문이었다. 그러나 어찌된 영문인지 군 당국의 최고 지휘권자인 국방부 장관 다얀은 그의 가까운 고문들에게 아무 문제가 없다고 알렸고 그렇게 믿게 했다. 모든 상황은 잘 통제되고 있으며 이스라엘 방어 병력은 전세를 뒤엎을 것이라며 말이다.

그러나 공교롭게도 유대력의 가장 경건한 속죄의 날인 욤 키푸르에 사이렌 소리가 이스라엘에 울려 퍼졌다. 거의 모든 이스라엘 사람들은 종교를 믿건 안 믿건 욤 키푸르를 달력에 표시해놓고, 이날 만큼은 절대 세속적인 일을 하지 않으며 유대교 회당 예배에 참석하거나 단식, 기도, 사색을 한다. 하지만 당황한 이스라엘 사람들은 그들의 집과 유대교회당에서 달려 나왔다. 그들은 모여 앉아 라디오에서 나오는 뉴스를 기다렸고, 불안한 마음으로 예비군들이 모일 장소를 지시하는 암호에 귀 기울였다.

[이스라엘의 군대는 이스라엘 군의 뼈대인 예비군을 동원하는 데는 48시간이면 충분하다고 항상 주장해왔다. 정보국(정보부)에서는 48시간 전에 지시를 주는 것이 문제가 되지 않는다고 언제나 말했지만 그것은 완전히 잘못된 생각이었다.]

곧이어 이스라엘 예비군과 자원자들은 차와 버스, 견인 장치를 징발했다. 군부대 너머에 있는 민간 시민들은 지휘(명령)를 받기 위해 수백 개의 부대가 집합한 곳으로 군인들을 데려다주기 위한 이동 수단을 마련했다.

시간이 흐르며 혼란이 커질수록 도로에는 교통이 정체됐다. 이스라엘의 공황상태가 더해질수록, 이집트와 시리아는 그들이 정한 '10월 전쟁The October War'의 한 달 계획 중 첫 번째 날의 목표에 성공적으로 다가갔다.

불과 48시간 동안의 짧은 전쟁에서 이스라엘은 전례 없는 패배에 고통받고 있었고, 정치적 리더십은 이미 기울어져 버린 전쟁 상황을 맞잡고 싸우느라 어려움을 겪고 있었다. 전장에서의 패배와 큰 손실, 이스라엘 진지가 공격받았다는 내용을 담은 냉철한 정보 요원의 보고들은 마침내 다얀에게 닿았으나, 다얀의 자신감은 이미 사라진 뒤였다.

이집트는 불과 며칠 전이라면 생각지도 못할 시나리오인 탱크 수백 대와 부대 수천 개를 이스라엘 수에즈 운하에 운집시켰다. 북쪽에서는 시리아의 진군이 계속되고 있었다. 시리아의 탱크들은 이스라엘의 항구 도시 하이파(이스라엘의 북부 항구 도시)와 이스라엘 해안이 빤히 내려다보이는 평야의 가장자리로 접근하여 포위했다.

다얀은 그의 국가가 처한 위험의 심각성을 그제서야 알아차리고 상황에 대한 냉정한 평가를 핵심 참모들과 고위층 정부 관계자들에게 알렸다. 훗날《욤 키푸르 전쟁The Yom Kippur War》에서 아브라함 라비노비치Abraham Rabinovich는 다얀과 정부에 대해 거짓 없는 뉴스를 쓰는 기자들과의 비공식 만남을 언급했다. 취재원(정보원)들은 다얀이 "이스라엘은 시나이의 깊은 곳으로 후퇴할 수밖에 없다."라고 말한 것을 라비노비치에게 알려주었다고 한다. 다얀은 "세계는 이제 우리가 이집트보다 강하지 않다는 것을 목격했다. 이스라엘은 다른 아랍 국가들보다 강하고 전쟁을 한다면 이길 수 있다는 기운은 물론 정치·군사적 이점들을 가지고 있었는데 그것을 이스라엘은 증명하지 못했다."고 말했다.

충격을 받은 다얀은 그날 국민들에게 이 같은 메시지를 전달하려 했다. 그러나 기자들 중 한 명이 나라 전체적으로 사기가 무너질 것과 모든 사람에게 안겨줄 불안을 걱정했다. 다얀은 메이어 총리에게 갔고, 다른 군사 고위 간부가 국방부 장관인 자신을 대신해 나라에 알릴 수 있도록 그녀에게 조언을 구했다.

무너진 이스라엘의
자부심

어떻게 이런 낭패가 발생했을까? 10월 6일에 이집트가 이스라엘을 급습했을 때, 시나이에서 텔아비브를 잇는 도로를 보호하는 탱크는 고작 몇십 대뿐이었다. 1967년 6일 전쟁Six-Day War(1967년 6월 5~10일의 아랍과 이스라엘 간의 제3차 중동 전쟁_옮긴이)에서는 불과 일주일도 안 되어 적들을 완전히 날려버린 강력한 이스라엘이었다. 이런 이스라엘이 어떻게 6년 만에 참담한 상황에 처할 수밖에 없었을까?

6일 전쟁과 욤 키푸르 전쟁 발발 사이의 몇 년 동안 이스라엘은 이집트, 시리아와의 지속적인 소모전을 벌이고 있었다. 1967년만 해도 국경선과 이스라엘 북쪽 주변의 거주 지역을 중심으로 아랍 전선의 이스라엘 군대를 표적으로 아랍권의 폭격이 계속되고 있었다.

이스라엘에 무기를 공급하던 많은 나라는 원유 자원을 앞세운 아랍 국가의 위협으로 무기 공급을 중단할 수밖에 없었다. 공급을 중단한 나라 중에는 특히 1967년 전까지 이스라엘 무기 공급의 중심이었던 프랑스가 포함된다. 아랍 국가들은 프랑스가 이스라엘에 무기를 계속 공급한다면 프랑스에 더 이상 석유를 수출하지 않겠다고 위협했다. 미국이 약간의 무기 공급을 지속했지만 결국 이스라엘은 주요 무기 공급원이 없어진 상태가 됐다.

반면, 그와 동시에 이집트와 시리아를 포함한 아랍 국가들은 소비에트 연방으로부터 많은 무기를 지원받았다. 부유한 자원을 가졌으며 전 세계 중 가장 위태로운 곳인 이 나라들과의 관계를 소련도 역시 단단하게 맺고 싶어 했기 때문이다. 아랍 국가 군대에 무기 재보급이 엄청난 성과를 거두며 이집트와 시리아는 군대에 새 무기 체계를 훈련시키는 군인들을 투입했고 빠르게 전투력을 보강했다.

이 모든 것은 이스라엘이 전쟁의 승리로 인해 현실에 안주하고 있는 동안에 진행되었다. 이스라엘은 여전히 1967년에 거둔 대승리에 취해 만족하며 안심하고 있었다. 시민들과 군대장교들, 정부까지 이스라엘은 어떤 전쟁에서도 패할 수 없다고 생각하고 있었다.

그 자부심은 1973년 전쟁이 발발함과 동시에 무너져버렸다. 전쟁이 시작된 첫날, 이스라엘은 전투기 49대를 잃었다. 6일 전쟁에서는 전쟁 기간 내내 46대의 전투기만 잃은 것으로 보아 이 전쟁의 손실이 어느 정도인지 비교할 수 있다. 욤 키푸르 전쟁이 10월 말에 끝나갈 무렵 이스라엘은 공군 전력의 5분의 1을 잃었다. 이스라엘이 잃은 전투기들은 거의 소련의 지대공미사일에 의해 격추되었다. 이스라엘의 조종사들은 지대공미사일의 매우 좋은 성능을 두고 '날아다니는 전신주'라 불렀다. 그 말이 암시하듯이 지대공미사일은 저공비행 전투기가 공격을 피할 수 있을 정도로 충분히 낮은 고도에 있을 때도 추적하여 공격할 수 있었다.

소련의 지대공미사일은 매우 정교하고 새로운 것이어서 전 세계의 그 어떤 전투기도 피할 수 없었다. 이스라엘 군대는 공군IAF, Israel air force이 공중전을 더 이상 지배할 수 없다는 사실을 깨닫고 충격에 빠졌다. 이스라엘의 방어 전략은 탱크와 비행기로 세워졌었는데, 그 두 방법 모두 아랍의 새로운 기술에 패배하고 있었기 때문이었다.

아랍 국가들의 전투 기술이 뛰어난 부분은 항공뿐만이 아니었다. 아랍의 보병사단은 이동이 용이한 신형의 AT-3 새거Sagger 대전차 미사일을 이용하여 공격했고 이스라엘의 탱크 종렬은 무참히 패배했다. (러시아에서는 9K11 말류트카 미사일이라 불렀다) 그 미사일들은 짐 가방 크기의 작은 컨테이너에 담겨 이집트 군대에 의해 시나이 사막으로 운반되었다. 10월 6일 전쟁이 발발하기 직전, 이집트의 특수 부대는 그들의 새로운 치명적인 화물을 가지고 수에즈 운하의 이스라엘 최전방을 넘어갔다.

이스라엘의 고위급 사령부는 이미 베트남에서 미군과 더불어 전투한 경험으로 인해 새거에 대한 지식을 익히 알고 있었다. 그러나 아랍 군인들이 이스라엘 탱크에 맞설 만큼 강하거나 용감하지 않다고 믿었다. 그들은 이스라엘의 전차 대원이 이집트나 시리아를 일대 일로 상대할 때는 대부분 이길 것으로 생각했다. 이스라엘의 전차 대원들은 일반적으로 아랍의 대원들보다 더 나은 교육을 받았고 훈련을 더 잘 받았기 때문이었다. 더불어 이스라엘의 탱크는 더 정확했고, 먼 거리를 향해 발사할 수 있었다.

그러나 그들은 이집트 군대가 정교한 새거를 사용할 능력이 있다는 것을 고려하지 않았고, 이스라엘 전차 대원들은 전혀 준비되지 않은 상태에서 갇혀버렸다. 이집트군은 수에즈 운하를 은밀히 건넌 후에 진을 쳤고, 모래 언덕에 숨은 이스라엘 탱크 부대가 함정에 빠지도록 장치를 이미 설치했기 때문이다.

군 전문가들은 '탱크들이 사정권 안에 있을 때는 이스라엘군의 탱크가 새거를 공격하는 것보다 새거가 탱크를 공격하기가 더 쉽다는 것'을 뒤늦게 확인했다. 이스라엘의 거대한 탱크들은 새거 저격수들의 타깃이 되었다. 이집트의 새거 전문가들은 무서운 정확도로 1마일 이상 떨어진 이스라엘의 군용 차량을 추적하여 발사함과 동시에 순차적으로 탱크를 파괴했다. 그에 반해 드넓은 사막에서 이스라엘군의 새거 부대 탐색은 거의 실패로 돌아갔다.

결론적으로 지상전 전개는 전쟁의 초반, 수많은 이스라엘 탱크의 희생을 요구하는 참담한 상황으로 점철되었다. 이렇듯 중요한 초반전에서 이스라엘군의 역공은 거의 불가능함이 명확해졌다. 운하에서 10마일 떨어진 곳에 이스라엘군의 강화된 탱크가 배치되었지만, 그마저도 매복한 새거 부대에 의해 쉽게 발견됐다. 이러한 예비 탱크들은 운하를 따라 전진하는 동안 하나둘씩 파괴되어 갔다.

통신마저도 실패로 돌아갔다. 전쟁이 시작되고 48시간이 지나기 전에 목격자들이 전쟁 초반에 시리아와 이집트가 기관총으로 이스라엘인을 사살했다고 보고했다. 그러나 국방부 장관 다얀은 상황을 통제함에 있어 지상에 있는 장군들에게 통신을 연결하는 것마저 매우 어렵게 됐음을 깨달았다.

그와 동시에 공군은 이집트의 소련제 대공 포병중대를 파괴하기 위한 전략을 짜고 있었는데, 이 미션을 착수하기 직전에 다얀은 이스라엘 공군 대장인 베니 펠레드Benny Peled에게 연락을 취하여 시리아 부대의 전진을 막기 위해 모든 비행기를 북쪽으로 철수시키라고 명령했다. 그의 논리는 이스라엘과 남쪽의 이집트 탱크 사이에 위치한 시나이 반도에는 모래밖에 존재하지 않는다는 것이었다. 북쪽에는 이스라엘 시민들이 이미 시리아 사정권 안에 들어가 있었다. 공군의 부재에 따라 하이파를 포함한 인구 밀집 지역은 이미 파멸을 피할 수 없는 상황이었다.

10월 7일 새벽 5시, 펠레드와의 대화에서 다얀은 "우리의 전투기가 정오 이전에 공격을 개시하지 않으면 시리아인들은 요르단 계곡에 다다를 것이다."라고 언급했다. 그리고 다얀은 처음으로 펠레드에게 "세 번째 성전The Third Temple이 위험에 처해있다"라는 말을 했고, 그 말은 그 후에 지속적으로 사용되었으며 그 말을 들은 사람들은 절망에 빠졌다.

세 번째 성전은 당시에도, 그리고 지금도 근현대 이스라엘을 대표한다. 예루살렘에 위치한 처음 두 개의 신성한 성전들은 이미 고대에 파괴됐다. 첫 번째 성전은 기원전 586년 바빌로니아인들에게 파괴됐고, 두 번째 성전은 기원후 70년에 로마인들에게 파괴됐다. 수많은 세속적인 이스라엘인들, 그리고 전 세계에 퍼져있는 유대인들에게 오늘날의 이스라엘은 아직까지 유일하게 건재해있는 세 번째 성전으로 대변된다.

어쩌면 당연했던 패배

욤 키푸르 전쟁에서 개전 직후 야기된 이스라엘의 전략적 패배는 믿을 수 없는 극적인 상황이었고 전쟁 후 40년이 지난 오늘날까지도 언급되고 있다. 그러나 그 전쟁은 이스라엘에 있는 모든 사람에게 놀라운 것만은 아니었다. 당시 몇몇 정보장교들은 전쟁이 임박했다는 신호를 민감하게 감지했기 때문이었다. 소련의 고문들과 외교관들은 10월 6일 이전에 이미 그들의 가족들을 나라 밖으로 이동시켰다. 이집트와 시리아에서는 군대의 광범위한 동원이 진행 중이었고, 아랍 군대들도 집단으로 움직이고 있었다.

이집트와 시리아에서 동원된 전방의 부대가 훈련을 위한 지시를 받고 있는지 아닌지 혼란스러운 정보들이 존재했다. 그 정보들은 부대를 제 위치로 움직이기 위함과 동시에 이스라엘 스파이와 전파 교란 요원들에게 전쟁이 아닌 훈련 목적으로 움직이는 것처럼 보이기 위함이었다. 하지만 이스라엘이 객관적이고도 조심스럽게 조사했기 때문에 이스라엘인들은 그 부대들의 움직임이 단순 훈련이 아니었음을 결과로 확인하게 되었다. 그들은 단순히 침략을 위해 치밀하게 준비하고 있었던 것이었다. 더불어 메이어 총리와 요르단의 국왕 후세인의 비밀 대면 회담에서 후세인은 총리에게 전쟁 신호에 관한 직접적인 경고를 하기도 했다.

현대전에서는 선제공격하는 쪽이 우세하다. 휴전선과의 거리가 최장 60마일밖에 되지 않는 이스라엘과 같은 작은 나라의 경우 공격의 징후가 있음에도 공격을 받기 전까지 기다리는 것은 매우 위험하다. 국경에서 가장 가까운 이스라엘의 도시는 국경과 불과 10마일밖에 떨어져 있지 않았다. 그것은 적으로부터 보통 수준의 공격으로도 국가가 단 1시간 이내에 함락될 수 있는 위험을 안고 있다는 사실이었다.

당연히 메이어 총리는 이 사실을 알고 있었으나, 미국과의 외교적 후폭풍 위험을 감수하기보다는 최선의 상황을 바라며 기다림을 선택했다. 그녀는 국방부 장관 다얀을 포함한 군 간부들로부터 1967년 6일 전쟁으로 이스라엘이 적군을 괴멸시켰듯이 그들에게 다시 전쟁이 일어난다 해도 승산이 있을 것이라고 지속적인 낙관적 보고를 받아 왔었다.

전쟁이 멈추고 휴전협정이 발효된 3주 후에야 뒤늦게 이스라엘 국민과 정부, 군대는 쓰디쓴 현실을 깨달았다. 그들은 천하무적이 아니었음을.

거의 9천 명의 병사가 부상을 당했고, 2,656명의 이스라엘군인이 전사했다. 이스라엘 방위군IDF, Israel Defence Force의 핵심인 무적의 탱크 전차 부대는 전쟁 발발 24시간이 지나기 전에 시나이 반도에 있던 300대의 탱크 중 200대를 잃었다. 수많은 이스라엘 전투기도 사라졌다.

아랍 군대는 이스라엘을 따라잡은 것은 물론이거니와 기술, 전술, 전략, 작전 수행 능력 등 전 부분에서 이스라엘을 앞서나갔다. 이스라엘은 패배를 전혀 예상치 못했던 지능정보전에서마저도 패배했다.

욤 키푸르 전쟁에서의 트라우마와 다른 전쟁 틈바구니에서의 현실적 두려움은 이스라엘에는 절망이나 다름없었다. 이 전쟁의 여파로 군부대 전체와 정치적 리더들은 사임을 강요받았다. 국무총리와 국방부 장관 다얀은 전쟁이 끝나고 여덟 달 뒤에 사임했다. 정보 요원과 IDF의 핵심 인재들은 쫓겨났다. 대학살로 인한 비극적 잿더미 속에서 2020년 만에 팔레스타인에 재건된 국가로서 이러한 전쟁의 위협은 대중들의 삶에 지대하고 깊으며 씻을 수 없을 만큼 오래 지속되는 영향을 주었다. 소련 등 수많은 강대국의 지원을 받아 강력하게 단련된 군대로 무장한 적으로 둘러 쌓여있는 이스라엘과 같이 작은 국가는 전쟁의 위험을 다시 감수할 수는 없었다. 수많은 시간 동안 이스라엘은 조용한 긴장 속에 존재했고 대부분 국민은 6일 전쟁이 끝난 이후에 느꼈던 자부심을 과연 회복할 수 있을지 아무도 알지 못했다.

모든 사람은 이스라엘이 적어도 양적으로는 이집트, 시리아, 이란, 요르단, 레바논, 사우디아라비아, 알제리, 리비아, 수단만큼의 경제력을 가질 수 없다는 것을 알고 있었다. 그 경제력의 벽이 양적으로 영원히 우위에 있을 것을 알기에 이스라엘에는 질적인 우위가 필요하다는 사실이 어느 때보다 확실해졌다.

이스라엘 재무장을 위한 작은 시작

참혹했던 욤 키푸르 전쟁이 끝나고 얼마 지나지 않아 히브리대학의 교수 두 명은 이스라엘이 생존하기 위하여 오늘날 필사적으로 필요한 질적 경쟁력에 관한 아이디어를 생각해냈다. 그들의 목표는 진취적 생각의 회복과 다른 군대에서 공격하거나 진압할 수 없는 무기로 이스라엘을 재무장시키는 것이었다. 결과적으로 훗날 그 아이디어들은 세계의 그 누구보다 진보된 무기를 이스라엘에 공급할 수 있는 계기가 되었다.

교수들의 아이디어는 무기 그 이상이었다. 또한 그 개념은 새롭고 더 나은 방법으로 적들을 감시하고 뛰어넘기 위하여 젊은이들의 생각을 훈련시키는 것이었다.

이들의 제안은 다음 전쟁을 준비하는 이스라엘을 요새화하는 것만으로 그치지 않았다. 1973년 욤 키푸르 전쟁이 일어난 지 40년이 지난 지금 그들의 혁신은 오늘날까지 이스라엘이 유지되는 주도권을 주었고, 몇십 년 동안 이스라엘이 적들을 뛰어넘는 경쟁력을 가질 수 있게 해주었다.

2장

최고 엘리트 탈피오트의 탄생

ISRAEL'S EDGE

1973년 10월 6일, 공습 사이렌이 울렸던 그날, 히브리대학의 물리학 교수인 샤울 야치프Shaul Yatziv는 정부가 유대인의 가장 성스러운 욤 키푸르 날에 모의 공습을 하지는 않을 것이라 짐작했다. 그러나 무언가 끔찍하고 생각지도 못한 것이 일어나고 있었다.

대부분의 이스라엘인은 이집트와 시리아에서 들어오는 전쟁 징후에 관한 정보를 접해왔다. 그러나 정부와 군대, 도시의 시민들, 나라 안의 여러 마을과 키부츠Kibbutz(이스라엘의 생활 공동체)에서는 아랍 국가의 의도를 거의 알지는 못했다. 욤 키푸르 날의 고요함이 사이렌 소리로 깨지고, 라디오 아나운서들이 침착하지만 예비군을 동원하는 암호를 급히 읽기 시작했을 때 그것은 오직 하나의 사실만을 나타내는 신호였다. 그것은 바로 전쟁이었다.

야치프에게 무력 충돌은 새로운 일이 아니었다. 그는 1927년 식민지 시절의 팔레스타인에서 태어났고, 태어난 직후부터 전쟁과 갑작스러운 폭력 사태를 수없이 거치며 살아왔기 때문이었다. 1948년 5월 이스라엘의 독립 선언에 따라 그는 2천 년 만에 처음으로 만들어진 유대인 부대에서 복무했다.

야치프는 히브리대학의 정교수였고 자연과학대학의 중요한 역할을 맡고 있었다. 1973년에 그는 방사된 에너지가 물질과 만날 때 순·역방향으로 어떻게 반응하는지에 관한 조사를 하며 광학 레이저와 분광학에 관한 연구를 이끌었다.

애국심으로 뭉친
이스라엘

이스라엘의 모든 사람과 마찬가지로 야치프도 욤 키푸르 전쟁과 그것이 가져온 결과에 커다란 충격을 받았다. 그는 46세로, 군인으로서 전쟁에서 역량을 발휘하기에는 이미 나이가 많았다. 하지만 그에게는 이스라엘을 앞으로 나아가게 할 경쟁력 있는 아이디어가 있었다. 그는 자신의 생각을 실현하기 위해서는 다른 사람들과 함께 다듬어가야 한다는 것도 알고 있었다. 그는 그와 히브리대학교에서 5년 동안 연구를 같이해온 펠릭스 도싼Felix Dothan 교수를 파트너로서 염두에 두고 있었다. 그들이 집중한 레이저와 적용 가능한 미래 잠재력은 촉망받고 있었다.

그러나 1973년 혼란의 소용돌이에 빠져있던 욤 키푸르 전쟁 당시 펠릭스 도싼 교수는 이스라엘에서 멀리 떨어져 있었다. 히브리대학에서 미국 캘리포니아의 어바인대학으로 파견을 가 있는 상황이라 그는 개인적으로는 안전했으나 마음은 불안해하고 있었다. 그의 고향이 공격당하고 있었고 가족과 친구들이 걱정되기 때문이었다.

대부분의 나라에서는 전쟁이 일어나 마을이 공격을 당하면 주민들은 대피해있기 마련이다. 그러나 이스라엘에서 전쟁이 일어나면 외국에 살고 있는 이스라엘인마저 고국의 전쟁터로 돌아온다. 그들은 외국에서 일하고 있든 휴가 중이든 돌아왔다. 1973년 전쟁이 발발했을 때 중동으로 가는 국제선은 모두 취소되었다. 그러나 이스라엘의 항공사 엘알항공기El Al flights에는 고국으로 돌아가 도움을 주고 함께 싸우려는 이스라엘 사람들로 가득 차 있었다.

1973년, 도싼 교수는 거의 50세에 가까웠고, 고국의 군대에서는 그를 원하지 않았다. 싸울 수 있는 젊은 연령대의 예비군에게 항공기 자리를 내어주는 일이 더 중요했기 때문이다. 그는 두려운 마음으로 캘리포니아 서부의 신문과 저녁 뉴스를 보며 전쟁 전개 소식만 접하면서 이 상황을 그냥 지켜보고 있어야만 했다. 전쟁이 일어나기 두 달 전에 입대한 그의 아들 요아프Yoav를 포함해 그가 사랑하는 사람들의 운명에 관한 소식을 침착하게 기다릴 수밖에 없었다. 보통 군인들은 18세 이전에는 입대할 수 없는데, 요아프는 뛰어난 성적과 아버지의 동의서가 있었기 때문에 일찍 등록할 수 있었다.

그는 아들의 진정한 이스라엘인으로서의 애국심을 자랑스러워했다. 도싼 교수는 야치프 교수와는 다르게 이스라엘 태생이 아니었다. 그는 1924년 유고슬라비아의 자그레브에서 펠릭스 도이치Felix Deutsch 라는 이름으로 태어났다.

그는 어린 시절에 유럽 유대인으로서의 어두운 면을 보며 자랐다. 유고슬라비아가 독일에 점령당했을 때, 그다음 날 펠릭스와 그의 급우들은 학교에 알리지 않고 숲으로 모이라는 전달을 받았다. 펠릭스의 아버지는 허락하지 않았고 그는 집에서 쉬고 있어야 했다. 나중에야 그들은 나치스와 유고슬라비아 협력단들이 그의 급우 400명을 죽였다는 사실을 알게 되었다.

펠릭스가 죽음을 가까스로 피한 것은 그때만이 아니었다. 그 후 그와 그의 가족은 나치스에 붙잡혔지만, 그의 가족의 넓은 인맥 덕분에 아우슈비츠수용소로 이송되는 것은 피할 수 있었다. 전쟁이 끝날 때까지 비유대인이 숨겨주었고, 그는 고등학교를 마치고 자그레브 대학에서 전자공학을 공부하기 시작했다. 그러나 유고슬라비아에서 다시 반유대주의가 기승을 부리기 시작했고, 소비에트 연방의 철의 장막 뒤에 영원히 갇혀 있는 것에 대한 생생한 두려움 때문에 그의 가족들은 필사적으로 팔레스타인으로 이사를 했다. 그들은 1948년 이스라엘에 도착했다.

일곱 개 아랍 국가의 침략에 대항해 일어난 독립 전쟁은 맹렬했다. 반유대주의 단체의 손아귀에서 구사일생으로 탈출한 경험은 그에게 깊은 영향을 주었고, 새로 탄생한 유대 국가에 깊은 충성심을 불러일으켰다. 도이치는 입대하여 일했고, 이스라엘 방위군에서 중령으로 승진했다. 1949년 폭격이 있은 후에 그는 하이파에 있는 테크니온 공대(테크니온 공대는 미국 MIT의 이스라엘 버전이다)에서 공학과 물리학을 공부했고 1951년에 졸업했는데, 그동안 생계를 유지하기 위해 잠시 어부가 되기도 했다.

그는 라파엘Rafael사에 입사해 바로 리더의 위치에 올랐고, 예루살렘에 있는 이 라파엘사는 현재 이스라엘에서 유명한 곳이다. 그가 정확히 하는 일은 기밀이었지만 군대를 위해 무기를 시험하고 제조하는 군수산업을 발전시키는 데 기여했다.

그는 그 경험으로 예루살렘에 있는 히브리대학에서 가르치고 연구하는 새로운 자리로 옮겼다. 히브리대학은 연구를 하는 사람들에게 행운의 장소였다. 그 대학의 설립자 중 한 명은 유명한 물리학자 아인슈타인Albert Einstein이고, 철학자 마틴 부버Martin Buber, 정신분석가 지그문트 프로이트Sigmund Freud, 이스라엘의 첫 번째 대통령인 하임 바이츠만Chaim Weizmann이 그 뒤를 잇고 있다. 덧붙여 테크니온 공대는 1912년 설립된 이후 곧이어 팔레스타인 교육의 중추가 되었다.

그는 경력을 즐기고 만족하며 스위스에서 연구를 이어나갔고, 예루살렘에 있는 히브리대학의 새 물리학 실험실로 돌아올 때는 그의 가족과 함께였다. 그곳에서 그는 민간과 군대에서 많이 사용된 전기화된 가스와 플라스마에 대해 연구했다. 1965년에 그가 박사학위를 끝내고 다시 한 번 새로운 길을 나섰다. 유럽 핵 연구소European Nuclear Research가 위치한 제네바에 방문 교수직으로 가게된 그는 그곳에서 자기장, 자기설계, 자기 레이저를 산출하는 방법에 관하여 전문적으로 연구했다.

심각했던 1967년 6일 전쟁이 끝나고 일 년 후, 그는 히브리대학의 라카 공대에서 부교수가 되었고, 그는 유럽식 이름인 도이치Deutsch를 버리고 히브리식 이름인 도싼Dothan으로 개명했다. 도싼 교수는 1973년 캘리포니아, 어바인대학에서 방문 교수로서의 그의 역할을 다하고 히브리대학으로 다시 돌아왔다. 도착했을 때 그는 1968년에 그가 떠나왔던 자신감에 찬 행복한 나라가 이제는 위기의 한가운데 놓여있는 것을 발견하고 충격을 받았다. 이스라엘인들은 그들의 정부와 군대에 대한 신뢰를 잃어버렸다. 낙관적이었던 나라의 분위기가 명확히 비관적으로 바뀐 것이다.

도싼 교수는 사랑하는 이스라엘이 다시 일어설 수 있도록 돕고 싶었다. 문제는 어떻게 도움을 줄 수 있느냐였다. 답은 군사력이 아닌 연구와 교육으로 도움을 주는 것이었는데, 설령 그 계획이 성공할 수 있다 해도 전쟁 때 탱크와 인력으로 싸우던 군사 조직을 어떻게 연결할 수 있느냐가 관건이었다.

도싼과 야치프의 제안

야치프 교수와의 협력을 재가동 해야 하는 시점이었다. 도싼과 야치프는 함께 일하기 시작했고 이스라엘의 최고위 군 장교들에게 제안서 제출부터 시작했다. 제안서 서문에는 "우리는 이스라엘의 안위를 걱정하고 미래의 전쟁에서 사상자 수가 최저가 되길 바라는 마음에 기존 연구 기관에는 없는 세 가지 핵심 사항을 포함하여 이 제안서를 제출한다."라고 쓰여 있다.

첫 번째 핵심 제안은 "이스라엘은 다른 국가에는 없는 혁신적인 무기를 만들기 위해 노력해야 한다. 이 목표는 인간의 생물학적인 나이로 20대에 정점에 이르는 창의성으로만 얻을 수 있다. 독창적인 능력은 창의적인 상상력, 방대한 지식과 깊은 이해를 요구한다. 그러나 해결해야 하는 과제의 발굴과 모든 노력과 에너지가 다는 아니다. 이 같은 개척자들이 주변 환경으로부터 지지받는 적극적, 의욕적인 분위기를 만드는 것도 창의성을 상당히 북돋울 수 있다. 이 목표를 이루기 위한 한 가지 방법으로 우리는 다른 군대나 심지어 초강대국에서 사용하는 일반적 무기가 아닌 새롭고 효율적인 무기를 발명하고 개발하기 위해 체계적이고 응축된 노력을 쏟아야 한다고 제안한다. 그렇게 하기 위해서 이 프로그램은 자연과학과 무기 기술 지식을 소유하는 사람 중 가장 재능 있고 헌신적인 사람들과 함께 진행해야 한다."(IDF 기록 보관소 자료)

두 번째 핵심 제안은 이스라엘 방위군, 그 중 특별히 공군이 주축이 되어 프로그램과 그에 관여된 사람들의 책임을 직접 맡아달라는 제안이었다.

앞서 언급했듯이, 공군은 IDF 중에서도 가장 존경받는 전력이었다. 그들은 선발 요원들 중에 이스라엘의 무기고에 있는 가장 비싼 무기를 믿고 맡길 수 있는 최고의 인력을 뽑았다. 그들에겐 물리학과 항공학을 이해할 수 있을 만한 수리능력에서 제일 높은 점수와 빠른 사고력이 요구되었다.

도싼과 야치프의 제안 중 일부는 가장 똑똑하고 동기부여가 강한 군인들이 새로운 상상력을 창출할 수 있는 프로그램에 참여할 수 있도록 군사 교리를 변경하는 것이었다.

이스라엘에서는 대부분의 학생이 3년간의 군대 의무 복무로 인해 25세가 되기 전까지 대학을 졸업하지 못한다. 만약 어떤 학생이 탈피오트Talpiot에 합격하면 8년간의 복무를 해야 하고 그로 인해 또래 학생들에 비해 사회 진출이 많이 뒤처져 경력에 불이익이 생기게 된다.

그리하여 세 번째 핵심 제안은 간부후보생에게 공학도로서 첨단 무기 시스템을 개발하기 위한 훈련에 필수적인 물리학과 수학의 학위를(추후 컴퓨터공학까지 포함하여) 취득할 수 있도록 지원한다는 것이었다. 최초 제안은 간부 후보생에겐 통상 4년이 걸리는 학위를 3년으로 축소하여 이수할 수 있도록 지원하는 것이었다. 학위를 마친 이후 그들은 군대에서 추가로 5년 반의 군 생활을 해야 한다.

하지만 프로그램 도입 시작부터 난관에 봉착했다. 도싼과 야치프의 의견에 국방부뿐만 아니라 IDF의 간부들까지도 동의해야만 했기 때문이다. 그들은 군대와 공군 장군을 포함해 IDF의 다른 전력에 속해있는 최고위 장교, 모든 중요한 일반 직원들의 지원과 지지가 필요했다.

탈피오트를 향한
길고 긴 시작

이스라엘과 같은 작은 나라에서도 고위급 장군들과의 만남은 쉽지 않았다. 1970년대에 군대는 이스라엘에서 가장 중요한 기관이었고, 사실상 많은 고위급은 교수나 민간분야에서 하는 조언을 듣고 싶어 하지 않았다.

도싼과 야치프는 3년 동안 군 간부들을 만나기 위해 접촉을 시도했으나 매번 거절당했다. 이런 상황들은 특히 이스라엘의 최고 장군들과 유대관계를 가지고 있었던 도싼에게 좌절감을 안겨주었다. 자그레브 출신인 하임바레브Haim Bar Lev 장군과 데이비드 엘라자르David Elazar 장군은 둘 다 이전의 전쟁에서 두각을 나타냈었고, 엘라자르는 욤 키푸르 전쟁 중에 군 최고 장성이기도 했다. 하지만 도싼의 고향 연줄을 동원해도 그 문을 통과하여 직접 만나기엔 역부족이었다.

사실 욤 키푸르 전쟁의 결과로 엘라자르와 다른 고위 간부들은 그들을 붙잡고 있는 다른 문제들이 있었다. 전쟁 중에 어설프게 머뭇거렸던 당시의 군대를 조사하는 전문위원회가 대법원장 시몬 아그라나트Shimon Agranat에 의해 지휘되고 있었다.

위원회의 최종 보고는 1975년 1월에 발행되었고, 이스라엘의 정치·군사적 지도자들에겐 치명적인 영향을 주었다. 게다가 골다 메이어, 엘라자르를 포함한 고위급 간부들은 그들의 핵심참모들과 함께 해임되었다.

새로운 지도자가 등장했으나 군대의 제반 시설을 재건하기 위해서는 시간이 필요했다. 지도층이 변화하고 있을 때, IDF는 전쟁 중에 잃은 탱크와 전투기와 같은 무기를 대체하는 데 집중했다. 이와 같이 군대에 있는 그 누구도 이 두 명의 외부인에게 관심을 가지거나 시간을 할애할 여유가 없었다.

1977년 4월, 이스라엘이 여전히 욤 키푸르 전쟁의 여파로 비틀거리고 있을 때, 1948년 독립 국가 건립 이후 처음으로 노동당이 전쟁의 책임을 지고 권좌에서 쫓겨났다. 리쿠드당의 메나헴 베긴Menachem Begin은 몇십 년 동안 야당을 이끌어 왔고, 이제 이스라엘을 다스릴 그의 차례가 왔다.

베긴은 총리실로 이동했고 변화를 만들 만반의 준비를 해갔다. 그 곳으로 이동한 지 일 년이 지나지 않아, 국방부 장관인 에제르 바이츠만Ezer Weizman은 라파엘 에이탄Rafael Eitan을 이스라엘 군대의 최고 자리인 참모총장으로 임명했다. 에이탄 장군은 욤 키푸르 전쟁 첫날에 시리아의 엄청난 공격을 막아내면서 이스라엘 간부들의 신뢰를 얻게 된 사람 중 한 명이었다. 그는 그 전투에서 많은 부하를 잃었지만 다치지 않고 무사히 빠져나올 수 있었다.

그는 빈곤한 환경에서 자랐지만 교육을 숭상했고 교육이야말로 이스라엘의 청년들이 발전할 가능성을 열어주는 비결이라 생각했다. 에이탄이 참모총장으로 승진하면서 군대에 엘리트 교육을 받은 특수부대를 만들고자 하는 도싼과 야치프의 계획에 순풍이 불었다.

그들의 계획은 에이탄 장군의 지휘 계통을 따라 새롭게 향상되어 착실히 진행되고 있었다. 에이탄 장군은 교육에 우호적이었고 군대의 구조도 바뀌고 있었기 때문에 앞으로 다가올 시대와 세대들에게 좋은 영향을 줄, 몇 년씩 투자해야 결실을 거두는 거대하고 혁신적인 새 프로그램에 대한 추가 지원금도 받을 수 있었다.

1978년의 어느 날, 군대라는 장벽을 뚫기 위해 몇 년을 노력한 결과 도싼과 야치프는 마침내 에이탄에게 그들의 제안을 전달할 수 있었다. 그들은 제안서를 손에 들고 도착했고, 작지만 인상적인 에이탄 장군과 몇 분간 대화를 나누었다. 그리고 그들은 외부 사무실에서 기다려달라는 대답을 들었다.

에이탄 장군은 그의 비서에게 공군 대령 벤자민 마크니스Benjamin Machnes를 즉시 자신의 사무실로 부르게끔 지시했다. 이스라엘의 초창기부터 유능했던 마크니스의 지위는 이미 고위급 지휘관으로 신분이 상승되어 있었다. 공군으로서의 임기를 마치고 그는 학교로 가서 공군 병사들에게 고급 물리학과 항공학을 가르쳤다. 그는 자기 활동을 이스라엘 공군의 책임자인 베니 펠레드 장군에게 바로 보고했다.

에이탄은 공군사관학교에서 마크니스의 활동을 잘 알고 있었다. 마크니스는 부대 지휘관인 베니 펠레드의 허락을 받고 곧바로 에이탄 장군에게 갔다. 그는 그때의 만남을 이렇게 묘사했다. "내가 문을 열었고 라풀(라파엘 에이탄의 애칭이다)은 탈 장군과 함께 앉아서 나를 기다리고 있었다. 탈은 메르카바 전차를 발명한 최고의 전차 장군이었다. 나는 '에이탄 장군, 안녕하십니까. 저는 벤지 마크니스입니다.'라고 말했고 에이탄은 나에게 앉으라는 말을 하지도 않은 채 '물론 자네를 잘 아네.'라고 답했다. 에이탄은 '이 문밖에 두 명의 교수가 있네. 내 생각에 그들이 좋은 아이디어를 가지고 있는 것 같군. 가서 그들을 도와 일을 하게. 내 할 말은 그것뿐 일세.'라고 말했다."

마크니스 대령이 이스라엘 학계와 군대의 첫 번째로 대표되는 민군 공동 프로젝트사업 직위를 수락하고 있을 때, 야치프와 도쌴은 불안한 마음으로 기다렸다. 마크니스는 사무실을 나와 교수들에게 자신을 소개하며 말했다. "당신들의 프로젝트가 수락되었습니다. 어서 가서 일을 시작합시다." 야치프와 도쌴은 믿을 수 없다는 표정을 하고 "정말입니까?"라고 말하자, 마크니스는 그렇다고 대답했다. 방금 막 탈피오트의 계획 단계가 참모총장의 방 앞에서 시작된 것이었다.

얼마 지나지 않아 국방부 장관으로 아리엘 샤론Ariel Sharon이 임명되었고 그는 이 프로젝트 진행에 박차를 가했다. 그는 마크니스에게 "벤지, 당신이 하는 그 일은 좋은 방향을 지향하는 가치 있는 일이야."라고 말했다. 마크니스의 이야기에 따르면 샤론과 에이탄 둘 다 이 프로그램에 친밀하게 관여하는 것에 특별히 관심은 없었지만, 둘 다 흔쾌히 희망을 걸었다.

도쌴과 야치프 교수에게 그들의 혁신적인 프로그램을 시작할 권한이 주어졌고, 그들은 몇 달 안에 프로그램이 시작할 수 있도록 재촉 받았다. 사전 토의를 거치지 않은 그 많은 것들에 관해 토의할 때 쏟아지는 질문들은 선견지명, 창의성, 실현 가능성, 용기를 고려해야 했다. 그들은 다급하게 기한에 맞추기 위해 허둥지둥하게 될 것을 알고 있었지만, 마침내 그들은 일을 진행할 수 있게 되었다.

3장

최고를 지향하는
슈퍼 솔저

ISRAEL'S EDGE

교수들과 마크니스 대령이 해야 하는 일은 우선 프로그램의 이름을 짓는 것이었다. 도싼 교수는 몇 년간 프로그램에 적합한 이름을 고민했고, 그는 탈피오트라는 이름을 제안했다. 탈피오트는 히브리어로 몇 가지 뜻이 있었지만 그중 가장 대중적인 뜻은 '견고한 산성' 또는 '높은 포탑'이다. 성경의 구약성서 중 아가서에서 탈피오트는 리더십을 뜻하는 은유적 표현이다. (종교적으로 따르지는 않지만, 초기 이스라엘의 지도자들은 유대인 고국의 역사적 국가의 중요성을 인지하고 있었고, 성경과 그들의 새로운 국가와의 연결점에 자부심을 느끼고 있었다. 오늘날까지도, 이스라엘의 공공장소에서 성경을 흔히 볼 수 있다) 대체로 탈피오트는 국방 엘리트 부대의 이름으로 썩 만족스럽게 받아들여졌다.

몇 달 안에 프로그램을 시작하기 위해서 그들은 실행 가능한 프로그램을 만들어야 했다. 교수요목, 거점 장소, 협력 대학, 적합한 시설, 학생들을 모집할 방법, 가능성 있는 지원자들을 선발할 방법 등.

도싼과 야치프는 히브리대학을 잘 아는 내부 관계자였다. 군에서는 히브리대학, 텔아비브대학, 테크니온 공대를 포함한 이스라엘의 상위권 대학과 만나기 시작했다.

대학교 측에서 처음에는 노골적으로 거절했다. 세 대학 중 어느 곳에서도 군인들이 캠퍼스로 오는 것을 원하지 않았다. 탈피오트의 초기 리더들은 이 프로그램이 대학으로부터 절대 지원받지 못할 것으로 생각했다. 어느 날 그는 히브리대학 비서실에서 일하는 친구와 대화를 나누게 되었고, 그녀는 그에게 무엇이 잘못되었는지 물어보았다. 그는 친구에게 과정에 대한 이야기를 해주었고 그녀는 소리쳤다. "그건 당신이 적합한 사람과 이야기 하지 않았기 때문이야!" 2분 후, 그녀는 계획을 들어줄 사람인 히브리대학의 부총장, 요아시 벳야Yo'ash Vedyah와 함께 나타났다. 부총장은 프로그램에 크게 동의했고, 이 새롭고 신비한 최고 기밀 군사 프로그램의 거점을 히브리대학으로 삼기 위하여 이사회를 설득하고자 빠르게 움직였다. 전문가들보다 오히려 실무자인 비서실에 일을 맡길 때 의미 있는 사람들과 더 잘 연결되는 경험은 이번이 처음도, 마지막도 아니었다. 그것은 이스라엘의 문화에서 나오는 것이었다.

최고의 군인으로
탈피오트를 구성하라

히브리대학으로 결정난 후, 내부 회의를 할 때는 프로그램 내용이 학문적으로 충분히 엄격한지에 대해 자주 논쟁했다. 대학 측에서는 자격을 갖추지 않은 후보자들에게 학위를 남발하고 싶지 않았기 때문이었다.

그러나 아직도 몇몇 장군들과 작전참모들은 탈피오트를 초기에 없애고 싶어 했다. 그들은 이 프로그램에 예산이 너무 많이 들어가고, 엘리트주의를 조장한다고 생각했다.

이스라엘 방위군, IDF의 많은 장점 중 한 가지는 국가의 평등장치였다. 똑똑하든 멍청하든, 돈이 많든 적든 그것은 중요하지 않았다. 군대에서는 누구나 보통은 만나기 힘든 사람들과 함께할 수 있었다. IDF는 정말로 모든 사람을 필요로 하는 부대였다. 탈피오트에 불만을 품은 장군들은 이 프로그램이 사람들로 하여금 평등에 대한 생각의 개념을 바꾼다고 생각했고, 프로그램에 대한 반대 의사를 강경하게 밝혔다.

그럼에도 불구하고 마크니스 대령은 언제나 프로그램을 방어했다. "군부대 내의 사람들이 탈피오트 프로그램이 필요하지 않다고 말할 때마다 나는 언제나 요점을 바로 말했다. 반대하는 사람이 누구이건 나는 언제나 목소리를 높였고, 우리는 중요한 사람들이고 국가에는 탈피오트가 필요하다고 말했다. 프로그램 시작 초기에 나는 예산을 줄이려는 고위급 장교들과 지속적으로 논쟁을 했다. 셀 수 없는 많은 논쟁이 계속되었다."

탈피오트가 군대의 우선순위가 되자 많은 장군은 질색했다. 그들의 틀에 박힌 생각은 오로지 전사들만이 필요하다는 것이었다. 비행기를 조종하고 탱크를 운전할 줄 아는 의욕을 가진 이스라엘의 젊은 사람들이 필요했다. 그들은 지상군이 필요했고, 바다에서 국가를 보호해야 했다.

탈피오트의 신병 모집자들은 한정된 자리를 두고 다투도록 강요받았고, 군대의 다른 엘리트 부대를 대표하는 장교들과 경쟁해야 했다. 내분이 일어났고 속임수가 생겨났다. 나쁜 갈등을 유발하는 충고가 잠재력을 가진 응모자에게 전달되었다.

다행스럽게도, 탈피오트의 첫 번째 사령관인 댄 샤론Dan Sharon은 불굴의 성격을 소유한 자였다. 그는 전쟁을 경험하면서 탈피오트 프로그램의 아이디어가 시작되기 전부터 이미 이 같은 프로그램의 필요성을 느끼고 있었다. 욤 키푸르 전쟁의 첫날, 이집트 전투기들은 러시아산 켈트 미사일을 그의 진지에 발사했다. 켈트 미사일은 오늘날 한 치의 오차 없는 정확도를 자랑하는 크루즈 미사일의 선구자격이었다. 당시 소령이었던 샤론은 그의 진지에 있던 지상 예비군들이 일정한 속도로 돌아가는 이스라엘 레이더 시스템을 재빨리 손질하여 켈트 미사일을 물리치고 그들의 전파를 속이려는 방법을 고안해서 교란시키려는 모습을 보았다. "나는 생각했다. 이 자들은 왜 여기 있는 것인가? 그들은 국방부에 있어야 할 인물들이었다. 그 시점에서 나는 우리가 자원을 헛되이 쓰고 있었고 더 제대로 운영해야 한다고 느꼈다."

샤론은 펠릭스 도싼의 오래된 친구였다. (그들은 브랜디 한 잔을 위해서 주기적으로 금요일마다 만나곤 했다) 그는 도싼을 매우 돕고 싶어했다. 1978년에 마침내 그 프로그램이 허가를 받았을 때 도싼은 그에게 탈피오트를 이끌어 달라 부탁했고 그는 흔쾌히 받아들였다. 그는 히브리대학교에서 막 '사고의 발달과 인간의 사고 개선에 대한 고찰'이라는 박사학위 논문 제출을 완료한 상태였다.

샤론에게 탈피오트의 사령관 직위를 맡기기 위해서, 군에서는 재빠르게 고참급 중령(스간 알루프, 여단장)으로 하여금 그를 보좌하도록 배려했다.

샤론은 다양한 도움과 조언을 얻기 위해 많은 곳을 찾아갔다. 그는 군부대를 발족시켜본 경험이 전무했기 때문이다. 때마침 다행스럽게도 이스라엘의 과거 공군 참모총장이면서 6일 전쟁에서 이집트와 시리아 공군을 물리친 이스라엘 공군의 전술 설계자, 베니 펠레드Benny Peled가 도움을 제안했다. 샤론이 회상하기를 "펠레드는 항상 긍정적이면서 분석적이고 동시에 조심성을 겸비했다. 그리고 그는 항상 비범했다. 그는 나에게 얘기하기를, '잘 듣게. 만약 자네가 다리를 건설한다고 가정하세. 이때 필요하다면 폭약을 이용해 단 한 번에 다리를 파괴할 수 있도록 약한 부분을 만들어 놓아야 하네. 어쩌면 우리가 실수하고 있을 수도 있으니 이 사실을 명심하게. 만약에 이 프로그램이 실패로 돌아간다면, 자네는 여기서 빠져나가야 하네.'"

샤론은 이 세상만사가 수많은 굴곡이 있다는 것과, 특히 탈피오트 부대 구성을 위한 최고의 군인을 찾는 것은 더욱이나 어려울 수 있다는 것을 깨달았다. 그는 당시 존재하고 있었던 엘리트 컴퓨터, 그리고 8200 부대로 불린 통신 도청 담당 부대와의 경쟁을 피할 수 없음을 직감했다. 그 부대의 지원자들은 탈피오트 부대에서 기대하던 수준의 후보자들이었다.

"8200 부대가 이미 지원자들을 모집한 상태임을 우리는 프로그램이 시작되고 나서야 알아차렸다. 서로 불가피하게 경쟁하며 지원자를 모집해야 하는 불편한 상황이 전개되었고, 나는 이 문제를 해결해야겠다는 생각을 했다. 사손 사하익Sasson Sahaik이라는 그들의 교육을 담당하는 전략 담당 대령이 있었다. 그는 처음에 이 문제에 대한 논의를 위해 나를 만나는 것을 꺼렸지만 결국엔 승낙했다. 우리는 텔아비브에 있는 할리 카페에서 만났다. 나는 그의 눈을 똑바로 바라보며 우리 프로그램이 왜 존재해야 하는지 이유를 설명했다. 그러고 나서, '우리가 서로 싸우는 것이 과연 좋은 일입니까? 협상합시다. 우리가 지원자들을 같이 찾고 각각의 학생들이 원하는 것이 무엇인지 물어보는 것이 어떨까요? 만일 학생 중 당신 기준에 적합하다고 판단이 되는 한 두 명이 있다면 그들을 데리고 가도 좋습니다. 하지만 결국엔 그 후보생들이 원하는 것을 하도록 해주어야 합니다.'라고 말했다." 이스라엘의 수많은 경우와 같이 이러한 비공식적인 거래는 악수로 완료되었고, 그렇게 휴전은 시작되었다.

탈피오트의 기준

초기에 최고위 장군들은 군대 지원자는 교실에서 공부해서는 안 된다고 주장하며 논쟁을 만들었다. 그러나 마크니스 대령은 먼저 그들이 전사임을 확실히 해두었다. 그는 탈피오트의 가치를 깎아내리는 사람들을 향해 반복적으로 다음과 같이 말했다. "탈피오트의 신병들은 이스라엘 공군의 군복을 입었고 그들은 군대에 있는 학생이 아닌 하나의 부대다. 나는 그 부대를 전투 부대로 운영할 것이다."

도싼, 야치프, 마크니스 대령은 신병 모집과 합격의 기준을 매우 높게 설정했다. 그들이 기록한 조직 메모의 원본 중 하나에는 이렇게 쓰여 있다.

> 지원자들의 IQ는 높아야 한다. 우리는 상위 5%의 지성, 창의력, 집중력과 안정적인 성격을 가진 인물을 찾고 있다. 이 사람들은 연구소의 직원들, 국방부와 지휘관, 상위 연구기관의 과학기술자들과 지속적인 소통을 할 수 있어야 한다. 지원자들은 반드시 조국을 향한 애국심과 부대에서 생존하고자 하는 강한 의지력을 가진 인물이어야만 한다.(IDF 기록 보관소 자료)

지원자들에게 바라는 이러한 조건들은 내거는 조건이 비슷한 다른 특수 부대와 이스라엘의 엘리트 공군과 경쟁해야 하는 경우에는 더욱이 쉽지 않은 일이었다. 두 부대는 탈피오트보다 훨씬 더 큰 장점이 있었다. 우선 모든 잠재적 지원자들은 두 부대의 이름을 익히 알고 있었고, 가장 똑똑하고 능력 있는 학생들은 그곳에 들어가기 위해 오랫동안 노력해오고 있었다. 그리고 그곳에서의 훈련, 그 부대에 주어지는 인맥과 특권은 훗날 학생들이 군 경력을 이어나가는 데 큰 도움이 된다는 것을 모두 알고 있었다. 아무도 탈피오트에 대한 이야기는 들어보지 못했고, 지원자들은 고사하고 일부의 군대 고위간부들조차 몰랐다.

현존하는 부대는 그런 대중적 이미지라는 추가 이점이 있었다. 이스라엘에서 군대 복무란 소년이 남자가 되고 소녀가 숙녀가 되는 성년식으로 간주했다. 그리고 그렇게 생각하는 사람의 비율이 많이 줄어들기는 했지만 여전히 그렇게 간주하고 있다. 대부분의 17~18세 소년들은 공부하는 것을 싫어했다. 그들은 싸우고 싶어 했다. 그들은 특별한 휘장과 베레모로 소녀들에게 깊은 인상을 주고 싶어 했고 조국을 지키는 남자로 보이길 원했다. 그리고 교실에 앉아 있는 것은 벤치에 앉아 있는 것과 다를 바가 없었다. 그들은 실전이 벌어지는 전장에 있고 싶어 했다.

이전까지 많은 엘리트 신병 지원자들에게는 선택권이 별로 없었다. 에이탄 참모총장은 지원자들이 탈피오트에 대해 들어본 적이 없다 하더라도 탈피오트를 우선순위로 만들고 싶었고 그렇게 하기 위해 최대한 많은 인원의 장군들을 이사회의 구성원으로 만들고 싶어 했다.

몇 년이 지나고 프로그램이 만들어졌다. 얼마 안 가 IDF에 있는 상급 장교들 사이에서 탈피오트가 군부대에 있는 지원병을 첫 번째로 거절할 수 있는 인기 높은 곳이 되었다는 것은 공공연한 사실이었다. 만약 당신이 공군 훈련 프로그램에 합격했으나 탈피오트의 사령관이 당신을 원했을 경우, 당신은 탈피오트로 갔을 것이다. 전투기 조종사는 나중에도 될 수 있으므로 탈피오트를 먼저 가는 일이 더 중요했다.

설립자들은 연구를 통해 도출된 이론에 따라 일하고 있었다. 그들은 창의력과 '모든 것이 가능하다'고 믿는 성향이 20대 초반에 정점을 찍는다고 생각했기 때문에 젊은 나이의 남성만을 (나중엔 여성도 같이) 훈련시켰다. 만약 젊은 지원자가 탈피오트 프로그램을 하면서 또 다른 프로그램을 병행하려 한다면 그것은 문제가 되지 않았지만 탈피오트가 언제나 우선이어야 했다.

초기 몇 년 동안의 모병 과정은 기초공사를 하는 단계였다. 군 인사부 장교들은 잠재력 있는 후보자들의 정보를 더 큰 데이터베이스를 가지고 있는 다른 부대 인사부 장교에게서 받곤 했다. 그럼에도 불구하고 탈피오트에서는 어떤 기준으로 판단해야 하는지가 정확하지 않았기 때문에 판단하는 그 과정 또한 쉽진 않았다.

탈피오트의 인사부 장교들은 텔아비브, 예루살렘, 하이파 등의 대학교도 방문했다. 그들은 고등학교를 막 졸업하여 입대할 수 있는 적합한 후보자를 찾고 연결될 수 있을지 기대하며 총장과 대화를 나누고 프로그램에 대한 약간의 설명을 했다. 이러한 과정들은 과학적이지 않았고, 이스라엘의 주요 세 도시 외에 거주하는 많은 유능한 학생들과 후보자들은 고려되지 않고 있었다. 이스라엘의 작거나 덜 부유한 지역까지도 고려하여 모집 과정을 평등하게 하기 위해 IDF에서는 몇 년간을 고군분투해야 했다.

완벽한 인재를 찾기 위한 노력

여전히 적합한 지원자들을 찾는 것이 문제였다. 도싼과 야치프는 적합한 인재를 선발하기 위한 검증 기준과 절차를 만들기 시작했다. 초기에는 후보자들이 새로운 물리학, 수학 자료들을 짧은 시간 안에 종합적인 시각으로 다룰 수 있는지 단독으로 평가했다. 그들이 실제 과업에 적용할 수 있는지에 대한 능력이 확인되면, 일반적으로는 4년의 과정이지만 그 예외적 학생들에겐 그들에게만 주어지는 수업과 학부 졸업장을 3년 안에 마칠 수 있게 해 주었다.

기존의 평가 절차는 인지 능력과 창의력을 평가하는 것이었지만, 나중에는 팀 활동을 성공적으로 수행할 수 있는지에 대한 기준도 추가되었다. 입학시험은 수학과 물리학 분야의 전문가들에 의해 고안되었다. 게다가 지적 능력 검사는 지능과 새로운 과목을 배울 수 있는 능력, 인성을 평가하기 위해 설계되었다.

초기에 학생들을 평가할 때, 탈피오트의 신병 모집관들은 종종 난처한 상황을 겪었다. 이런 직위에서의 일을 해보지 않았기 때문이었다. 면접 시 사용했던 질문은 응시자들이 예상했던 것들이 아닌 "자기 자신에 대해 어떻게 생각하는가?", "잘 할 줄 알았던 과제를 잘하지 못했을 때 어떤 감정을 느끼는가?", "여러 명 앞에서 연설할 때 긴장감을 느끼는가?"와 같은 사적인 질문이었다.

첫 단계 평가를 치르고 나면 몇백 명의 지원자들은 몇십 명으로 줄어있었다. 이때부터 상황은 매우 흥미로워졌다. 입대 몇 달 전, 후보자들은 따로 일대일 면접을 하기 위하여 부름을 받았고 어떤 방안으로 안내되었다. 그곳에는 군대의 고위급 간부들, 국방연구개발부에서 온 IDF의 수장들, 무기개발 및 기술인프라 통합 관리부MAFAT와 같은 사람들이 8명에서 10명 가량의 심사위원으로 기다리고 있었고 17세의 고등학생은 그들 앞에 마주 앉았다. (3장의 마지막 부분에는 탈피오트와 이스라엘 공군이 협력할 수 있도록 관장하는 MAFAT에 관한 더 많은 설명이 나올 것이다. 더 중요한 것은, MAFAT의 대표들은 훗날 3년 동안의 집중적 과정을 마치고 난 후의 탈피오트 졸업생들을 분석하고, 어느 부대로 갈지 선택을 돕는 데에 큰 영향력이 있었다)

일대일 면접은 대략 30분간 이루어졌다. 심사위원들은 후보자가 압박 분위기 속에서 어떻게 행동하는지, 얼마나 침착하고 창의적인지, 질문에 어떻게 대응하는지, 나이가 지긋하고 권력의 정점에 서 있는 최고위급 관료들과 어떻게 소통하는지를 면밀히 살폈다.

면접위원회는 '성격승인위원회Character Acceptance Committee'로 불리게 되었다. '면접'까지는 많은 단계를 거쳐야 했다. 하지만 그 단계들에서도 잠재력을 가진 지원자들이 새로운 자료를 받아들일 수 있는지를 알아보기 위하여 주된 질문은 주로 수학과 물리학이었다. 몇몇 경우에는 읽기 자료를 주고 나서 질문을 했다. 지원자들이 과학 배우기를 얼마나 즐기고 있고 호기심이 있는지를 알아보기 위해서 겉보기에는 간단한 질문을 했다. 예를 들면, '비행기는 어떻게 나는가?' 또는 '냉장고의 작동 원리는 무엇인가?'와 같다.

분야를 넘나드는 압박 면접

탈피오트의 졸업생인 하가이 스콜니코프Haggai Scolnicov는 위원회 면접을 포함하여 험난했던 시험 과정을 회상했다. 그들은 사실상 기술적인 리더십, 즉 어려운 과제를 맡아 진행할 수 있는 리더십과 능력을 원하는 것 같았다. 스콜니코프는 예를 들어 말했다. "그들은 당신이 학교에서 배운 적 없던 신체적 현상 같은 내용을 질문했고 당신이 답을 모르는 상황일 때 어떻게 최선을 다하여 문제를 해결해 나가는지 보고자 했다. 그들은 당신이 틀을 깨고 나와 생각할 수 있는지 알고 싶어 했다. 그들은 친절했지만 질문의 강도는 매우 가혹했다. 당신이 교수들과 군대의 고위급 간부들에게 둘러 쌓여있다고 상상해보라, 이 면접이 장난이 아님을 알 수 있을 것이다."

전설이 된 면접 사례가 하나 있다. 면접관들은 지원자에게 그의 취미가 무엇인지 물었고 지원자는 자신이 얼마나 악기 연주를 좋아하는지에 대하여 이야기했다. 그는 작곡에 대한 열정을 물리학에 대한 흥미, 사랑과 비교했다. 그때 면접관들은 완벽한 소리를 만들어내기 위하여 두 분야에 대한 그의 흥미를 어떻게 사용할 수 있을지 질문했다. 그 젊은이는 그의 기타를 굉장히 자세히 묘사했고 소리를 증폭시키기 위해 어떻게 전파 증폭기를 설계하여 연결할지에 대해 설명했다. 지원자가 방을 나가자마자 면접을 보던 사령관 중 한 명이 자신의 머리를 치며 다른 면접관들에게 말했다. "요즘 내 아들에게 선물할 전자기타를 만들기 위해 노력 중이었는데, 그가 방금 내가 무엇을 놓치고 있었는지 정확하게 설명했어요!"(히브리어로 출판된 탈피오트 30주년 연감 중)

어떤 다른 후보자의 면접은 잘 풀리지 않았다. 면접관들은 청년에게 그가 시온주의자Zionist인지 물어보았다. 그는 이렇게 대답했다. "저는 이스라엘을 사랑하지만, 이 프로그램에서 배운 것을 다른 나라의 전문 직종에 종사하며 그곳에서 사용하고 싶습니다." 그 청년은 면접을 통과하지 못했다. 청년의 아버지가 그 이야기를 듣고는 청년을 면접 위원회에 도로 데려갔다. 그리고 아버지는 면접관들에게 이 아이가 아직 십 대여서 뭘 모르고 한 소리이며, 당연히 이 아이는 국가를 위해 영원히 도움을 주고 싶어하는 시온주의자라고 말했다. 위원회의 면접관들은 놀라서 아버지에게 사실 그들이 아들의 대답을 맘에 들어 했다고 얘기했다. 그 청년은 진실했기 때문이었다. 그러나 면접관들은 청년이 면접을 통과하지 못한 데에는 다른 이유가 있다고 말했다.

탈피오트의 다른 졸업생들에게도 입학 면접을 볼 때 "이스라엘에 있는 주유소는 몇 개인가?"와 같은 다양한 질문이 주어졌다. 대부분의 학생은 인구를 추산하고 이스라엘의 도로에 있는 차가 몇 대 인지 추정하여 나누었으며 논리적인 수학 공식을 고안하려고 노력했다. 그러나 나중에 그들은 왜 면접 위원회에서 그런 문제들을 제시했는지 이해했고 웃음을 터트렸다. 위원회에서는 정확한 답이 아니라 단지 잠재력 있는 지원자들이 압박받는 상황에서 문제들을 어떻게 해결해 나가는지 보고 싶었던 것이었다.

한 번은 젊은 여학생이 면접을 보며 본인이 이탈리아어를 구사할 수 있다고 말했다. 이스라엘에서 이탈리아어를 배우는 사람이 많지 않았기 때문에 면접관들은 감탄했다. 이 사실을 듣고 면접관 중 한 명이 그녀에게 물어보았다. "피렌체 아카데미아 미술관에 있는 미켈란젤로의 다비드상을 몇 명이 보았을까요?" 면접은 주로 이런 식이었다.

탈피오트에 결국 입학 승인 허가를 받은 또 다른 지원자는 말했다. "면접관들은 저에게 '당신이 존경하고 닮고 싶은 과학자 한 명의 이름을 말해보세요.'라고 물었어요. 저는 속으로 생각했죠. 제발 아인슈타인은 말하지 마. 아인슈타인은 말하지 마. 아인슈타인은 말하지 마…. 그러나 저는 당황했었고, 결국 아인슈타인이라고 대답했어요. 저는 충분한 이유를 답하기 위해 계속해서 말을 만들어내면서 답변했습니다. 면접관들은 제가 그 방을 떠나자마자 웃었겠지만 중요한 것은 저의 태도로 자신감과 유능함을 보여주는 것이었어요."

성공적으로 면접을 마친 다른 지원자는 이런 심리전에 매우 스트레스를 받았었다. 면접관들은 그에게 "블랙홀은 무엇이며 어떻게 작동하는가?"라는 질문을 던졌고, 그가 이렇게 회상했다. "저는 솔직히 말해서 그들도 정답을 정확히 모를 것이라고 생각했어요."

탈피오트에 지원하는 고등학교 학생들의 일부는 이런 심리 면접과 성격에 대한 정보를 수집하는 과정들이 자극이 된다고 생각했고, 일부는 스트레스를 많이 준다고 생각했다. 그리고 학생 대 면접관들로 구성된 개인 면접은 오늘날의 면접에도 매우 유용한 자료가 되었다. 그것은 탈피오트 선발 과정에 있어서 통과의례이자 주춧돌이기 때문이다.

함께하는 방법

프로그램이 시작되고 초기에는 심리적 지구력과 학업을 지나치게 중시하는 경향이 있었다. 탈피오트의 뛰어난 졸업생 중 한 명인 엘리 민츠Eli Mintz는 탈피오트에서 일하는 사람들을 이렇게 표현했다. "굉장히 이상했어요. 무엇을 하고 있는지 모르고, 어떻게 어울리는지 잘 모르는 20명의 별난 괴짜들을 모아놓고 군 장교라 부르고 있었으니 말이에요."

뛰어난 십 대들에게 '어울려 지내는 일'은 엄청난 도전이었다. 민츠가 고백하길 "다른 많은 학생과 마찬가지로 저도 제가 가장 똑똑하다고 생각했던 환경에서 지내다 왔었어요. 그래서 '우와, 이 방에서는 더 이상 내가 가장 똑똑한 사람이 아니네.'라는 생각이 드는 곳에 들어왔으니 굉장한 경험이었죠. 그것은 새로운 도전이었지만 모든 사람이 저처럼 생각하진 않았고, 성격 때문에 부딪히는 문제들이 발생했죠." 그는 탈피오트가 무엇보다도 자신보다 더 뛰어난 사람들과 협업하는 방법을 가르쳐 주었다고 회상했다.

성격으로 인해 부딪혔던 문제들은 곧 해결되었고 프로그램은 발전했다. 몇 년이 지난 후에, 탈피오트 모집자들은 결정적인 새로운 조건을 과정에 넣었다. 그들은 후보자들이 도전적인 어려운 환경 속에서 자신의 팀원들과 협업을 잘 해나가는지를 보기로 했다. 오늘날까지 탈피오트 졸업생들은 면접관들과 함께 새로운 응시자들을 평가한다.

자세하게 말하자면, 이 면접들은 팀 구성원들이 최대한 다양하게 생각하고 제안할 수 있게끔 구성되어 있다. 어떤 경우에는 팀이 다함께 무언가를 만들어 내야 하고, 또 다른 경우에는 어린이용 블록으로 무언가를 만들어야 하기도 한다. 이 모든 면접 과정들은 촉박한 기한이 설정되어 있고 어떤 때는 기온이 높은 방에서 이루어지기도 한다. 면접 과정에 긴장과 압박을 더하기 위해서 탈피오트 졸업생들이 뒤에서 돌아다니며 모든 움직임과 모든 말들을 기록하거나 지원자들이 그렇게 느끼게끔 하기 위해 기록하는 척하기도 한다.

프로그램이 시작한 지 6, 7년이 되자, 모집 과정 자체가 더욱더 체계화되었다. 야치프 교수와 도싼 교수는 이제 그들이 누굴 찾고 있으며 어떻게 찾아야 하는지 알게 되었다. 그리고 그때부터 실제 탈피오트 졸업생이 프로그램 발전을 위해 더 많은 발언을 하게 되었다. 그 발언들은 현장 경험에서 나온 것이어서 더욱 가치 있었고, 탈피오트 선발 과정을 실용적으로 수정·검토해 주었다.

사실상 탈피오트의 발전은 초기에 설립자들이 실제적 고민과 보이지 않는 문제들과 싸우면서 이루어졌고 탈피오트의 비전과 성장을 위한 긍정적인 변화도 함께 나타났다. 탈피오트 프로그램의 시작 단계에서 야치프와 도싼 교수는 어디에서 프로그램을 진행할지 확실하게 정하지 못했다. 탈피오트 졸업생인 아미르 슐라쳇Amir Schlachet이 말하길, "교수님들은 제록스Xerox가 설립하고 발전시킨 것처럼 팰로앨토 연구센터PARC, Palo Alto Research Center를 마음속에 그리고 계셨어요. 그들은 젊은 사람들을 연구 기관에 데려다 놓고 기술을 넘어서라고 강조하면서 새로운 무기에 대한 아이디어를 만들어 내기를 바라셨어요. 그리고 처음 의도한 것처럼 졸업생들이 다 같이 그 연구소에 영원히 남아있길 바라셨죠. 그러나 프로그램 시작 첫해에 탈피오트의 지휘관들은 그 아이디어를 바꿔야 한다는 것을 깨달았어요. 이스라엘같이 자원이 부족한 작은 나라에서는 이론을 현실로 만들기가 힘들었기 때문이죠. 이스라엘엔 자원이 없었기 때문에 무턱대고 실험실과 탱크들을 만들 수는 없었어요. 그래서 대신에 그들은 이렇게 말했죠. '우리는 학생들을 훈련시킨 다음, 연구개발 인프라 구조가 이미 잘 잡혀있는 육군, 공군, 해군, 그리고 이스라엘 방위산업체로 보내서 부가가치를 창출할 것입니다.'"

탈피오트들이 기존 계획을 수정할 때는 넘치는 기지와 헌신, 겸손이 필요했다. 하지만 그 누구도 펠릭스 도샨과 같은 설립자의 능력을 넘을 수 없었다고 탈피오트 5기 아미르 펠레그Amir Peleg는 말했다. 그는 도샨 교수를 프로그램 뒤의 실제적인 추진력이라 표현했다. "도샨 교수님은 누구든지 프로그램을 만들기 위해 도움을 주는 방법들을 최초로 제안하는 사람을 굉장히 자랑스러워하셨습니다. 그분은 굉장히 여유롭고 좋은 인성을 가지신 분이에요. 독단적이지 않고 언제나 진실하셨죠. 교수님은 탈피오트와 군대, 이스라엘 간의 삼각관계에 진심으로 신경 쓰셨어요. 그리고 그의 비전을 현실로 만들기 위해 최선을 다하셨죠."

탈피오트와
MAFAT

도샨 교수도 '무기개발 및 기술인프라 통합 관리부MAFAT'의 활발한 지원과 협력 없이는 탈피오트를 구축하지 못했을 것이다.(MAFAT은 히브리어로 무기개발 및 기술인프라 통합 관리부the Administration for the Development of Weapons and Technological Infrastructure의 머리글자를 따 만든 단어이다.) 탈피오트와 MAFAT은 밀접하게 관련되어 있었기 때문이었고, 이 연관성을 알기 위해서는 이스라엘 군대 속성의 중요한 양상을 이해해야 한다. 국가가 건립되었을 초기에, 다비드 벤구리온David Ben-Gurion 초대 총리는 전투병과 자본과 예산을 담당하는 사람들을 분리하길 원했다. 그는 국가를 구성하고 발전시키는 데에 군대가 큰 역할을 할 것을 알고 있었지만 권력의 균형을 유지하기 위하여 총과 돈을 분리하길 원했고, 그리하여 미래의 장군들이 군대와 예산을 동시에 지휘할 수 없도록 만들었다. 이스라엘에서 국방부 장관은 국방부 예산을 관장하는 사람들에 의해 뽑혔고, IDF는 이스라엘의 장군들에 의해 운영되었다.

욤 키푸르 전쟁이 발발했을 때 MAFAT의 전신인 특수 연구개발 부대는 국방부를 도와 일하기 시작하는 초기 단계였고, 그 새로운 연구개발 부대는 전쟁에서 아무런 역할을 할 수 없었다. 3주간의 뼈아

폰 전쟁으로 기억되는 욤 키푸르 전쟁 발발 하루 전, 이 중요한 부대의 지휘관으로 우지 에일람Uzi Eilam이 임명되었고, 다른 이스라엘 사람들이 그랬듯이 그도 전쟁이 다가오고 있음을 전혀 알아차리지 못했다. 에일람은 전쟁 중에 그의 부하를 다른 부대로 보내 어떤 방법으로든 돕게 했지만, 핵심 연구개발 부서는 어떤 특수 과제가 주어질 상황을 대비하여 다른 부대로 보내지 않고 남게 했다.

MAFAT은 1980년대에 국방부 장관 아리엘 샤론Ariel Sharon에 의해 공식적으로 설립되었다. 그는 MAFAT이 이스라엘 군대 내부의 연구개발 부분에서 제일 중요한 팀이 될 거라 마음속에 그렸다. 이 새로운 부서는 외국 군부대와 일하며 해외 무기 구매와 판매를 담당하기도 했다.

아직도 MAFAT의 주목적은 이스라엘 국방 산업을 발전시키는 것이다. 이스라엘의 크고 작은 모든 업체와 협력하며 이스라엘 국방부와 긴밀한 관계를 맺고 있다.

탈피오트가 설립되었을 때, MAFAT은 곧 탈피오트 프로그램의 지도자와 행정직들을 채용했다. 이스라엘에서 공학 지식에 밝고 군대 경영 사고방식을 가진 사람들로 채용을 했으며 MAFAT은 이 프로그램에 누가 들어 올 수 있는지 최종 결정을 하는 역할을 맡았다. 물론 공군에서 간부 후보생들의 일일 군대 훈련을 책임졌지만, MAFAT은 탈피오트 학생들의 모든 교육 과정에 관여했다. 그들의 훈련과 교육 과정에 대한 책임을 모두 지고 탈피오트의 젊은 후보 간부생들을 양성했다.

MAFAT 내부에는 특별한 팀이라 알려진 탈피오트 프로그램의 외부에서 일하는 운영위원회가 있었다. 이 위원회는 MAFAT의 차석 과학자를 돕는 사람들이 선두에 섰고, 일년에 몇 번 탈피오트를 방문해 평가했으며 필요하다면 교육 과정을 수정하거나 보완하기도 했다.

이 위원회에는 탈피오트의 부대장과 히브리대학의 대표도 구성원으로 있었다. 이따금 탈피오트 졸업생 중 선택된 몇 명이나 이스라엘 국방부의 대표들 또는 육군, 해군, 공군의 고위급 간부들이 초대되기도 했다. 또한 이 위원회는 프로그램을 졸업한 군인들이 어디로 배치되어 일할지 결정하는 전략을 책임지고 만드는 곳이기도 했다.

프로그램의 시작부터, 이스라엘을 위한 MAFAT의 많은 미션 중 하나가 바로 고급 교육을 받았고, 열정을 갖추었으며, 이스라엘을 보다 잘 보호하고 무장시켜줄 사람들을 끝없이 제공하는 것이었다. MAFAT은 탈피오트 개발과 행정의 매우 중요한 임무를 수행함으로써 그 미션을 성공하게 할 수 있었다.

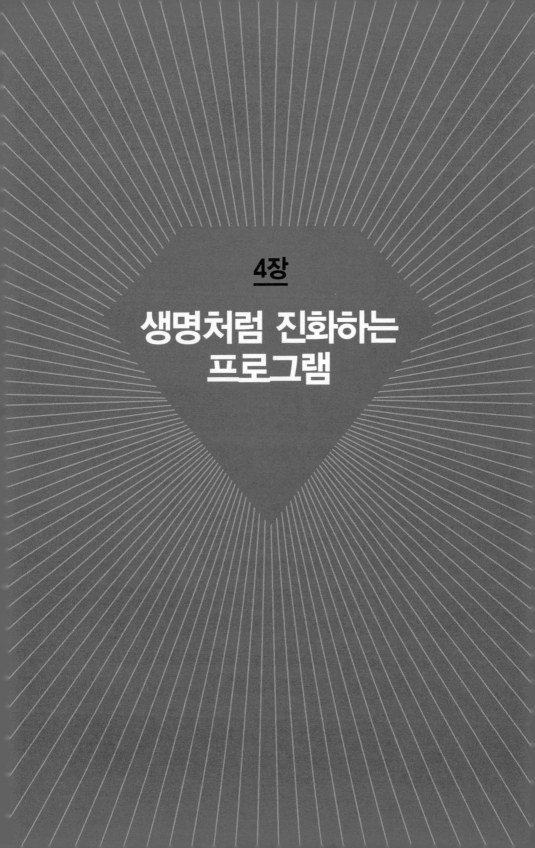

4장

생명처럼 진화하는
프로그램

　　탈피오트 프로그램 성공의 이면에는 이 프로그램 책임자들의 개
방적인 태도가 한몫했다. 당연히 관료주의도 없지는 않았지만, 그들
은 중요한 순간에 옳은 길을 택할 줄 알았다. 유연성과 도전과 실패
의 용납은 학문적 요소, 군인으로서 갖춰야 하는 군인 정신, 미래의
지능형 무기 개발 등이 복합된 이 프로그램을 연마하기에 가장 중요
한 요소로 작용했다. 과학적 사고를 토대로 실수는 발전을 위해 필수
불가결한 것으로 생각했다. 군대는 군인도 새로운 도전을 하기 위해
서는 유연성이 필요하다는 것을 빨리 깨달았다. 때로는 성공을 하기
도 하고 실패도 했지만, 한 가지 확실한 사실은 아무도 실패를 두려
워하지 않는다는 것이었다. 프로그램의 시작부터 탈피오트의 학생,

군인들은 그 실수로부터 배울 수만 있다면 실수하는 것은 전혀 문제가 되지 않는다는 것을 몸소 체험했다. 이러한 정신적 자유가 진정한 상상력의 전제 조건이었고, 이러한 상상력은 궁극적으로 혁신으로 이어졌다.

프로그램이 6기까지 성장을 해 나가면서, 때로는 학생들이 그들의 교관이나 강사보다도 특정 분야에 있어 더 뛰어난 부분이 있다는 게 분명해졌고, 이에 따라 국방부는 이러한 후보생을 더 잘 이해하기 위해 새로운 담당자를 찾고 있었다. 프로그램에 적합한 사람을 구하기 위해 내부 인원 중심으로 살펴보게 되었다.

끊임없이 혁신하는
탈피오트

탈피오트 2기 출신인 오피르 쇼함Ophir Shoham은 국방부와 IDF에 탈피오트출신이 이 프로그램을 이끄는 것이 가장 좋을 것 같다고 제안했다. 오피르 쇼함은 추천해달라는 요청에 주저하지 않고, 탈피오트 2기 동기인 오페르 야론Opher Yaron을 추천하게 된다.

야론은 하이파 인근 북쪽의 커럇 비알릭Kiryat Bialik 출신으로, 탈피오트에 입대 이후 히브리대학 학위를 받고, 이스라엘의 통신 기업에서 5년간 일을 하며, 이스라엘의 네트워크를 개선하여 유연성, 효율성과 안전성을 향상시켰다. 30여 년이 지났음에도 야론의 업적에 관해 묻자, 이스라엘의 국방부는 "최고임과 동시에 체계적이다."라며 찬사를 보냈다.

야론 자신이 주도하여 진일보한 통신 시스템을 구현했음에도 불구하고, 그는 인생의 다음 행보에 대해 쉽게 결정할 수 없었다. 그는 군대에 남아 그의 조국을 지키는 일을 하고 싶었으나, 동시에 새로운 도전을 하고 싶었다. 쇼함이 그에게 탈피오트를 이끌어보라고 제안하자, "아주 흥미로운 기회인 것 같다. 나는 단순 기술적인 일이 아닌 그 이상의 것을 하고 싶고, 사람들과 협력을 해보고 싶다."라고 대답했다.

덧붙여 그는 프로그램과 합격자들의 역량을 제일 잘 아는 탈피오트 졸업자 출신이 가장 잘 이끌 수 있다는 의견에 동의했고, "나는 그들을 잘 이해할 수 있을 것 같았다. 그들은 매우 똑똑하고, 스스로에 대한 확신이 있다. 그들은 스스로 모든 것을 알고 있다고 생각하고, 그들이 가는 길이 맞는 길이라는 확신이 있어, 때로는 명령을 받아들이기가 힘들 것이다. 나도 불과 18세 때는 그러했고, 같은 경험을 했다. 그래서 탈피오트 졸업자들이 그 프로그램의 선발자들을 이해하는 데에 가장 적합할 것이라는 생각을 했다."라고 얘기했다.

그는 1985년, 7기부터 이 프로그램을 이끌기 시작했다. 다양하고 훌륭한 교육 기관에서 수학한 그는, 미국 아이비리그의 뛰어난 교육 커리큘럼과 더불어 졸업자들의 자부심에 대한 부분에서 영감을 얻었다. 불과 7년간의 프로그램으로 진정한 전통을 갖추기는 힘들었으나, 야론은 탈피오트 부대가 미국에서 존경받는 아이비리그 이상으로 이스라엘 내 다른 IDF 부대와 교육 프로그램의 부러움을 살 수 있는 역량을 갖춘 곳임을 직감했다. 그리고 그러한 전통을 발전시켜 나가는 게 매우 중요하다고 생각했는데, 그 이유로 "새 프로그램에 대한 열정은 줄어들게 마련이다. 탈피오트에 대한 재원도 다소 시들어가고 있었다. 내가 처음 들어왔을 때처럼 지속해서 혁신하는 인상을 주는 전통을 만들기 위해 프로그램에 활기를 불어넣고 싶었다."라고 말했다.

그러나 야론은 단순히 조직이 어떠한 변화가 필요하기 때문에 급진적인 변화를 만들고 싶지는 않았다. 이는 때때로 업계의 새로운 CEO가 조직을 새로 맡았을 때 하는 실수라는 생각이 들었다. 대신 그는 현재까지 잘 이루어낸 프로그램에 무언가를 더해 발전시켜 나가고 싶었다.

탈피오트의 여성 선발

야론이 새로 부임한 해에, 탈피오트는 여성을 선발하기 시작했다. 1984년에 6명이 선발되었으나 1985년에는 전무했고, 8기에는 3명이 선발되었다. 탈피오트의 총 책임자로서, 야론은 남성과 동일한 기준으로 여성을 선발했다. "우리는 단순히 최고의 사람들을 원했다." 10년 가까이 군 복무를 해야 하는 프로그램에 거부감이 있는 통상적인 여고생들과는 달리, 여성 합격자들은 전체 프로그램을 이수하길 원했다. 그는 이렇게 회상한다. "우리가 고려하는 여성들에겐 이건 전혀 문제될 것이 없었다는 사실을 깨달았다."

동성 부대가 대부분이던 이스라엘에서 기본 훈련 프로그램을 수

련할 때 남성과 여성 대부분은 분리되어 교육을 받았다. 하지만 탈피오트에서는 같은 수업을 듣는 남성과 여성은 평등하게 그리고 함께 이수했으며, 그러한 과목들의 예로 사격, 낙하산, 장애물 코스 등이 있었다.

탈피오트 26기 마리나 간들린Marina Gandlin은 "나는 신병훈련소가 가장 두려웠다. 하지만 만약 다른 여성들도 할 수 있다면 나도 할 수 있다고 되뇌었다. 탈피오트는 장기적인 프로그램이기 때문에 당연히, 수많은 사람이 중간에 포기하곤 한다. 프로그램의 시작 이후 8개월 정도까지는 확신이 없었지만, 어느 정도 시간이 지나자 스스로에 대한 충분한 신념이 생겼다. 13명의 중도 포기자가 생겼는데, 그들은 뛰어난 육체적 능력을 갖춘 사람들이었지만 프로그램을 견뎌내기에는 부족했었다."라고 회상했다.

높은 중도 포기 비율은 여성 합격자들을 유지하기에 더욱 힘들었다. 야론은 탈피오트를 고민하는 한 여성을 생각하며, "나는 그녀가 들어오길 원했지만 압박을 주고 싶진 않았다. 그녀는 결국 합류했고, 해당 기수의 유일한 여성으로서 결국 중도 포기했다. 매우 허탈했다."라고 말했다.

그는 탈피오트 출신에게 자리를 넘겨주기까지 2년간 탈피오트의 총책임자 역할을 수행했다. 야론의 임기 이후 단 한 명을 제외하고는 모두 탈피오트 출신으로 총책임자가 임명되었고 이러한 전례가 지속될 수 있었다.

혁신적인
책임자

두 명의 가장 혁신적인 프로그램 총책임자는 야론의 후임자인 아비 폴레그Avi Poleg 중령과, 아미르 슐라쳇Amir Schlachet 소령이었다. 아미르는 나중에 이스라엘의 가장 큰 은행인 하포알림Hapoalim의 성공을 이끈 인물이 되었다.

아비 폴레그는 1970년대에 하이파 지역에서 자랐다. 청소년 시절 그는 매우 조용하고, 호기심 많고 학구적인 아이였고 음악적 재능도 있어, 첼리스트이기도 했다. 일주일에 한 번, 그는 첼로 레슨을 위해 2시간이 걸리는 텔아비브로 통학을 했다. 그는 욤 키푸르 전쟁의 트라우마로 인하여 그의 조국을 위해 언제든지 몸을 다 바칠 준비가 되어 있었다. 그러나 그는 건강 문제로 군대에서의 기여는 힘들 것이라는 생각을 했다.

그가 1981년 탈피오트 부대로부터 지원 요청을 받았을 당시에, 다른 지원병들과 마찬가지로 탈피오트는 전혀 들어본 적도 없는 부대였다. 군 기밀이었기 때문에, 이 프로그램은 대중에 알려지지 않았던 상황이었다 이스라엘에서는 가족이나 가까운 지인들에게까지 군 기밀은 철저히 비밀에 부쳐졌고, 사람들은 너무 많은 것을 알려고 하면 안 된다는 것을 알고 있었다. 1981년 당시에는 아직 첫 번째 기수 조차도 졸업을 하지 않은 상황이었기 때문에, 내부에서 어떤 일들이 벌어지는지 알 길이 없었고, 그는 자신의 직관을 믿어야 했다.

그는 3기로 선발되었고, 이후 뒤도 돌아보지 않고 집중했다. 그는 프로그램을 졸업함과 동시에 해군 선박의 전기광학 관련 담당 업무를 부여 받았다. 그가 받은 첫 번째 미션은 적의 미사일과 레이더를 기만하기 위한 기기를 개발하는 것이었고, 이후 적외선, 열 감지 카메라를 통해 적의 선박, 무기, 미사일을 포함한 군에 위협을 주는 모든 기기를 탐지해 내는 장치를 개발하는 것이었다.

그는 업무 능력을 인정받아 선발 이후 10년이 지난 시점에 그가 그토록 원했던 관리자로 승진했다. 과거 국방부의 어느 고위 간부는 그에 대해 이렇게 평가했다. "아비는 최고의 도전자였다. 그는 매우 훌륭한 애국자였고, 그는 물리학에 대해 깊고 해박한 지식을 가지고 있었다. 그리고 무엇보다도 제일 중요한 측면은 그의 교육에 대한 지대한 관심이었다."

1990년대에 이스라엘군 기술의 획기적 발전으로 인해, 학생들과 졸업생들은 이러한 기술 개발에 막중한 임무를 맡고 있었다. 그중 통신기술과 데이터 암호화 등 많은 기술은 비단 군대뿐만이 아닌 민간을 위한 기술로 이어졌다.

군대의 니즈가 변화하면서, 탈피오트 관리자들은 후보자들의 필요 역량을 조정하기 시작했다. 부대별로 각기 다른 시스템이 적용되어야 했기 때문에 팀워크는 더더욱 중요해졌다. 해마다 선발되는 불과 20~25명의 역량은 매우 중요했다.

폴레그는 이렇게 회상한다. "갑작스레 우리는 각기 다른 새로운 자질의 조합을 후보생들에게 요구했다." 높은 인지 능력과 과학적 사고와 더불어, 그들은 남들을 이끌 수 있는 리더십이 있는 사람을 찾고 있었다. 이에 따라 간부 평가와 성격 시험이 매우 중요해졌다. 폴레그는 시험의 두 가지 부분(그룹 테스트와 인터뷰)을 개선했다.

"나는 동기부여, 도덕적 가치와 성격을 평가하고 싶었다. 긴박한 순간에서의 리더십을 테스트하기 위해 우리는 다양한 사회적 시뮬레이션을 했다. 어떻게 당신은 뒤처지는 당신의 동료들에게 동기를 부여할 수 있는가? 당신은 프로젝트나 활동들에 참여하지 않으려는 동료들과의 상황에서 어떻게 대처할 것인가? 이러한 시험들을 통해 내가 얻고 싶었던 것은 후보생들이 리더십, 사회성과 연관된 이슈에 대해 어떻게 대처하며 동료들 모두에게 관심을 가지는지였다. 나는 내가 선발한 후보생들이 창의적, 지적이면서 다양한 분야를 골고루 알고 리더십을 발휘하여 그룹을 이끌고 자연스럽게 그룹에 일원으로 활동할 수 있다는 확신을 해야 했다. 동시에 그들의 상사나 부하 직원과 어떻게 관계하고 행동하는지 뿐만 아니라 그들의 도덕적 가치와 국가, 사회에 얼마나 기여하고자 하는지도 중요했다. 나는 훌륭한 학생들을 좋은 길로 인도할 수 있다는 확신은 있었으나, 성공적으로 하기 위해서는 그들의 탄탄한 기초도 뒷받침되어야 함을 알고 있었다. 여기서 조심해야 하는 것은 수많은 후보생 중에 누가 그런 기초가 있는지 없는지를 가려내는 일이었다."

위원회 인터뷰 시에, 폴레그는 이렇게 말하곤 했다. "TV 시청 중에 본 인상적인 악기나 재미있는 다큐멘터리, 또는 과학 관련하여 읽었던 재미있던 기사 등 무엇이든 관계없이, 지난달에 당신이 본 것 중에 그간 몰랐던 사실은 무엇이었으며, 그것을 통해 무엇을 알게 되었고, 당신의 지식을 어떻게 증강했는지 얘기해 보시오." 그는 이렇게 출발하여, 후보생의 호기심과 그 호기심을 충족시키기 위하여 어떻게 행동하는지 등을 시험했다. "나는 그들이 지적 호기심을 위해 얼마나 많은 노력을 했는지를 보려 노력했다."

폴레그는 후보생이 사고하는 능력을 판단하기 위해 과정을 하나하나 점검해 나갔다. 그는 후보생들이 절대 보지 못했을, 그리고 이해 못 할 수준의 높은 지적 수준을 요구하는 과학 저널의 기사를 후보생들에게 주었다. 후보생들은 재빠르게 기사를 읽은 후, 수많은 연속적인 질문에 대답해야 했다. 이 과정의 목적은 그들의 지적 능력을 테스트하는 것보다 그들의 사고 능력의 흐름을 관찰하는 것이었다.

폴레그는 단순한 시험 성적을 넘어, 이처럼 예리한 위원회 시험들을 통해 후보자들의 옥석을 가려낼 수 있다고 확신했다. 한 가지 기억에 남는 에피소드로, 이전 테스트에서 좋은 점수를 받지 못했던 한 후보자가 있었다. 폴레그는 그에게 특정 상황을 가정하는 시험을 했다. "그는 두각을 나타내기 시작했다. 그는 너무 열정적이었다. '이것도 해 볼 수 있고, 저것도 해 볼 수 있을 것 같습니다…' 마치 순간적으로 오케스트라를 지휘하는 지휘자가 된 느낌이었다. 이는 그가 위원회 앞에서 마치 그에 딱 맞는 옷으로 갈아입은 듯한 느낌이었다. 그와 같은 경우가 내가 정확히 원하는 방향이었다. 나는 위원회를 후보생들의 일부로서 후보생들의 보이지 않는 능력을 끄집어낸 이후에 그렇게 선발된 인원이 프로그램에 들어왔을 때 나 역시도 지휘관으로서 유사한 방법을 적용했다."

물론 최고의 인원을 선발할 때 실패의 가능성을 완전히 배제할 수는 없었다. 폴레그가 예상한 대로, 이러한 사회성 테스트는 1990년도 이후 21세기까지 더욱더 중요한 요소로 강조되고 있다.

고인 물은
썩을 수 있기에

탈피오트 사령관은 같은 직무에 너무 오래 근무하지 않는 것이 관례다. 2003년까지 새로운 아이디어와 리더십에 대한 타이밍이 절묘했고, 아미르 슐라쳇이 총사령관으로 오게 되었다.

슐라쳇은 불과 16세에 향후의 군대 경력에 대해 고민하고 있었고, 그때는 마침 탈피오트 부대가 군 기밀의 수면위로 부상하며 국가적으로도 인지도가 생긴 시점이었다. 곧바로 탈피오트는 젊고 유능한 물리학, 과학, 수학에 두각을 나타내는 이스라엘의 인재들에게 최고의 선택지로 인식되었다. 탈피오트를 목표로 한 학생들은 여러모로 미국의 MIT, 하버드, 프린스턴이나 예일대를 준비하는 학생들과 유사했다.

불과 17세의 슐라쳇에게 탈피오트에 합격하는 것은 인생의 목표가 아니었다. 하지만 그는 연속된 시험을 통과하면서 더더욱 합격하고 싶은 욕망에 불타올랐다. "정말 최고의 일을 하고 싶었고, 엔지니어와 물리학자들을 많이 알고 있었다. 나는 연구개발이 무엇인지는 몰랐지만 다양한 분야의 지식과 국방에 관심이 많았다."

3년의 학업을 마친 이후 그는 히브리대학의 물리학 학위를 받았다. 그는 탈피오트 총사령관과 국방부의 협의로 공군의 연구개발 부대에 배치되었고, 항공전자 시스템(통신과 레이더, 공간 타격과 지상 타격 등에 활용됨)을 연구하는 특수 부서에 배치되었다.

탈피오트 과정을 마치면서 그는 추가 학위를 받을 준비가 되어있었고, 비즈니스의 세계로 나아가고자 했다. 하지만 향후에 '탈피오트의 오른손'이라는 별명을 가진, 이스라엘 국방부의 신화라 불리는 (그리고 탈피오트 졸업생이기도 한) 에비아타르 마타니아Eviatar Matania가 만류했다. 마타니아는 아미르 슐라챗에게서 남들과는 조금 다른 더욱 특수한 능력을 보았다. 그는 공동의 목표를 향해 팀원을 이끌어가는 능력과 함께, 이스라엘이 왜 기술에서 앞서 나가야 하는지에 대한 높은 이해를 그에게서 볼 수 있었다. 마타니아는 슐라챗에게 프로그램의 전권을 주었고, 그 프로그램을 개선할 수 있도록 기회를 제공했다.

슐라챗은 그 제안을 받아들였고, 일단 비즈니스를 향한 자신의 꿈을 반영구적으로 보류시켰다. 진정성 있는 솔직함을 토대로 그는 탈피오트의 모든 부분을 거시적 관점에서 살펴보았다. "가치를 더할 수 있는 일이라면 우리는 무조건 강화하고 싶었다. 약화시키는 부분들은 가차 없이 버릴 준비가 되었으며, 단순 누적된 계산만을 하는 1차원적인 시스템을 바꿔나갔다. 탈피오트는 지속해서 진화했고, 선발과정도 마찬가지였다. 탈피오트 부대의 가장 큰 힘은 우리가 스스로 선발하는 것이고 그랬기 때문에 우리는 끊임없이 그 부분을 개선하고 강화하고 싶었다. 우리는 모든 과정을 재설계했다. 우리는 어떠한 제재도 가하지 않았고, 그게 우리의 강력한 힘으로서 나타났다."

새 프로그램에 숨을 불어넣기 위해 슐라쳇은 탈피오트 졸업생으로서 최고 사령관의 위치로 영전하게 되었고 더 큰 책임을 맡게 되었다. 그는 다른 곳으로 이동하거나 군대를 그만두기 전까지 여러 해 동안 일을 했다. 슐라쳇은 "우리는 미래 지도자들을 위한 추가 훈련에 투자한 뒤 그들이 그냥 일 년 안에 떠나는 것을 원치 않았습니다."라고 설명했다.

탈피오트에 근무 중일 당시, 슐라쳇은 바로 직전 총사령관이 임기가 끝난 이후에도 군대에 남아있게끔 설득했다. 드롤 벤 엘리에제르Dror Ben Eliezer는 슐라쳇 밑에서 일하던 입학 허가 주임이었다. 드롤은 형제가 모두 다 탈피오트 프로그램에 참여하는 몇 안 되는 졸업생 중 한 명이었고 동생의 이름은 바락Barak이었다. 그들은 예루살렘 구시가지 성벽 안쪽에서 자랐고, 미국에서 온 예시바yeshivah(탈무드 학원, 종교 교육 외에 보통 교육도 하는 유대교의 초등학교_옮긴이) 친구들과 미식축구를 하며 놀았다. 바락은 훗날 탈피오트에서 배운 많은 기술을 이스라엘 경찰국에 적용했다.

슐라쳇은 대부분의 졸업생이 그렇듯이 매우 겸손한 사람이었다. 그는 자기 동료나 다른 졸업생들이 "아미르가 프로그램에 새 숨을 불어넣어 주었고, 하루하루 개조를 통해 프로그램을 더 좋게 만들었어."라고 말할 때마다 마지못해 그들이 옳은 소리를 한다고 인정했다. 그러나 정작 그가 가장 자랑스러워하는 것은 과도기에 있었던 당시, 심사 과정을 혁신적으로 바꾼 일이다. 면접이 사회성과 인성 측면 쪽으로 과하게 기울어져 가고 있을 때, 그는 프로그램에 누가 적합하고 적합하지 않은지 찾을 수 있는 더 나은 방안을 고안해 내었다. 그것은 '조용한 면접'이라 불렸는데 후보자들은 그들이 어떤 내용으로 평가 받는지, 심지어 그들이 면접을 보는지도 몰랐다. 조용한 면접은 심리 측정 고문들에 의해 성공적이라 판명되었다. 다음에 이어진 혁신은 사령관의 추천으로 뽑은 3학년 학생들과, 특별 자격증 과정에 참가했던 졸업생들에 관한 것이다.

그들의 끊임없는
진화 의지

마리나 간들린Marina Gandlin은 유망한 후보생들의 면접 감독관이 되었다. 그녀는 면접이 이틀에 걸쳐 진행된다고 얘기했다. "우리는 그들을 팀으로 나누었고, 팀원들과 어떻게 의사소통 하는지 보기 위해 종이나 블록을 가지고 무엇인가를 만들어보라고 지시했습니다. 저는 그들이 서로 상대방에게 무엇을 할 것인지 말 것인지 지시하는 것을 보고 싶지 않았습니다. 다른 이에게 무례하거나 지나치게 강요하려 드는 것도 원하지 않았고, 폭력과 고함도 원치 않았습니다. 이런 사항들은 당연히 탈피오트에 적합하지 않다는 신호입니다. 물론 이 말들이 이상하게 들린 순 있겠지만 이런 면접 과정을 보면 누가 잘하고 편안하게 행동하는지, 누가 프로젝트를 완성할 아이디어를 가졌는지, 누가 프로젝트를 완성하기 위하여 사람들을 자기 의견에 찬성하게 하는지 쉽게 알 수 있습니다. 면접관들은 그들이 프로젝트를 어떻게 진행하는지 바로 앞에서 관찰합니다. 한쪽이 유리창인 거울 같은 것을 이용하는 건 아니며 그냥 한 방에 열 명 정도의 지원자들이 들어가 있고, 두세 명의 졸업생들은 그들이 어떻게 행동하는지 지켜보고 있습니다."

탈피오트가 다른 엘리트 부대의 공학, 물리학 프로그램보다 어떤 점에서 뛰어난지 물었을 때, 슐라쳇은 세 가지 이유를 말했다. 첫째, 정제된 선발 절차. 둘째, 미래를 내다보고 설계된 학문과 군대 훈련을 포함한 특별한 교육. 셋째, 졸업 후 가장 적절한 자리로의 배치.

이 마지막 요소는 졸업생과 국가에 굉장히 중요한 것이다. 탈피오트 간부들은 육해공군의 연구개발원에서 최고로 선호하는 자리들을 목록으로 만들고 직무 분석표를 만들었다. 슐라쳇은 "우리는 학생들이 졸업 후에 할 일들에 흥미를 느끼길 원했습니다. 왜냐하면 학생들은 적어도 제대하기 전까지 그 일을 5년 이상 할 텐데, 만약 그들이 흥미를 느끼고 있다면 동기부여를 더 받을 수 있겠죠."라고 말했다. 그는 덧붙여 "우리가 IDF를 위해 하는 일들은 사소한 것이 아닙니다. 때에 따라서는 이들이 하는 일은 생사를 오가는 것이 될 수도 있습니다. 우리는 각 졸업생이 향후 할 일들을 고려해 3년 동안의 교육과정을 계획했습니다. 우리의 목표는 졸업생들이 최고의 영향력을 발휘할 수 있는 자리로 가도록 돕는 것입니다."

슐라쳇은 탈피오트의 경험 중 가장 큰 강점 하나를 꼽으라면 바로

'협력'이라고 말했다. "교육 과정은 어떤 형식으로든 경쟁적이지 않습니다. 제가 일한 곳 중 가장 경쟁적이지 않은 곳이라고 말할 수 있으니까요. 학생들은 본인이 손해를 보거나 낮은 성적을 받을 수 있는 상황에서도 다른 학생들을 도와줍니다. 멋진 상황이지요. 굉장히 가까운 유대 관계가 형성되고 영원히 지속됩니다."

졸업생들이 프로그램에 대한 전반적인 책임을 가지고 있었음에도 그들의 위에는 이스라엘의 국방부, 특히 MAFAT의 내부자들이 공존하고 있었다. 군 관계자들은 학생 선정 과정 중에 프로그램의 관리와 졸업생들의 배치에 있어서 탈피오트가 필요로 하는 부분을 지원해주었고 탈피오트는 군대가 필요로 하는 것들을 제공했다.

국방부의 (익명을 요구하는) 고위급 관료는 이렇게 얘기했다. "탈피오트만의 특별함은 그들이 스스로 진화하고 시대를 앞서가며 지속해서 개선한다는 것이다. 그것이 가능한 이유는 졸업생들의 지대한 관심과 그들이 지속적으로 더 나은 가치를 창출하기 위해 노력하기 때문이다. 국가의 나머지 부분들도 이런 탈피오트 방식으로 이루어졌다면 매우 좋았을 것이다."

5장

모든 것은
고등학교에서부터
시작한다

 탈피오트 프로그램이 본격화되고, 선발 과정이 다듬어지면서 엘리
트 부대로서의 명성이 자자하게 되었다. 프로그램이 시작된 지 36년
이 지난 오늘날, IDF는 인터넷 웹사이트를 통해 탈피오트만의 특수
성을 공개적으로 다음과 같이 정의한다. '고등학교에서 과학 분야에
두각을 나타내는 최고의 엘리트 50명을 선정하는 프로그램이다.' 이
프로그램에 들어가기 위한 경쟁은 매우 치열하다.

 최고의 학생인 론 베르만Ron Berman은 19기 출신일 뿐만 아니라 덴
마크, 텔아비브대학, 펜실베이니아 와튼스쿨에서 공부한 이후, 현재
는 UC버클리에서 박사 과정을 밟고 있다. 최고 중 최고로 일컬어지
는 이 학생은 탈피오트에 들어가고자 하는 지원자들에게 이렇게 충

고한다.

"모든 것은 고등학교에서부터 시작한다."

호기심과 동기부여, 독립적 사고를 중시하는 이스라엘의 고등학교

실제로 이스라엘의 수많은 고등학교는 학생들이 탈피오트와 같이 기술뿐만 아니라 '생각하는' 부대에 들어갈 수 있도록 도움을 주고 있다. 예루살렘의 계획은 특히 탈피오트를 염두에 두고 기획되었다. 세계적으로 명성이 자자한 이스라엘의 수월성교육진흥Excellence through education 센터는 과거 탈피오트 사령관인 아비 폴레그Avi Poleg에 의해 운영되었다. 그는 탈피오트 부대를 완성한 다양한 전략들을 그 센터에 적용했고, 이어서 공립학교에 적용했으며, 그 후 이스라엘 전역으로 전파했다. 이 센터는 커리큘럼을 안착시키는 데 매우 중요한 역할을 했고, 이스라엘의 몇 안 되는 공립 기숙학교 중 하나인 이스라엘 '인문과학 아카데미'의 경영에 많은 도움을 주었다. 이 아카데미는 현재 센터와 캠퍼스를 공유하고 있다.

이 프로그램에 합격한 학생들은 이미 훌륭한 재능이 있었다. 하지만 이 학교는 학생들이 이스라엘 전역의 어떤 공립학교에서도 받을 수 없는 수준 높은 수학, 화학, 물리학, 컴퓨터 공학에 집중할 수 있도록 설계되어 있다. 일부 학생들은 예루살렘에서 통학하기도 했지만, 대부분의 학생은 기숙사에서 생활했다. 학생들은 도시, 시골, 키부츠와 농장 등 100개가 넘는 이스라엘의 다양한 지역 출신으로 구성되었으며, 이 프로그램은 이스라엘의 유대인과 아랍인에게 허락되었다.

이스라엘 인문과학 고등학교와 이스라엘 수월성교육진흥센터는 탈피오트 후보생들에게 제공했던 것처럼 학생들이 더 빠르게 성장할 수 있는 도구를 제공해 주었다. 폴레그의 교육 방법론은 탈피오트 부대에서와 동일했다. "우리는 적어도 특정 시점까지는 학생들에게 정형화된 길을 제공해 주지 않는다. 그들이 훗날 다양한 문제에 직면했을 때 대처 가능한 능력과 가치를 갖출 수 있도록 도움을 주는 것이다. 탈피오트의 철학인 독립적인 사고, 호기심과 동기부여가 이러한 측면에서 관계가 깊다고 볼 수 있다."

"학생들에게 어떻게 호기심과 열정을 불어 넣을 수 있는가?"에 대해 문의하자, 폴레그는 대답했다. 이는 마치 랍비 힐렐Hillel이 얘기했던 것과 같이 짝다리를 짚은 상태로 함무라비 법전을 읊어보라는 것과 같다. ("유명한 현자는 다리 하나로 선 채 함무라비 법전을 요약해 줄 수 있는지에 대해 질문을 받은 적이 있다.") "요약하자면, 공부하면서 학생들은 마치 탐험을 하는 것과 같은 느낌을 받을 것이다. 우리는 '오늘 이것 이것을 배우겠다.'라고 시작하지 않고, 전설이나 이야기를 통해 시작한다. 그런 뒤에 우리는 학생이 그 상황에 투영될 수 있도록 도와준다. 우리는 그들에게 '오늘은 네가 역사학자, 과학자, 형사가 되는 거야.'라고 얘기해 주고, 학생들은 즐겁게 공부할 수 있도록 다양한 역할에 투영되게 유도한다. 이렇게 되면 학생들은 스스로 책임감을 느끼게 되고, 교사들은 단순 지식이 아닌 배움의 과정을 훌륭히 도와주는 역할을 하게 된다. 그 얘기인 즉슨, 그들은 학생들이 자신의 결론에 도달하는 과정에서 설령 실패한다 하더라도 너무 이른 시간에 그들의 방향이 틀렸음을 고치려 하지 않는 등 큰 범주에서의 방향만을 이끌어주는 역할을 한다. 교사들은 많은 질문을 하되 답은 가급적 알려주지 않고, 학생들이 스스로 답을 얘기하도록 도와준다."

군부대와 기숙 학교에는 분명한 차이점이 존재한다. 목표는 동일하나, 목표 달성을 위한 이행 과정에는 차이점이 존재한다. 하지만 탈피오트의 법칙과 방법은 동일하게 적용된다. 폴레그는 본인의 역할을 이렇게 정의한다. "자존심과 독립적인 능력을 강화하는 게 제일 중요하며, 나는 누군가를 가르치게 되면 그에 상응하는 결과는 훗날 누군가가 반드시 얻을 것이라고 믿는다."

혹자는 이스라엘 인문과학 고등학교를 '탈피오트 예비 학교'로 부르기도 한다. 탈피오트 합격은 항상 이 프로그램을 이수하는 학생과 교사의 중요한 관심거리이며, 실제로 탈피오트 부대의 성공에 지대한 영향을 주었다.

유사한 고등학교 프로그램인 나흐손Nachshon은 훗날 대중화되었다. 이는 탈피오트 6기 졸업생인 에비아타르 마타니아Eviatar Matania에 의해 설계되었는데, 이 프로그램은 성서 속의 용맹한 인물인 나흐손 벤 아미나다브Nachshon ben Aminadav의 이름에서 유래했다. 나흐손의 학생들은 꼭 탈피오트 후보자가 되겠다는 것은 아니었지만, 몇몇 후보생들은 이 훌륭한 프로그램 출신이었다.

한다사임 고등학교

이스라엘의 수많은 명문 고등학교는 공식적 또는 비공식적으로 명문 대학과 방향성을 맞춘다. 초기 탈피오트에 수많은 학생을 보낸 고등학교 중에는 한다사임Handassa'eem이 있다. 한다사Handassa는 히브리어로 공학과 기하학이란 뜻으로, 텔아비브대학과 밀접하게 연관되어 있다. 이 학교는 탈피오트에 최고의 졸업생들을 보냈는데 그중에 하나가 엘리 민츠Eli Mintz다. 그는 "내가 다녔던 한다사임 고등학교의 교장 선생님께 추천을 받아 합격했다. 내가 나온 고등학교에서 5명이 탈피오트에 들어갔으며, 한다사임 고등학교는 매우 높은 합격률을 자랑했다."라고 말했다.

탈피오트에 입학한 또 다른 훌륭한 졸업생 중에는 오피르 크라-오즈Ophir Kra-Oz가 있었다. 당시 교장은 요하난 에일랏Yohannan Eilat이었다. 그는 학교를 기술 발전소로 변모시켰으며, 당시 실리콘밸리의 지도를 하이파(이스라엘의 제1 항구 도시)의 위에 놓고 모두에게 "이것 봐, 딱 맞네."라고 얘기하기도 했다. 당시는 실리콘밸리가 전 세계에 알려지기 한참 전인 1988년이었다. 그는 가히 선지자였다.

크라-오즈가 고등학교에 다닐 때, 그와 수많은 미래의 탈피오트 학생들은 이미 컴퓨터공학에서는 교사들의 실력을 뛰어넘어 자신들이 가르치는 수준이 되었다. 컴퓨터가 삶의 일부로 자리 잡는 세상이 되면서, 교사들은 적응하기에 쉽지 않았고, 자연스레 학생들이 선생님을 가르치는 게 전 세계적으로 일상화되어 가는 추세였다.

이러한 시점에 한다사임 학교에는 아주 큰 장점이 있었는데, 당시에 수많은 고학력을 가진 러시아 이민자들이 자신들의 역량과 기대에 부응하는 일을 찾지 못해 한다사임의 교사로 일을 했다.

한다사임 학교는 텔아비브 인근 북쪽에 위치한 헤즐리야Herzliyah 시로 옮겨졌고, 현재의 교장은 오릿 로젠Orit Rozen이다. 한다사임 출신의 학생들은 주로 군대 내 최고의 엘리트 기술 부대로 진로를 유도해왔는데, 이유를 '이스라엘과 세계를 통틀어 전례 없이 부대 차원에서 지원하는 수많은 프로젝트'로 꼽았다. 다양한 학문의 종합적 관점에서 교육은 물론, 다양하고 고차원적인 과학교육(컴퓨터 공학, 기술, 의학 등)도 한몫했으며, 최근에는 로봇 활용과 대대적인 시설 확충을 통해 인공위성, 항공우주산업, 바이오 등에 관심이 많은 학생을 배려하기까지 한다.

이스라엘을 위해
나라 전체가 움직이다

테크니온에서 멀지 않은 하이파에는 레오 벡Leo Baeck이라는 고등학교가 있다. 이 학교에는 전국에 걸쳐 다양한 소질을 가진 학생들이 진학한다. 10% 정도는 전액 장학금의 혜택을 받고 나머지는 등록금을 내지만, 다양한 방면의 금전적 지원이 주어진다.

이 학교의 설립 목적은 북부 이스라엘에서 오는 다양한 학생들에게 다양한 교육을 제공하는 것이며, 약 1,000명의 학생과 150여 명의 교사 수에서 알 수 있듯 누구도 부러워할 만한 학생 수 대비 교사

비율을 가지고 있다. 레오 백 고등학교는 2005년에 단거리 미사일 방어망과 아이언 돔Iron Dome의 최고 전문가가 된 마리나 간들린Marina Gandlin을 포함하여 5명의 학생을 탈피오트 부대에 보내는 쾌거를 이루었다.

또한 예루살렘에는 탈피오트 부대에 수많은 학생을 보내는 '바로 옆L'yada; Next to'으로 불리는 훌륭한 공립학교가 있었는데, 바로 옆이라는 이름은 히브리대학의 바로 옆에 있다고 해서 붙여진 이름이다.

이스라엘의 어린이는 적으로 둘러싸인 국가의 안전과 복지에 기여하기 위하여 다른 나라에 비해 더 빨리 성장할 수밖에 없었다. 그리고 이스라엘의 고등학교 시스템은 너무나 중요해서 '이스라엘 과학기술 학교의 친구들'과 같은 프로그램의 중요한 모태가 되었다. 무려 73개의 학교가 특수 카테고리로 분류되었고, 이러한 학교들은 로봇공학, 나노공학, 바이오공학, 항공 우주학이나 컴퓨터공학에 맞춘 커리큘럼으로 운영되었다. 이러한 학교들의 역할은 후보생들을 길러냈을 뿐만 아니라, 수백여 명의 졸업생이 이스라엘의 중요한 보안 솔루션 개발에 일조하게 했고, 그들은 스스로 이스라엘 혁신 기술을 기반으로 한 비즈니스 리더로 성장했다.

이스라엘 사회에는 사회적 환원이라는 개념이 기저에 깔려있다. 이스라엘 기업을 거쳐간 수많은 임원급은 국가뿐만 아니라 학생과 미래의 지도자들을 도와주는 데에 크게 일조했다. 과거 이스라엘 대통령이었던 시몬 페레스Shimon Peres 대통령도 사회 환원 프로젝트를 통해 기여했다. 수년간 대통령은 자선 업체인 라시 파운데이션Rashi

Foundation과 함께 이스라엘의 고급 기술을 다루는 CEO들이 이스라엘 전역의 최고의 학생들을 만나 멘토 역할을 할 수 있도록 했다. 그는 이스라엘 수출의 일등 공신 중 하나인 키터 플라스틱Keter Plastic의 새미 세골Sammy Segol을 포함한 이스라엘의 거대 기업들의 리더들을 참여시켰다. 세골은 그의 직원들을 독려하여 미래의 지도자를 멘토링하는 데에 앞장섰다.

그 직원 중 하나가 바락 벤-엘리에제르Barak Ben-Eliezer였는데, 이스라엘을 발전시키기 위해 모든 힘을 쏟고 있는 사람이었다. (1992년 IBM에 3억 불을 주고 매각한 XIV라는 데이터 저장 기업을 창업한 탈피오트 14기 출신이며, 로마 숫자 14를 XIV로 브랜드화했다) 벤-엘리에제르와 2명의 탈피오트 동료는 수많은 젊은이를 도왔는데, 도움을 받은 젊은이 중 한 명인 로크니Uri Rokni는 최근에 각광받고 있는 모빌아이에서 자율주행차 알고리즘을 개발하는 일을 했다. (그는 자동차 충돌 방지 시스템의 고급 기술을 적용하여 자율주행 시 안전성을 개선하는 일을 했고, 회사는 2014년 나스닥 상장 이후 주가가 급성장하여 월가의 성공 스토리를 쓰고 있다) 그는 남는 시간에는 주로 이스라엘 고등학교의 수학 수준을 높이기 위해 자원하여 돕고 있다.

우리 바렌홀즈Uri Barenholz는 벤-엘리에제르와 같이 14기 출신으로서, 데이터 저장 업체의 경력을 바탕으로 이스라엘의 레호보트에 있는 와이즈만 연구소의 생체공학 분야에서 연구했다. 그는 취미로, 텔아비브 인근 홀론의 한 중학교에서 물리학을 가르치고 있다.

그가 가르치는 몇몇 학생은 특수 고등학교를 졸업하는 수많은 학생과 같이 최고의 대학 학위를 염두에 두고 있으며, 또 다른 많은 학생은 탈피오트 부대에 가기를 희망할 것이다. 그것이 최고의 대학 진학을 위한 초석이 되고 궁극적으로는 약속된 미래를 보장한다는 사실을 알기 때문이다.

6장

지구상에서 가장 빠른 학습 곡선

ISRAEL'S EDGE

탈피오트 프로그램의 시작 단계에서, 설립자들과 이스라엘 군부대
의 관련자들은 프로그램 일부를 히브리대학에 위탁해야 할 필요를
느꼈다.

대부분의 이스라엘인은 22세가 될 때까지는 대학에 진학하지 않
는다. 미국과 비교했을 때 평균적으로 4, 5년 정도 늦다. 또한 그들은
군대 복무를 마치고 전 세계 오지를 체험하기 위해 떠난다. 예를 들
면 그들은 인도를 가고, 네팔에 가서 트래킹을 하며 태국으로 간다.
사실 이런 국가들에는 이미 이스라엘 사람들이 드문드문 살고 있다.
어떤 곳은 거리의 표지판과 상점, 호텔이 히브리어로 표시되어 있기
도 하다. 인도의 한 신발 가게 주인은 이스라엘인이 650만밖에 되지

않는 것을 발견하고 무척이나 놀랐다. 그는 자기가 사는 도시에 유대 국가에서 온 사람들이 넘쳐나는 것으로 보아 전 세계에 대략 몇억 명의 이스라엘인이 있을 것이라고 생각했기 때문이다. 이스라엘 젊은이들은 군 복무 후 몇 달 동안 아시아나 남미를 가기도 하고, 안데스 산맥을 따라 하이킹을 하기도 한다.

여행을 마치고 이스라엘로 돌아온 대부분의 젊은이는 그제서야 비로소 이스라엘의 9개 유수 종합대학 중 한 곳에 등록한다. 그 대학들은 세계적으로 유명한 텔아비브대학교, 네게브의 벤구리온대학교Ben-Gurion University, 하이파의 테크니온 공대 그리고 예루살렘의 히브리대학교이다. 나머지 학생들은 이스라엘에 있는 70여 개 단과대학college 중 한 곳으로 간다.

탈피오트 후보생들은 군대에서 9년의 세월을 보내기 때문에 18세에 고등학교를 졸업하자마자 프로그램에 등록하여 학위 과정을 위한 공부를 시작한다. 그들이 히브리대학교에서 교육 과정을 다 마치면 수학, 물리학, 컴퓨터 공학의 학사 학위를 얻게 된다. 따라서 후보생들에게 군대 복무를 마쳤을 때 공부를 다시 시작하지 않아도 된다는 안도감을 준다.

이처럼 군대가 후보생의 학업을 위해 돈을 투자함으로써, 그들에게 학업에 뒤처지는 건 꿈도 꿀 수 없는 사치다. 탈피오트에서 수업을 따라가지 못하면 당장 쫓겨나기 때문이다.

탈피오트의 빠른
학습 속도

프로그램에서 학습 속도는 언제나 중요했다. 다른 대학의 학생들보다 탈피오트 학생의 학습 기간은 더 짧았으므로 학업 프로그램은 훨씬 빠르게 진행되어야 했다. 그 이유 중 하나는 후보생들이 군 복무 중이기 때문에 수행할 다른 일들이 더 많았기 때문이고, 또 다른 이유는 군대에서 후보생들을 빨리 사고하게끔 의도적으로 훈련시키고 있었기 때문이다.

학생들이 빠르게 학습할 수 있게 하는 마법은 없다. 탈피오트는 후보생들이 빠르게 배우게 하고자 그룹 학습을 강조했다. 원리는 다음과 같다. 군대와 같은 조직에서 24시간 동안 매일매일 함께 지내면 동기들과 유대를 쌓게 된다. 그리하여 그룹의 학생 중 일부가 빨리 움직이기 시작하면 나머지 학생들도 그 속도를 함께 유지하게 되는 것이다.

프로그램의 교육 과정은 일반 대학보다 훨씬 빠르게 진행된다. 후보생들은 한 반으로 구성되어 훈련받고 학습한다. 학문적 경쟁은 필요하지 않으며 부정행위는 금지되어 있다. 교수들은 학생들이 일을 나누어서 하고 서로를 돕도록 권장했다. 후보생들이 저마다 다른 배경과 강점을 가지고 있고 그 강점들이 통합되면 시너지 효과가 일어나기 때문이다. 팀워크를 강조함으로써 높은 수준의 결과, 빠른 학습 발달 속도와 교재 학습이 이루어진다.

그러나 25%의 중퇴자 비율이 보여주듯이 빠른 속도가 때로는 문제를 야기하기도 한다. 심지어 탈피오트 최상위권 졸업생 중 이스라엘의 가장 성공한 사람이 된 이들조차도 프로그램이 너무 빨리 진행된다며 불평하곤 한다.

긴장과 압박을
이겨내라

마리우스 나흐트Marius Nacht은 이스라엘에 기반을 둔 인터넷 보안기업 체크포인트Check Point Software Technologies의 공동 설립자다. 이 기업은 포춘Fortune 500대 기업 중 거의 대부분을 웹 기반의 공격으로부터 보호해주는 다국적 보안 해결 업체다. 나흐트는 탈피오트의 두 번째 졸업생이다. 그는 루마니아 출생으로 그의 부모가 루마니아 정부로부터 출국비자 승인을 기다리는 도중 태어났다. 1960년대에 루마니아는 유대 시민들을 인질로 잡고 있었다. 만약 유대인들이 루마니아를 떠나길 원한다면 미국 등 이민을 받아들이는 정부는 출국 비자 값으로 한 사람당 5,000달러를 루마니아 정부에 내놓아야 했다. 나흐트의 부모님은 출국 서류가 최종적으로 나오기 10년 전부터 이민을 준비하고 있었다.

그 당시 마리우스 나흐트는 3세였고, 이스라엘에서의 초기 생활을 기억하지는 못했다. 그러나 아슈켈론이라는 바닷가에 위치한 산업단지 인근에서 거칠게 자랐던 것만큼은 어렴풋이 기억했다. 그가 말하길 그의 가족은 상황이 점차 나아져서 중산층 생활을 겨우 유지할 정도는 되었다고 했다. 그 당시에는 표준화된 학력고사를 보는 것이 일반적이지 않았고, 따라서 나흐트의 가족은 아이의 학문적 능력이 뛰어난 것을 알아차리지 못했다고 한다.

그의 아버지는 그가 무역에 대해 배울 수 있도록 직업고등학교에 다녀야 한다고 주장했다. 마리우스는 세계 유대인 공동체의 후원을 받는 곳 중 하나인 직업훈련조직ORT에 다녔다. 그가 말했다. "저는 그것에 흥미가 없었어요. 단지 아버지가 시켜서 했을 뿐이죠. 우리는 전기 분야를 포함한 많은 것들을 배웠어요."

1980년에 군대 신병 모집자가 와서 총명한 학생들을 찾아다녔다. 예루살렘의 중심지와 텔아비브, 하이파처럼 인구가 많은 곳에서 인정받는 고등학교가 아닌 평범한 시골 학교에 군 관계자들이 지원자를 찾는 것은 매우 드문 일이었다. 게다가 그 중심 지역을 벗어나 군이 변두리까지 나와서 지원자를 모집하는 것은 더욱 희귀한 일이었다. 그러나 나흐트의 반에서, 두 명의 학생이 탈피오트 시험에 응시할 수 있게 선택되었다.

나흐트는 시험을 흥미로워했다. 그에게는 이스라엘 군대의 일부가 되는 기회보다도 탈피오트에 합격하는 게 더 큰 의미를 가졌다. 이는 그에게 있어서 어렸을 때 이주해온 국가로부터 받아들여진다는 의미였고, 예루살렘이나 텔아비브, 하이파와 같은 주요 엘리트 도시들에 가려진 아슈켈론이라는 절망적인 변두리 지역에서 온 그의 지적 능력이 인정받았다는 의미였다.

그러나 그는 프로그램이 시작되자마자 곧바로 포기하고 싶어졌다.

"다른 학생들은 수학과 물리학에서 뛰어난 능력을 보였고, 저는 고등학교 때와는 다르게 반에서 최고가 될 수 없었어요. 그리고 제가 예상했던 것보다 훨씬 경쟁적이었죠. 상위권을 차지하는 학생들이 다른 학생들에게 핀잔을 주었어요. '왜 그런 멍청한 질문을 하는 거야? 교수님이 5분 전에 말씀하셨잖아. 왜 그걸 또 묻는 거지?'라고 말이죠. 우리는 첫 수업 때 작년 입학생들이 30명으로 시작해서 한 해가 지난 올해 20명으로 인원이 줄었다는 것을 알 수 있었죠. 그래서 저는 쫓겨날 거라고 확신했어요. 저는 첫 학기를 평균 65점이라는 형편없는 점수로 마무리했어요. 그 결과는 이 과정을 포기하라 말하는 것과 같았고 저 또한 포기하고 싶었습니다. 왜 계속 했냐고요? 저는 제가 진짜로 하고 싶은 일을 하지 않고 단지 군 복무 기간을 이어가고 있을 뿐이었어요."

"그래서 저는 하노쉬 차딕Hanoch Tzadik을 찾아갔어요. 그는 심리학자였고, 이 프로그램을 떠나길 원할 때 반드시 찾아가야만 하는 사람이었죠. 저는 그에게 제가 잘 따라가지 못하고 있다고 얘기했고, 너무 많은 과제를 부여받았으며 다음 날 아침까지 숙제의 절반도 해결하지 못한다고 말씀을 드렸죠." 차딕은 (훗날 이스라엘의 심리학 교수 중 최고가 되었으며 많은 지도자의 심리 조언가가 되었다) 나흐트에게 포기하면 안 된다고 말했고, 그가 너무 많은 긴장과 압박 속에서 생활했기 때문에 집중할 수 없었던 것이라고 말해주었다. 차딕은 그가 격일로 일주일에 최소 세 번 이상 학교 캠퍼스를 8킬로미터씩 뛰게끔 약속을 받아냈다. 나흐트가 회상하기를 "제가 좀 더 여유로워지고 저

자신에게 주던 압박을 줄이니 저의 평균 성적은 65점에서 85점으로 올라갔어요. 긴장과 압박이 이유였다면 저는 더 나은 점수로 이 과정을 마칠 수 있겠구나 하는 생각이 들었어요. 그래서 계속 있었죠. 하노쉬 차딕 교수님은 제 인생에서 정말 중요한 분이셨고 제 인생에 큰 영향을 주신 분이세요."

차딕이라는 이름은 훗날 이스라엘의 보안에 중요한 인물이 된 사람들을 도와준 심리학자로서 걸맞은 것이었다. tzadik은 히브리어로 '올바름'이라는 뜻이었고 종종 성서의 인물을 묘사할 때 쓰이는 단어이기도 했다. 짧게 말해, tzadik은 자신의 신념대로 살아가는 사람을 나타내는 말이다.

하노쉬 차딕이 회상하기를 탈피오트의 대부분 학생이 처음으로 그들의 인생에서 진짜 위기를 맞아 다른 사람의 도움이 필요했다고 한다. "그들의 주요 문제는 학업 과정이 아니라 직면한 어려움에 맞서는 것이었어요."

"그리고 제가 하는 중요한 일은 그들을 도와주는 것이었죠." 그는 학생 개개인을 위한 포괄적인 해결책은 없었다고 한다. "저는 처음엔 그들에게 아무것도 말하지 않았어요. 단지 그들의 얘기를 들어주기만 했죠. 저는 학생들이 그 문제를 극복해 낼 수 있을 거라 믿게 했고, 그 문제들은 굉장히 개인적인 것들이었죠. 저는 정말로 대부분의 학생이 극복해 낼 것이라 믿었어요. 이 과정을 포기하고 떠난 일반 학생들도 나중에 가서는 굉장히 잘 해냈어요. 그들이 실패했던 건 아니었죠. 단지 그들은 이런 프로그램에 준비가 되지 않았고 타이밍이 맞지 않았을 뿐이에요."

학생들의 반복되는 불만을 넘어

탈피오트의 프로그램에 참여하는 것은 심지어 그 곳에서 잘 해낸 학생들에게도 쉽지 않았다. 그런 사람 중 하나가 바로 아비브 터트나우어Aviv Tuttnauer이다. 그는 탈피오트 졸업생 중 의과대학으로 간 몇 안 되는 학생이었다. 그는 소아외과의 마취과 의사이고 수술로 바쁜 날을 보내고 있었지만 인터뷰에 응해주었다. 우리는 하다사 메디컬센터 병원 로비에서 만났고, 탈의실에서 그가 수술복으로 갈아입는 동안 대화를 나누었다.

그는 수술하는 동안 어떤 과정을 거치는지, 수술의 목표와 그의 역할에 관해 설명했다. 수술은 두 살짜리 남자아이의 인공심장 판막을 교체하는 것이었다. 터트나우어의 역할은 아이를 진정시키는 것이었다.

그 당시 우리 주변에 있는 의사들이 우리의 인터뷰 내용을 듣고 있었다. 흉부외과 의사 한 명이 수술 전 과정을 잠시 멈추고 터트나우어를 바라보았다. 그는 히브리어로 물었다. "인터뷰하는 사람은 누구고, 인터뷰의 목적은 무엇인가요?" 터트나우어는 대답했다. "인터뷰는 저의 탈피오트 경험에 관하여 하는 것입니다." 그 외과 의사가 놀라서 다시 물었다. "그것들에 관한 사실은 모두 일급 기밀 아닙니까?" 터트나우어는 빙그레 웃으며 인터뷰를 계속해나갔다.

그는 탈피오트 프로그램을 이수한 것뿐만 아니라 탈피오트 15기 입학생들의 사령관으로도 활동했다고 말했다. 그는 그가 사관후보생일 땐 알아차리지 못한 것을 사령관이 되어서 알게 되었다고 고백했다. 막 고등학교를 졸업한 학생들을 대상으로 모집하여 교육한다는 것이 얼마나 중요한지를 말이다. "그 나이대의 학생들은 가족에 관한 그 어떤 의무도 없었고, 자녀가 없었고, 직업이 없었어요. 그들은 필요하면 새벽 한두 시까지 공부할 수 있었고, 실제로 그렇게까지 공부해야 했었죠. 군대는 자유롭고 배울 준비가 되어있는 학생들을 받을 수 있었던 거예요."

반면에 학생들은 어렸기 때문에 지속적인 불평불만을 쏟아냈었다. 터트나우어는 나중에 사령관으로서 들어야만 했던 불평들을 사관후보생 시절에 그도 역시 똑같이 했다고 한다. "우리는 강의가 너무 빨리 진행되는 것과, 대학에서 가르치는 것보다 훨씬 많은 요소를 평가하는 것에 불만을 토로했습니다. 우리는 30퍼센트를 더 해내야만 했습니다. 그리고 항상 답변은, 우리가 이해한다면 강의는 계속될 것이고 할 수 있는 범위 내에서 최대한 빨리 진행한다는 것이었습니다. 우리는 수업 방식에 대해 굉장히 비판적이었고 이 문제에 대해 꽤 거리낌 없이 불만을 제기했었습니다."

제6기 입학생이 생기기 전의 사령관들은 탈피오트 졸업생들로 구성되지 않았기 때문에 이런 새로운 프로그램에 의해 역동적이며 뛰어난 생도들과 조화를 이루지 못했다. 심지어 탈피오트의 졸업생들이 사령관으로 활동하기 시작한 이후에도 터트나우어가 그랬던 것처럼 여전히 청소년과 성인, 학생과 교사 관계로서의 긴장은 존재했다.

"사령관으로서 저는 사관후보생들과 어려웠던 시간들이 있었습니다. 물론 이전 사령관들보다 저는 좀 더 쉽게 다가갔지만요. 제가 이미 오래전에 경험해본 것들이라 이런 젊은 혈기들의 역동성을 더 정확히 이해할 수 있었어요. 사관후보생들은 날마다 또는 매주 불만을 제기할 테니까요. 예를 들면 수업 방식, 수업 도구, 과외 활동, 음식의 질, 숙소의 상태, 방의 청결도, 야간에 보초를 서야 하는 부담, 건물 방범 안전의 결함 등등 모든 것에 이름을 붙여 불만을 얘기하겠죠. 사령관으로서, 그곳엔 언제나 되풀이하여 반복되는 주제가 있다는 것을 알았죠. 그게 현실이고 언제나 그럴 테니까요."

사관후보생들은 다른 십 대들과 마찬가지로 불평을 담은 질문을 했다고 한다. "왜 우리가 이 건물을 지켜야 하나요?" 터트나우어는 느리게 그리고 점잖게 대답했을 것이다. "우리는 군인이기 때문이고 그게 군인들이 하는 일이야. 학생은 일주일에 두 시간의 보초 의무가 있어. 그리고 그 의무는 너의 학업을 방해하지 않지. 이 문제에 대한 얘기는 끝난 것으로 하자."

우리가 대화를 마쳤을 때, 터트나우어는 손을 씻고, 소독하고 곧바로 수술실로 성큼성큼 들어갔다. 자신의 손에 목숨이 달린 어린 환자가 있는 곳으로.

탈피오트
프로그램의 목표

탈피오트의 훈련에 대한 터트나우어의 묘사는 3년간 이루어지는 프로그램의 매해 목표를 잘 나타내주고 있다. 당신은 탈피오트의 엄격함을 잘 견딜 수 있는가? 다음은 탈피오트에서 사관후보생들에게 기대했던 프로그램의 목표들이다.

1학년 목표: 수학, 물리 및 컴퓨터 과학을 학습하며 문제 해결의 기초를 다진다.

- 기본 전투 훈련 기간 11~12주, 이어서 두 학기 최대 34주간 운영
- 5~6주간 군대 오리엔테이션 및 IDF의 다른 부대 방문
- 임원 훈련 과정 이수

2학년 목표: 수학, 물리학 및 컴퓨터 과학 분야에서 높은 수준의 적성을 확보한다. (탈피오트 졸업생의 3분의 1은 컴퓨터 과학 학위를 취득한다)

- 36주간의 연구
- 최대 3개월 동안 IDF의 여러 지점을 방문하여 그들의 문제와 해결책 알아보기
- 엄격한 낙하산 훈련

3학년 목표: 모든 교육과 훈련을 통합하여 지도력과 학업 능력을 연마.

전자 기술, 기체 역학, 통신 시스템, 군사 기술 등을 포함한 넓은 범위의 수업을 받는다.

- 군사 공학, 레이더, 안테나, 군사 통신에 관한 탄탄한 배경 지식 습득
- 역사, 미술사, 철학, 유대인 사상 및 아랍어 학문을 포함한 히브리 대학교의 광범위한 인문 과학 및 사회 과학 수업 이수
- 전공 학문과 전문 분야 결정
- 이스라엘 방위군 내의 직위에 대한 면접 시행

'프로젝트'는 3년간의 탈피오트 훈련 기간 동안 지속된다. 일 년에 몇 번씩 학생들은 제시된 국방 문제에 대한 해결 방안을 만들어 발표해야 한다. 사실상 그것은 실제 국방 문제를 해결해나가려고 할 때 맞닥뜨릴 장애물과 단계를 가르쳐 주기 위한 몸풀기 활동이다.

학생들은 프로젝트를 위해 국방 문제를 해결할 수 있는 아이디어를 내고, 예산을 계획한 뒤 발표한다. 그들은 평가하고 토론하기 위해 참여하는 군 장교들 앞에서 그들이 받은 문제가 무엇이었는지 말한 뒤 어떤 방식으로 해결해 나갈지를 발표했다. 종종 장교들은 학생들이 제시한 해결책에 매우 감명을 받았고 실제로 발표 내용이 즉각 현장에 적용된 적도 있었다. 게다가 때로는 그 프로젝트에 참여할 사람으로 탈피오트 졸업생을 임명하기도 했다.

몇 년이 지나면서, 탈피오트 2학년 학생들이 IDF의 고급 간부들에게 그들이 만들어낸 프로젝트 문제 해결책을 발표하며 자신들을 소개하는 것은 흔한 일이 되었다. 그중에는 (이후 다시 언급될) 이스

라엘로 미사일 공격이 날아오기 전 공중에서 미사일을 선제타격 하는 데 효과적이었던 '아이언 돔Iron Dome' 단거리 미사일 방어 체계의 초기 모형도 포함되어 있었다. 탈피오트 프로그램에서 기원을 찾을 수 있는 또 다른 혁신으로는 탱크 안에 있는 군인들을 보호하기 위해 밖에서 공격하며 날아오는 물체를 자동으로 타격하는 탱크 방어 장치가 있다.

모든 탈피오트 학생들에게는 처음부터 끝까지 도움을 주는 조력자가 배정된다. 조력자는 학생, 군대 및 대학교수들과의 연락과 소통을 담당해야 한다. 프로그램의 초기에는 창립자 펠릭스 도싼 교수가 조력자의 역할을 했으며, 후에는 히브리대학의 다양한 교수들이 그 역할을 맡았다. 히브리대학의 수학, 물리학, 컴퓨터 공학 프로그램의 총 책임자들은 사관후보생들에게 자문을 제공하고 군대와 대학을 중개하는 중요한 역할을 맡았다. 히브리대학의 총장들과 학과장들은 프로그램의 시작부터 꼭 필요한 존재였다. 3년의 과정을 마친 사관후보생들은 승진과 함께 모두가 탐내는 물리학, 수학, 컴퓨터 공학의 학위를 취득할 수 있었다. 졸업 후에 대부분의 탈피오트 생도들은 군대에서 6년간 복무하며 히브리대학 등지에서 정식 교육을 지속했다. 바이츠만 과학 연구소The Weizmann Institute of Science는 또 다른 인기 있는 목적지였다. 그곳에 들어간 탈피오트 생도들은 보통 생물학과 복합 물리학의 석박사 학위를 위해 공부했다. 바이츠만 과학 연구소 한 층의 길게 이어진 실험실엔 탈피오트 생도들이 있었고, 그들은 그곳에서 생명공학, 유전학 및 바이오 제약을 연구했다. 세 번째로 탈피오트 생도들이 많이 가는 곳은 고등공학과 경영학을 공부할 수 있는 텔아비브대학이었다.

이스라엘 군대는 남자와 여자를 평등하게 고용하는 일에 자부심이 있었다. 이것과는 반대로 앞서 언급했듯이 초기 몇 년 동안 탈피오트 프로그램에서는 여성을 모집하지 않았고 이것은 드문 예외였다. 하지만 2003년 24기 탈피오트 학생들이 모집되었을 때는 달랐다. 최초로 여학생들이 입학했고, 이스라엘의 가장 일류 군사 프로그램인 탈피오트의 구성원으로서 완전히 통합되었다. 그 해 여학생 11명을 받아들였고, 그들 중 몇몇은 탈피오트 동문과 결혼하기도 했다.

Mazal tov! (축하합니다!)

7장

틀을 깨는
사고 훈련

ISRAEL'S EDGE

마탄 아라지Matan Arazi의 아버지는 이스라엘의 외교관이었기 때문에 마탄은 유년 생활의 일부를 일본에서 보냈다. 그는 1980년대에 '일본 내의 미국 학교'에 다닌 덕분에 서양인들과 많은 접촉을 할 수 있었다.

당시 미국 학교에 다니던 수많은 학생의 아버지들은 도쿄에 있는 대형 미국 은행이나 브로커 회사에 다녔다. 마탄이 컴퓨터의 귀재라는 소문이 돌았고, 하루는 모건스탠리에서 일하던 친구의 아버지에게 전화를 받았다. 그는 전화상으로 펀드나 주식 주문을 할 수 있는 시스템이 필요했다. 마탄은 모건스탠리에서 제공한 안전한 통신 라인을 활용하여 모건스탠리의 각 지점 간 현금과 주식 거래를 실시간으로 할 수 있는 소프트웨어 프로그램을 개발할 수 있었다. 지금이야 서구의 모든 거래 회사들이 해당 기술을 가지고 있지만, 마탄은 약 15년 전에 그러한 기술을 개발한 것이다. 그것도 불과 14세의 나이에. 그는 나중에 도쿄의 골드만삭스에서 컨설팅 업무를 했다.

이런 경험이 토대가 되어 이스라엘에서는 마탄이 군대에서 필요로 하는 다양한 산업 경험을 갖췄다고 판단했고, 탈피오트는 그를 즉시 받아들여 이스라엘 군대에 더욱 기여할 수 있도록 훈련시켰다.

탈피오트 프로그램이 만드는
단 1%의 차이

마탄은 이렇게 말했다. "탈피오트의 가장 대단한 점을 얘기하자면, 거기서 배우는 도구들이 실전에서 의미 있는 1%의 차이를 만들어 낼 수 있는 실용적인 것들이라는 겁니다. 생각해 보세요. 딱 1%의 차이점입니다. 보병들은 1%의 차이를 만들어 낼 수 없습니다. 아마도 작은 부대의 거대한 목표를 지향하는 파일럿의 경우 그러한 차이를 만들어 낼 수는 있겠지만, 탈피오트는 하루하루 다양한 프로젝트를 통해 지속적으로 하고 있었습니다. 다양한 방면으로 우리는 때에 따라 수백 명, 수천 명의 생명을 구해 낼 수 있는 그런 임무를 수행하고 있었습니다."

이러한 막중한 임무를 맡기 위해서는 그렇게 할 수 있다는 스스로에 대한 확신이 있어야 한다. 목표가 불가능에 가까울지라도 가능하다고 믿어야 한다. 탈피오트 대원은 "무엇이든 할 수 있다."라는 자신 감에 차 있었다. 마탄은 부드럽게 웃으며 덧붙였다. "그리고 누군가 그걸 하지 못한다면 다른 탈피오트 출신 중에 그 누군가는 반드시 그 일을 할 수 있는 자가 있을 거란 믿음을 갖게 하는 것이 중요합니 다. 불가능은 없습니다."

탈피오트는 첫날부터 그들의 정신을 집중하면 어떤 일이든 할 수 있다고 가르침을 받았다. 어떻게 이 프로그램은 훈련생들에게 그러 한 자신감을 심어줄 수 있었을까?

다양한 사고를 가능하게 하는 탈피오트 프로그램

라아난 게펜Ra'anan Gefen은 탈피오트 3기 졸업생으로 IDF에 1981년 입대했다. 그는 얘기한다. "탈피오트는 다른 곳에서는 배울 수 없는 스스로에 대한 확신을 주입하기는 하지만, 자신감에 관한 한 스스로 확신할 수 있는 과정을 거쳐야 한다. 예를 든다면 실전에서 중요하고 힘든 코스웍을 하는 경우 어려운 장애물 블록들이 앞에 흐트러져 있 기 마련이다. 그 블록들을 바로 이해하지 못하더라도 그것이 갖는 상 징적 의미가 무엇인지 즐거이 상상하면서 몇 차례 시행착오를 거친 다음 이해하는 것도 나쁘지 않다는 것이다. 그런 방식으로 이해하게 되면 조금 늦더라도 분명히 높은 수준의 자신감을 심어줄 방법이라 는 것이다.

IDF의 무기 기술을 개발·개선하기 위한 연구개발의 임무를 수행하기 위해 졸업자들은 처음 몇 달간 수백만 달러의 예산이 주어지기도 했다. 이러한 금액에 맞먹는 책임감과 더욱 숙련된 디자이너와 프로그래머로부터의 도움은 작지만 의미 있는 성공의 초석이 되었다. 더욱 많은 성공을 경험할수록 자신감은 넘쳐났다. 그들은 또한 첫날부터 해답이 없으면, 탈피오트에 속해있다는 것 자체가 아주 경험하기 힘든 장점임을 알게 되었다. 그들은 해당 문제에 대한 정답을 알고 있거나 그 해답에 도달하는 과정을 알고 있는 다른 탈피오트 졸업자들을 어렵지 않게 알 수 있었다.

탈피오트는 천편일률적인 사고를 하는 기계 같은 사람들을 원하지 않았다. 설립자들은 이 프로그램의 졸업자들은 무엇이든 할 수 있는 기초를 다지기 위한 프로그램을 원했다. 이 프로그램은 어떠한 문제에 순응하는 능력보다 상상력을 키워주기 위한 방향으로 설계가 되었고, 이에 따라 어떠한 두 명의 탈피오트 대원도 똑같은 사고를 하고 졸업하지 않았다. 이 프로그램은 훈련생들이 향후 다양하고 놀라운 일들을 해 낼 수 있도록 장기적인 영향을 미쳤다.

탈피오트는 훈련생들이 시스템의 내부와 외부에서 일하고 사고할 수 있도록 설계가 되었다. 이 프로그램은 훈련생들이 이스라엘의 가장 상상력이 풍부한 엔지니어, 항공 전문가, 컴퓨터 프로그래머, 지능 분석가 등을 관리하고 가까이서 일할 수 있는 능력을 함양하도록 도와주었다.

내부자에 따르면 훈련을 하는 방법 중 하나는 그들의 익숙한 강점에 반하는 행위를 해 보는 것이었다. "그에게 익숙한 배움의 형태나 문제를 해결하는 방법을 사용하지 못하게 하는 것이다. 만약에 그에게 무조건 다른 방법을 통해 해결하게 한다면 당신은 그에게 다른 관점의 사고를 하게 하는 것이다."

학생의 숨겨진 재능을 발견하기 위해서는 어마어마한 양의 훈련을 통해 일과 학습을 병행하게 하고, 탈피오트 재학생이나 졸업생들과 같이 짝지어 훈련을 시키는 것이었다. 미래의 성공을 위한 다른 중요한 요소들은 자율적인 시간 관리와 어떠한 임무를 성공적으로 수행할 때, 중요도가 높은 것들의 우선순위를 분별해 내는 것이었다.

일반 병사들이라면 어느 수준 이상의 직급이 되어야 비로소 주어지는 여러 가지 조건에 탈피오트는 제한 없이 접근할 수 있었다. 어떠한 일이 일어나는지에 대한 정보가 바로 그것이다. 거시적 관점으로 군대에서 병사는 단순히 병사일 뿐이고, 어떠한 지식이 있어야 업무 수행이 가능한 환경이었다. 그러나 탈피오트의 목표는 탈피오트 사관후보생들에게 확장된 지식을 통해 장교와 병사 간의 정보 차이를 인지할 수 있게 하는 것이었다.

이 문제는 MAFAT의 수장이었던 이츠하크 벤-이스라엘Yitzhak Ben-Israel 장군에 의해 개선이 되었다. 그는 독립전쟁의 막바지인 1949년 이스라엘에서 태어났다. 그가 18세이던 해에 탈피오트 프로그램이 있었다면 그는 가장 이상적인 학생이었을 것이다. 벤-이스라엘 장군은 로켓 과학자의 역량이 있었고, 특수임무 사령관의 체력과 군 지도자로서의 확신도 있었다.

그는 주로 수학과 물리학, 그리고 재미로 철학을 중심으로 공부했다. 그는 탈피오트가 존재하기 전부터 탈피오트의 특성을 모두 갖추고 있었다. 이력서를 통해 바라본 그는 일반 대중에게는 알려지지 않은, 군에 온몸을 바친 보이지 않는 영웅과 같은 사람이었다.

남들과 다른 생각으로 승리하라

벤-이스라엘은 1967년 6일 전쟁이 끝난 직후에 이스라엘 공군에 입대했다. MAFAT의 지도자가 되기 전에 그는 공군IAF의 정보수집 및 무기개발 부대에서 고위직을 수행했다. 그는 이스라엘 공군의 운영연구Operations Research 분야의 책임자였고, 지금까지도 우수하다고 일컬어지는 보안 시스템 개발을 통해 이스라엘의 '보안 상Security Award'을 두 차례나 수상한 경력도 있었다. 1972년 첫 번째로 이 상을 받았을 때 그는 아직 23세 청년이었고, 가장 어린 수상자였다. 수상 공적은 비밀에 부쳐졌으나 이 상을 잘 아는 사람들은 이스라엘 전투기의 무기 이동 시스템 개발에 기여해야 수상이 가능하다고 입을 모았다. 그는 2001년에 두 번째 상을 받았는데, 이번에는 첫 번째 수상보다 더욱 베일에 싸여 있었지만, 향후 전쟁의 전략적 컨셉에 대한 중대한 프로젝트였다는 것으로 알려져 있다. 이스라엘의 국방부의 (익명을 요구하는) 고위직은 이렇게 언급했다. "벤-이스라엘 장군이 개발하는 것은 우리 무기 체계의 가장 핵심 비밀 중 하나다."

그는 IAF의 정보 분석과 평가의 책임자이기도 했는데, 이 역할을 통해 적군이 어떤 전략을 전개할 가능성이 있는지에 대해 분석했다. 그렇게 하기 위해서 그는 그들과 같이 생각했고, 시리아, 이집트, 요르단, 이라크 그리고 레바논의 리더십 스타일의 관점에서 생각하기 위해 노력했다.

그는 MAFAT을 지휘할 때 이러한 레슨들을 활용했다. 그 시점에 그는 탈피오트 프로그램의 총 책임자 역할도 같이 수행했다. 벤-이스라엘 장군은 탈피오트 사관후보생들이 다른 적군의 생각을 뛰어넘음과 동시에 다른 부대의 군인들과는 다른 생각을 할 수 있도록 노력했다. 교육 과정 설계, 과목 배정, 특별 강의와 군대 서비스는 이러한 목표 달성을 위해 재설계 되었다.

벤-이스라엘이 그런 것처럼 성공하기 위해서는 동료들과는 다르게 생각해야 했고, 전 세계의 일반인들과는 확연히 다르게 생각해야 했다. 벤-이스라엘 장군은 탈피오트 훈련생들에게 전쟁의 기술적 측면에서 둘러싸고 있는 적군들보다 훨씬 앞서기 위한 고강도의 사고력 훈련을 강화할 수 있도록 항상 독려했다.

수년에 한 번씩, 벤-이스라엘 장군은 텔아비브대학에서 벗어나 (텔아비브의 과학기술 보안 분야의 워크숍을 이끄는) 탈피오트 부대원들이 협력하고, 이야기와 정보를 공유하고 상상력을 다듬을 수 있도록 지도했다.

이러한 훈련 중에 탈피오트의 일부 남녀 대원들이 네게브사막의 오래된 공군 캠프에 도착했다. 그들은 그룹으로 쪼개져 일주일 동안 그들이 만들고 싶은 아이디어를 내도록 지시받았다. 그리고 그것을 만들기 위한 재료들은 모두 지원되었다.

어떤 팀은 항상 새 차 같은 향기를 주는 자동차 방향제를 개발했다. 그 팀은 '새 차 냄새'가 나는 화학성분을 분석하여 스프레이 형태로 재현했다. 다른 팀은 작은 상자 형태로 변기의 물탱크에 넣고 변기 물을 내렸을 때 소리를 상쇄시켜 주는 아이디어를 냈다. 큰 덩치의 벤-이스라엘 장군은 이 발명품의 시연을 꼼꼼히 관찰했다. 그는 젊은 탈피오트 대원들에게 왜 그러한 아이디어를 냈는지 물어봤고, 그들은 화장실에 있는 친구들과의 통화 시, 물 내리는 소리가 거슬렸다는 대답을 들었다.

장군은 전혀 새로운 방법을 통해 남녀 대원들이 같이 일하며 아이디어를 섞을 때의 기쁨을 감출 수 없었다. 그는 "우리는 이런 경우와 같이 다양한 활동들을 통해 탈피오트 대원들이 상상력을 가지고 그들의 사고의 틀에서 벗어날 수 있도록 한다."라고 말했다.

벤-이스라엘 장군은 군대에서의 경험을 통해 사고의 틀에서 벗어나는 역할을 많이 했다. 욤 키푸르 전쟁 이후 그는 매우 중요한 데이터를 분석하는 일을 도와 주었는데, 그는 아직도 새로운 사고 훈련을 가르치고 보여주기 위해 그동안에 다양하게 학습된 레슨들을 활용한다.

상자 밖의 생각으로
현상을 분석하라

욤 키푸르 전쟁 이전에 정보 부대는 시리아와 이집트의 부대가 단순히 훈련을 한다는 증거를 찾기 위해 노력하고 있었다. 그게 아랍의 군대가 그들이 그렇게 생각하도록 바라던 바였다. 벤-이스라엘은 "하지만 때때로 몇 가지 증거들은 이러한 것과 상반되는 경우가 있기도 했다. 예를 들면, 전쟁 발발 전에 소련은 이집트와 시리아에 상주해 있던 소련 지도자의 가족들을 전세기를 동원하여 모스크바로 이동시켰다. 단순 훈련이라면 이렇게 하지 않을 것이다. 하지만 이스라엘의 지능정보 최고 담당자는 '내가 보기에 단순 훈련이라는 증거가 이에 반하는 전쟁 발발 증거보다 월등히 많기 때문에 이것은 단순 훈련이라고 보는 게 맞다'라고 했다. 나는 훈련에 반하는 증거를 찾고 있었다. 만약에 그가 나의 모델을 받아들였더라면, 그는 단순 훈련 또는 전쟁이라는 두 가지의 방향을 모두 볼 수 있었을 것이다. 우리는 훈련에 반하는 강한 반대 증거가 있었고, 그것은 러시아 가족들이 전쟁을 피해 떠나는 것이었다. 이 사실은 전쟁 발발 징후에 대한 매우 심각한 경종으로 간주되었어야 했다."

"1973년, 만약에 지능 정보국에서, 특히 모사드가 전쟁 징후가 없다고 결론을 내린 데 대한 반대 증거들에 관심을 기울였더라면 아랍의 군대들은 실제로 그들에게 주어진 훈련을 이미 마쳤음을 알 수 있었을 것이다. 그러나 또한 그들은 바로 이집트나 시리아가 이러한 훈련을 끝내지 못했다는 사실에도 집착할 수밖에 없었을 것이다. 상대편 전략의 하나인 실전이 아니라 훈련에 대비하고 있다는 잘못된 정보를 주기 위한 전략을 간과했다는 점이다. 이집트 군대는 이스라엘의 판단에 혼선을 일으키도록 '이 부대는 이러한 훈련을 위해 이런 일을 해야 하고, 다른 부대는 다른 업무 수행을 위해 이런 일을 해야 한다'는 등의 정보를 우리가 중간에서 가로챌 것을 알고 전달했다. 그러나 우리는 확인조차 하지 않았다. 그것은 정보를 다루는 방식에 있어서 치명적인 실수였다."

"더 확장 해석한다면 그들이 전쟁 준비를 하고 있다는 사실뿐만 아니라 제3의 옵션도 가정할 수 있었다. 전면적인 전쟁이 아닌 작은 규모의 전쟁이 바로 그것이다. 아무도 하지 못했던 생각이기도 했다." 벤-이스라엘은 그의 '반대되는 증거'를 활용했고, 그것은 딱 맞아 떨어졌다. 그는 이 같은 사고의 접근법을 "같은 사실이더라도 다른 방법으로 볼 수 있다."라는 논리로 설파했다.

때때로 정보 책임자들은 시대를 읽지 못하는 경우도 있지만, 벤-이스라엘 장군의 독특한 사고방식은 이스라엘 정보 에이전시가 오늘날에도 비공식적으로 그에게 조언을 구하도록 하게 하는 원동력이다. 2011년 말, 그는 이미 자신만의 '상자 밖의 생각'을 통해 '아랍의 봄' 현상을 분석하고 있었다.

"우리는 엄청난 양의 데이터를 수집하여 우리 주변에 어떤 일이 일어나는지 분석하고 있다. 우리는 사실을 아는 경우도 있지만, 어떤 경우에는 우리가 아는 것처럼 착각할 때도 있고, 다른 의견을 낼 때도 있다. 때때로 우리가 사실로 알고 있던 것들이 실제로는 사실이 아니었음을 확인할 때도 있다. 당신이 아니라고 단정하는 것과, 당신이 안다고 착각하는 것과, 당신이 내리는 결정과의 상관관계는 무엇일까?"

"어떠한 판단을 할 때, 그 판단 결과가 어떤 영향을 미칠지에 대해 생각해야 한다. '아랍의 봄'을 예로 들어보자. 당신은 TV를 통해 많은 이야기를 접한다. 당신은 그러한 혁명의 중간에 있는 국가에 수많은 특파원을 보내 혁명 이후에 어떤 일이 일어날지 예측해 본다. 그리고 수많은 정보를 얻겠지만 그러한 정보들로 무엇을 해야 하는가?"

"그 질문에 대한 대답을 하기 위해서는 아랍의 봄을 통해 어떤 일이 일어날지 잘 관찰해야 한다. 민주주의를 쟁취할 것인가? 무슬림 조직에 의해 기선 제압을 당할 수도 있다. 아니면 혁명 1, 2년 전으로 되돌아 갈 수도 있는 것인가? 당신은 상황이 어떻게 전개될 것인지에 대해 다양한 방향성을 고민해 봐야 한다. 어떤 사람들은 충분히 오랫동안 학습하게 되면, 어떤 일이 일어날지에 대해 계산을 할 수 있다고 하지만, 나는 그렇게 생각하지 않는다. 미래에 어떤 일이 일어날지 예측하는 것은 거의 불가능에 가깝다. 그것은 논리적인 문제이다."

"여기에 간단한 예가 있다. 당신이 새하얀 백조를 보았다고 치자. 한 마리, 두 마리, 세 마리, 네 마리, 다섯 마리, 여섯 마리. 그렇다고 하더라도 모든 백조가 다 하얗다고 단정 짓기는 힘들다. 논리적으로 불가능하다. 만약에 이러한 상황에서 당신은 어떻게 할 것인가? 심리학적으로 우리는 과거 경험에 비추어 믿게 되는데, 우리가 만약에 그렇게 하지 못한다면, 우리는 이 세상에서 어떻게 살아가야 하는가?"

"나는 우리의 본능에는 있지는 않지만, 한 가지 방법이 있다고 생각한다. 본능적으로 우리는 과거의 경험에 일반화를 하도록 만들어졌다. 만약에 불에 손을 가져다 대고 열을 감지한다면, 당신은 불에 다시는 손을 대지 않을 것이다. 하지만 당신의 손을 통해 느낀 고통은 불에 의한 것이 아닐 수도 있다. 만약에 당신이 과학자였다면, 손을 여러 각도에서 넣어가며 사실 확인을 하거나 다른 쪽 손을 넣어 다양한 것을 시도해 볼 것이다. 이러한 과학적 사고는 정보를 다루는 세계에서는 매우 제한적일 수 있다. 정보 부대에서 연구개발을 하기 위해 선정된 탈피오트 부대에서는 이러한 형태의 사고방식은 버리도록 훈련받고 있다."

'사고의 틀에서 벗어나는 것'은 '과거의 실수로부터 배우는 것'을 불가능하게 하지는 않으며, 정보를 다루는 벤-이스라엘 장군에게는 오히려 더 중요한 요소 중에 하나로 간주된다. MAFAT의 수장으로서, 그리고 사실상의 탈피오트의 수장으로서 그는 이 요소를 매우 중요하게 생각했다. 지금까지도 그는 탈피오트에서 강의를 할 때 과거의 실수 얘기를 종종 언급하며 사관후보생들이 그의 사고방식을 이해할 수 있도록 한다. 이것을 통해 우리의 본능이 이끄는 사고와는 다른 '상자 밖의 생각'을 할 수 있게 한다.

이것은 비단 탈피오트 프로그램을 이수하는 학생뿐 아니라 이 세상을 살아가는 일반적인 남녀 모두에게 아주 중요한 훈련법이다.

탈피오트 졸업 후에 금융권의 요직으로 이동한 아미르 슐라쳇Amir

Schlachet은 벤-이스라엘의 문제 해결 방법을 자신의 일에 접목했다. 일반적인 사람에게는 매우 어려운 일이지만, 슐라쳇은 탈피오트의 피에는 다른 사람과 다르게 생각하는 능력이 있다는 생각을 한다. "탈피오트 부대원들의 강점 중 하나는 본능적으로 그들은 다양한 방법의 훈련을 하는 것이다. 그리고 무엇보다도 호기심이 많다는 것이다." 세상의 모든 선생님들이 공통적으로 공감하듯이, 가장 최고의 학생은 호기심이 많은 학생이다.

8장

현장에
답이 있다

ISRAEL'S EDGE

　만약 학습이 탈피오트 훈련의 척추라면, 사관후보생들이 여러 부대를 경험하는 것은 중추신경계로 비유할 수 있다. 여러 부대 파견의 목표는 히브리대학에서 학생들이 배운 이론들을 실제 현장 훈련과 전투 상황을 보며 적용하기 위한 것이다.

　탈피오트 프로그램이 시작될 때, 군 당국에서 단호하게 얘기했던 한 가지 전제가 있었다. 학생들은 IDF의 일원이 되어야 한다는 것이었다. 초기의 지도자들은 탈피오트 프로그램이 성공하려면 젊은 사관후보생들이 IDF에 있는 형제자매들이 직면하는 문제들을 함께 살펴보아야 한다 생각했고, 이를 본 사관후보생들이 창의적인 방법으로 그들을 돕고 IDF가 일하고 전투하는 방식을 발전시켜야 한다고 생각했다.

　프로그램에 참여하기 시작한 학생들은 육해공군과 같은 여러 부대에 파견되었고, 교실 너머의 실제 현장에선 어떤 일이 일어나는지 체험할 수 있었다. 그러나 탈피오트 프로그램은 여전히 비밀에 부쳐져 있었고, 군대의 각계 각층의 경쟁과 의혹 때문에 탈피오트 학생들이 군부대에 완전히 통합되기는 어려웠다.

탈피오트 시행 초기의 어려움

　처음에 부대 파견은 무계획적이고 무질서하게 이루어졌다. 탈피오트 프로그램 착수 승인이 떨어지고 실제로 시작되기까지 준비 시간이 얼마 없었기 때문에, 중요한 도움을 줄 현장 지휘관들이 취지를 파악하기에는 시간과 기회가 부족했다. 버스를 탄 채로 검문소에서 기다리는 등의 서투른 일들이 많았다. 탈피오트 학생들이 가는 어느 곳이든 숙소와 식사는 항상 마지막 순서에 마련되었다. 심지어 다양한 훈련 기간에는 실탄을 얻는 것조차 어려웠다. 몇몇 예외는 있었지만 대부분의 경우에 학생들은 불청객이 된 느낌을 받았다.

　그러나 해군의 정보기술 부대는 달랐다. 그곳에 있는 사령관들은 더 다양한 분야의 교육을 받은 사람들이었다. 공군은 중요한 곳이었음에도 탱크 부대나 낙하산 부대처럼 역사와 영광을 가지고 있진 않았다. 초기의 탈피오트 학생들은 이스라엘 해군 장교들의 높은 기대감과 적극적인 지원으로 해군이 직면한 접근하기 어려운 고난도의 문제들을 해결하는 데 참여할 수 있었다. 탈피오트 프로그램 초기 3년 동안의 사관후보생들은 훗날 해군에서 강도 높은 임무를 수행하기도 했다.

오피르 쇼함Ophir Shoham은 1980년 탈피오트의 제2기 입학생이었다. 그는 거칠었고 어수선했지만 진중한 학생이자 군인이었다. 학우들 사이에서 인기가 좋았고 그들을 하나로 뭉치는 재치 있고 신용 있는 학생이었다.

그는 기본 훈련을 하는 동안 탈피오트 학생들 사이에서 빠르게 전설이 되었다. 어린 낙하산 부대원 중 한 명이 탈피오트 학생 한 명을 괴롭히고 있었다. 몇 분 뒤, 탈피오트 학생을 괴롭히는 18세의 부대원에게 그보다 키가 훨씬 작은 쇼함은 당당하게 다가가 말했다. "그만해! 얘를 괴롭히지 마!" 그러나 그는 거절했고 오히려 쇼함을 밀쳤다. 그러나 쇼함은 이미 군 입대 전 무술 훈련에서 뛰어난 실력을 보인 학생이었고, 주변 모든 학생이 예상했듯이 쇼함을 밀쳐낸 부대원은 오히려 그의 한 방에 공중을 가로지르며 날아갔다. 부대원은 다리에 상처를 입었고, 그로 인해 훈련을 마치지 못했다는 이유로 결국 낙하산 부대원에서 제외되었다.

사실상 초기에 많은 탈피오트 학생들은 군인들뿐만 아니라 심지어 현장 훈련 지휘관들로부터도 괴롭힘과 학대를 받았다고 느꼈다. 이후에 국방부 동의하에 특별조사위원이 파견되기도 했다.

전쟁 중에
빛을 발한 탈피오트

탈피오트가 나날이 발전하고 있을 때, 이스라엘의 북쪽인 레바논에서는 내전이 극심하게 일어나고 있었다. 이스라엘의 총리 메나헴 베긴Menachem Begin이 이끌어 나가는 시기였고, 몇 년에 걸쳐 팔레스타인해방기구PLO, Palestine Liberation Organization에서 지원하는 테러리스트들이 이스라엘을 공격하고 이스라엘 정부에 반감을 품은 다른 테러리스트들이 공격할 때였다. 이 테러리스트들은 사실상 레바논의 수도인 베이루트를 장악한 상태였고, 1975년부터 시작된 레바논 내전에서 권력을 쥐고 레바논의 다른 지역들도 장악한 상태였다.

특히 두 번의 충격적인 공격이 있었고, 이스라엘 정부는 강력한 대응을 할 수밖에 없다는 결론을 내렸다. 첫 번째 공격은 레바논 국경을 넘어 이스라엘 북부로 침투한 테러리스트들에 의해 버스가 납치된 사건이었다. 그로 인해 13명의 아이를 포함한 38명의 이스라엘 시민들이 사망했다. 그 후 두 번째는 런던에 있는 이스라엘의 대사 슐로모 아르고프Shlomo Argov 암살 시도였다. 암살은 면했으나 아르고프는 극심한 충격으로 몇 달 동안 혼수상태로 지냈다. 비록 그는 살아났지만 몸이 마비된 상태였고 후에 시력을 잃었다.

많은 이스라엘 시민들이 피할 수 없는 대규모 전쟁의 대상이 되었다고 느꼈고, 레바논 내전은 이스라엘에서 골치 아픈 논쟁의 대상이 되었다. 많은 사람이 레바논에서 계속되는 테러를 물리치는 다양한 방법을 논의했다.

위기를 혁신으로

좋든 나쁘든, 전쟁은 혁신으로 이끄는 동력이 되기도 했다. 뛰어난 탈피오트 학생들과 이스라엘 군부대에서는 전쟁의 기회를 이용하여 무기를 연구하고 발전시켰다. 탈피오트 초기의 구성원들에게는 레바논이 생생한 군사 훈련 실습 장소가 되었던 것이다. 그들은 최전선에서 전쟁을 직접 목격했다. 어떤 무기가 잘 작동되었고, 어떤 것들이 문제를 일으켰는지, 어떤 시스템이 개조가 필요했는지 알게 되었다. 이스라엘의 군사 조직은 새로운 전투 방법을 찾아야 했고, 탈피오트가 그것을 도와주었다.

전쟁 중에 개발된 시스템 중 하나는 훗날 '트로피The Trophy'로 알려지게 되었다. 그것은 이스라엘 메르카바 탱크 함대에서 볼 수 있는 탱크에 장착된 로켓 추격 장치다. 이 장치는 탱크 안에 있는 군인들을 보호하기 위해 밖에서 공격해 오는 대전차 로켓을 향해 자동으로 발사체를 쏘고, 이로 인해 로켓은 무력화 되거나 엉뚱한 방향으로 날아가게 된다. 탈피오트 학생과 몇몇 교관들은 '트로피' 시스템을 만드는 데 중요한 역할을 하게 된다.

레바논 남쪽의 이스라엘 국경 지역에 국제사회에 논쟁을 일으키는 전쟁이 발발함으로써 탈피오트의 부대 파견 프로그램은 더욱 구체적으로 형식을 갖추게 되고 제도화 되어가면서 정착 단계에 이르기 시작했다. 공군과 해군을 포함한 전 군대에서는 탈피오트 프로그램이 왜 있어야 하는지를 이해하기 시작했고, 탈피오트 학생들이 단지 응석받이 괴짜들로 이루어진 집단이 아닌 실제로 미래 IDF를 도울 것이라는 걸 깨닫기 시작했다. 이제 전 군은 대부분 도움이 필요함을 인식하고 성공과 실패 사례 등의 다양한 문제점들을 더욱 솔직하게 보여주기 시작했다.

탈피오트 사관후보생들에게 협력하고 특별 훈련을 지원하는 것이 더욱 당연시되고 필연적인 것으로 받아들여졌다. 결국엔 매우 자세하고 체계적인 프로그램이 탈피오트 학생들을 위해 끊임없이 추가되었다. 그 프로그램은 학생들에게 현장의 진정한 맛을 보여 주었다. 예를 들면 전투기로 이스라엘을 날아다니는 것이 어떤지, 전투기들이 격납고에서 어떻게 기름을 넣고 수리되는지, 일반 군사들이 전차를 몰고 최전선에서 어떻게 활동하는지, 무장한 개인이 항공모함에서 어떤 활동을 하는지, 군대 수송기에 낙하산 부대원들이 어떻게 낙하하는지, 바다의 전투함에서 어떤 활동을 하며 심지어 때로는 실제 교전 지역에서는 어떤 일들이 벌어지는지 경험하게 되었다.

훈련 기간 군부대에서는 탈피오트와 유대를 쌓기 시작했고, 사실상 탈피오트 사관후보생들은 현장 군인들의 일을 했다. 그들은 탱크 바퀴의 궤도를 실제로 바꿔보는 등 이론에서 멈추지 않았다. 그들은 탱크 부착 무기에 대해 배우기만 하지 않고 장애물 사이로 운전해 보고 확인된 목표를 보고 발사해 보기도 했다. 그들은 전투기 시뮬레이터를 타고 날아 보았고, 기관총과 대포를 발사해 보았으며, IDF 엔지니어들과 폭발물을 떨어뜨려 보고 비행기에서 낙하산 부대와 함께 낙하도 해보았다. 그들은 해군 사령관들과 함께 바다에서 항해했고, 이스라엘 잠수함을 타고 수면 아래로도 내려가 보았다.

곧 파견 부대에 있는 일반 병사들과 장교들은 파견 나온 탈피오트 동료들과 함께 훈련을 검토하기 시작했고, 그들은 탈피오트 연구가 부대를 철저하게 도와줄 것이라는 믿음으로 사관후보생들의 도전에 대해 더 많은 시간을 할애하여 설명해주었다.

다양한 부대 경험이 낳은 긍정적 결과

오피르 크라-오즈Ophir Kra-Oz는 미국 조지아주에서 경영 간부로 일하는 그의 부친과 함께 미국에서 시간을 보냈었다. 그는 1991년, 13기로 탈피오트에 합류했고, 그 무렵 이라크가 이스라엘로 스커드SCUD 미사일을 이용해 공세를 퍼붓기 시작했다.

크라-오즈는 탈피오트 사관후보생들에게 있어서 부대 파견은 이스라엘 국방부의 체계를 파악하는 데 도움을 준다고 믿었다. "45kg 짜리 포탄을 들어 보고 움직여 본 다음에 매우 무겁다는 것을 알 수 있다." 그는 말했다. "'그렇다면 똑같은 위력을 발휘하면서도 오히려 더 가벼운 포탄을 만들어보자.' 현장에서 문제를 직접 바라보는 것은 유익하다. 비록 나이가 겨우 18세일지라도 명령하는 것에만 익숙해진 대부분의 장군보다 더 많은 정보를 얻게 될 것이고 군대의 많은 면모를 볼 수 있을 것이다. 어쩌면 대부분의 장군은 자신의 분야에서 전문가가 될 수는 있으나, 이렇게 군대를 전반적으로 파악할 수 있는 식견은 가지지 못할 것이다."

크라-오즈가 말하길, 수많은 부대에서 시간을 보낸 경험들은 훗날 탈피오트 졸업생들이 좀 더 완벽하게 사고를 확장할 수 있도록 도와주었다고 한다. "거의 모든 프로젝트는 통합되었고, 그것은 굉장한 장점이었습니다. 예를 들어 어떤 사람이 대학을 가서 한 분야를 공부하고 그것을 이용해 회사에 들어가 그 분야에 자세히 집중하는 것과 비교하면, 그들은 일하면 할수록 그 분야에 깊게 파고들어 가는 데 탈피오트에서는 그렇지 않죠. 비록 탈피오트 사관후보생들이 수학과 물리학, 컴퓨터 공학의 배경 지식을 가지고 있으나 현실에서 쓰는 물건의 최종 사용자인 군인을 통합된 방식으로 돕기 위해 그들은 이론을 현실에서 어떻게 적용할지 생각해야 합니다."

"단거리 중형 로켓을 목표로 하는 미사일 방어 시스템인 '아이언 돔'으로 예를 들어 봅시다. 이것은 탈피오트 사관후보생의 아이디어로 탈피오트 졸업생들이 개발한 것이었습니다. 당시 급히 새로운 기술이 필요했었는데 최소 5가지에서 10가지의 다른 기술들로 협업을 해야 했습니다. 미사일과 탄도학에는 정통했지만, 이 미사일이 거주 지역을 공격하지 않게끔 하는 소프트웨어가 필요했었죠. 군부대에 들어가 체험하면 할수록 우리는 모든 것들이 어떻게 함께 작용하는지, 어떻게 서로 연결되어 있는지를 잘 이해할 수 있었습니다.

1996년도에 15기로 탈피오트를 졸업한 자르 코헨Saar Cohen은 군부대의 기기들과 그것들을 움직이게 하는 기술들이 어떤 것을 필요로 하는지 살펴보는 것은 유익했다고 말한다. "그것은 프로그램을 시작할 당시 제게 제일 흥미로웠던 분야였어요. 저는 군대 기술에 대해 들고 싶어했고 군부대 쪽에선 굉장히 열린 자세로 도와주었어요. 그들은 저희가 기술을 발전시켜 더욱 정교화하고 안전하고 이용하기 쉽게 만들 아이디어를 제시할 것이라는 희망이 있었죠. 제가 탈피오트에 속해 있었을 때 그들은 저희가 많은 것을 할 수 있도록 북돋아 주었어요."

코헨은 여러 부대에서 느낀 동료애에도 매료되었다. "모든 부대는 그들만의 암호가 있었고 저는 그것들이 매우 매력적이라고 느꼈어요. 더 중요한 건 그 암호들은 왜 내가 이렇게 열심히 일하는지에 대해 생각하게 해주었어요. 전장에 실제로 사람들이 나가 있었고, 우리는 그들이 목표를 성공적으로 맞추길 기대하고 있었어요. 마찬가지로 그들은 우리가 더 나은 지식으로 적의 암호를 깨고 물리학을 이용해 무기를 발전시켜 전장에서 유리할 수 있길 기대하고 있었죠. 실제 전쟁터는 현실이었습니다. 굉장히 젊은 나이에 그들은 군 복무를 해야 했고 삶과 죽음의 경계에 놓여있었어요. 그런 10대 후반의 청년들을 보고 있으면 정신이 번쩍 들어요. 제가 얼마나 중요한 역할을 담당하고 있는지 빨리 깨닫게 해주었죠."

코헨이 군대에서 배운 또 다른 것은 바로 팀워크다. 군대에서 소프트웨어 프로그램에 관한 일을 하고 있을 때를 회상하며 코헨은 말했다. "대부분 팀으로 일했죠. 일할 때 코드를 적는 것까지 감시하는 사람은 없었어요. 물론 다른 곳처럼 관리자와 감독관은 있었어요. 다른 곳보다 감시나 관리가 적었음에도 매우 많은 압박을 받았어요. 그래도 언제나 조언을 요청할 사람을 찾을 수 있었고 사람들은 언제나 서로에게 도움을 주려고 노력했죠. 그 안에서 하는 모든 것, 일하고 있는 모든 프로그램이 함께 해나가야 할 미션 아래에서 움직이고 있었기 때문이죠."

오늘날 부대 파견 훈련 기간은 이틀에서 2주 정도다. 어느 부대인지 또는 부대에 가서 얼마나 복잡한 일을 하는지, 국방부의 연구 계획에 따라 미래에 얼마나 많은 도움을 필요로 하는 부대인지 등 현지 여건에 따라 파견 기간은 조금씩 달라진다. 탈피오트 학생들은 이스라엘 국방부의 거의 모든 부서로 파견된다. 탈피오트 학생들은 보통 공부하지 않는 기간에 파견되기 때문에 여름 방학을 쉬며 보낼 수 없다. 그래도 대부분의 사관후보생은 탈피오트에서 경험한 모든 것 중에 부대로의 파견 생활이 제일 좋다고 말할 것이다.

9장

사이버 세상을
지배하라

ISRAEL'S EDGE

2013년 7월, 시리아 내전이 진행되는 가운데 이스라엘 북부에는 포탄이 계속 퍼붓고 있었다. 이란이 핵 물질 생산을 이어나가고 있었고 이집트에서는 정치적 불만으로 이슬람교 원리주의를 신봉하는 팔레스타인의 반이스라엘 과격 단체인 '하마스'가 무장하고 있었다. 이에 대비하여 이스라엘 군대의 최고위급 지도자 두 명이 이스라엘 중심부에 나무로 가려진 별 특징 없는 빌딩에 숨었다. 그 지역에 무장한 군인이라고는 건물의 출입구에 있는 한 두 명이 다였다.

이스라엘 역사상 처음으로, 참모총장 베니 간츠Benny Gantz(이스라엘 최고위 장성)와 국방부의 모세 보기 야론Moshe "Bogie" Ya'alon(전 참모총장)이 8200 부대로 알려진 정보 보안 부대에서 진행하는 특별한 행사에 참여했다. 이날 행사는 하드파워가 아닌 소프트파워를 시연하는 특별한 행사였다. 키보드나 두드리는 것처럼 보이지만 전장에서의 무기만큼이나 막중한 임무를 다루는 부대를 방문하는 것은 흔한 일이 아니었다.

8200 부대의 규모는 꽤 크지만 컴퓨터를 가지고 하루 종일 일하는 엘리트 집단으로 구성되어 있다. 그들은 의자에 가만히 앉아서 전 세계 어느 군대의 네트워크도 깊숙이 침투할 수 있다. 8200 부대가 적들이 어디에 있든 그들의 전자 시스템에 소리 없이 다가가서 공장, 전파 탐지소, 전기 발전소의 동력을 끌 수 있다는 소문이 돌기도 했다. 8200 부대는 이스라엘에 있어서 전차 안의 군인이나 F16을 조종하는 전투기 조종사들만큼이나 중요했다.

간츠와 야론 장군이 8200 부대를 방문해 축하한 정확한 이유는 아직도 기밀로 남아있지만, 그 부대가 특별히 중요한 일을 한 것은 확실하다. 간츠 장군이 부대를 방문 했을 때 그는 정보 요원들의 은밀한 역할에 주목했다. "정보 요원들이 현장에 파견됨으로써 IDF는 모든 상황을 명확하고 정확하게 볼 수 있었고 신속한 판단력을 얻을 수 있었다. 그것은 전장에서 취했던 날카롭고 빠른 행동으로 알 수 있었다." 그가 회상하길 국방부 장관조차도 이들의 보이지 않는 힘을 가장 든든히 여겼다고 한다. "빠른 시간 안에 위협을 알아내는 당신들의 능력 덕분에 피해를 예방할 수 있었다. 이 부대는 이제 세계의 변화하는 기술 속에서 어떻게 대응해야 하는지를 보여주는 좋은 본보기가 될 것이다. 새로운 위협은 새로운 영역을 창조한다."

8200 부대에서도
빛을 발하는 탈피오트

매년 이스라엘의 상위권 고등학교에서 컴퓨터를 다루는 다수의 학생이 8200 부대에 들어가지만, 그곳에서 두드러진 역할을 하고 부대를 위해 프로그램을 지휘하고 만들어나가는 사람들은 역시 탈피오트 졸업생들이었다.

8200 부대의 역할 중 하나는 무선 신호를 가로채 엄청난 양의 청취된 정보와 데이터를 모아 전 세계의 모든 주요 정보를 걸러내기 위한 신호 해석이었다. 8200 부대원들이 전 세계적으로 능력을 발휘해야 했던 중요한 이유 중 하나는 이스라엘의 코앞에 있는 가자지구와 웨스트뱅크 안의 분쟁 지역에서 무슨 일이 일어나는지 알아내기 위해서였다. 이 부대는 테러리스트의 수많은 공격을 잘 드러나 보이게 하고 이스라엘이 선제 방어를 잘 할 수 있도록 도와주는 데 신망이 두터웠다.

아직 기밀로 분류되어 이스라엘에 사실 확인을 받지 못한 어느 보고서에는 2007년 9월에 이스라엘 전투기 8대가 네게브 공군 기지에서 이륙했다고 쓰여있다. 그들의 임무는 이라크의 지원으로 이스라엘의 동쪽에 건설하고 있는 시리아 원자로를 파괴하는 것이었다. 제트기는 레이더 시스템에 혼란을 줄 수 있는 기술이 탑재되어 있어서 적에 노출되지 않고 터키를 포함하여 몇몇 나라의 국경을 가로지를 능력을 갖추고 있었다. 이스라엘 밖에서 작성된 보고서에 의하면 8200 부대도 역시 시리아 레이더 방어망을 뚫고 들어가 다가오는 이스라엘 비행기를 보지 못하도록 일조했다고 쓰여있다. 제트기들은 성공적으로 미사일을 발사하고 폭탄을 떨어뜨렸고, 이스라엘 기지로 안전하게 돌아올 수 있었다.

얼마 지나지 않아서 이스라엘 밖에서 보도된 사실에 의하면 이스라엘은 주요 작전을 승리로 이끌어내는 데 있어서 핵심 역할을 해온 8200 부대가 이란의 핵 프로그램을 무력화한 것에 관해 공을 인정했다고 한다. 전하는 바에 따르면 국무총리실에서는 8200 부대에 모사드와 이슬람 공화국의 핵발전 프로그램에 이용될 이란의 컴퓨터 작업 사무실을 감염시키고 작업을 방해할 일종의 바이러스 개발을 명령했다고 한다. 그리고 그들의 답은 바로 스턱스넷Stuxnet이라 불리는 비밀 프로젝트였는데 발전소, 공항, 철도 등 기간시설을 파괴할 목적으로 제작된 컴퓨터 바이러스였다.

스턱스넷은 이란에 있는 컴퓨터를 감염시켜 다른 나라에서 이란의 원심분리기를 조종할 수 있게(또는 최소한 이란이 원심분리기를 조종할 수 없게끔) 만들어주는 컴퓨터 바이러스다. 원심분리기는 핵 원료를 정제시켜 폭탄이나 미사일로 사용하게 하는 장치였기 때문이다. 미국은 스턱스넷을 만드는 데 일부 중요한 역할을 했다고 알려져 있다. 이란의 핵에 대한 야망을 핵 발전소에 물리적 공격을 가하지 않으면서 은밀하게 방해하고 늦추기 위해 미국과 합동 전략을 세운 것이었다.

모사드 전 최고 경영자인 메이어 다간Meir Dagan은 2012년 60분 인터뷰를 하는 도중 스턱스넷에 대하여 질문을 받았다. 그가 이스라엘의 역할에 대해 언급했다면 반역으로 간주했을 수도 있었다. 그는 대답 대신 큰 미소로 사실 확인은 "그 정도면 됐다."라고 다른 사람들을 설득했다.

자신의 공이라고 말하는 사람이 아무도 없었기 때문에 스턱스넷이 진실로 성공했다고 단정적으로 판단할 수는 없었다. 이란의 핵 프로그램 진행을 늦추긴 했지만 원래의 목표는 더 많은 손상이나 긴 기간 동안 정보를 빼 오기 위해 만들어졌을 수도 있다. 그래서 종합적으로 봤을 때 성공이라고 하기엔 아직 의문이 남는다.

이란의 핵 시설 안에 있는 컴퓨터를 공격하기 위해 만들어진 바이러스는 스턱스넷만 있는 것이 아니었다. ACDC라 불리는 바이러스는 2012년 봄에 이란의 나탄즈와 포르도 핵 시설을 공격했다. 그 당시 이란의 희생자 중 악성코드에 대한 지식을 가진 한 사람은 인터넷 게시판에 이렇게 적어 놓았다. "한밤중에 볼륨을 크게 틀어놓은 채 음악을 듣는 작업 장소들이 군데군데 있었다. 나는 그곳에서 교류직류양용 단말기로 '벼락'을 연주하는 줄 알았다." 공신력 있는 국제 소식통, UPI에서는 그 메시지를 누가 썼는지 식별하기는 어렵지만, 이란의 원자력 기관에서 일하는 사람 중 누군가가 썼을 것이라고 믿었다.

만만치 않은 8200 부대

5장에서 처음 만났던 오피르 크라-오즈Ophir Kra-Oz는 이란 컴퓨터들이 최상위 스파이웨어에 감염되기 전 군대로 이동했다. 스턱스넷이 만들어지기 전에 탈피오트의 제13기 학생인 크라-오즈는 8200 부대에서 큰 역할을 맡고 있었다. 크라-오즈는 탈피오트에서 IDF에 대해 자신이 알 수 있는 모든 것을 배우고 싶어 했다. 그는 탈피오트의 부대 파견의 장점을 최대한 이용했고 포병, 기갑 부대, 해군, 이스라엘 우주국, 전투 부대, 전투기, 레이더와 무기발사 시스템을 익혔다.

그러나 그의 관심은 언제나 신기술을 향해 있었다. 탈피오트의 학업 프로그램을 마친 후 크라-오즈는 8200 부대로 옮겨갔고 이스라엘군 장비 컴퓨터 서버에 저장되어있는 수집된 정보를 분석·가공하여 의미 있는 정보를 추출하는 소프트웨어를 개발하고 있었다. 그는 그것을 군대를 위한 '구글 타입의 검색 엔진'이라 불렀다. 그 소프트웨어는 아주 많은 양의 정보들을 찾아내어 정보 부대와 특별한 알고리즘 기술을 다루는 군대의 다른 부서에 제공했다. 그 시스템은 굉장히 자세한 정보도 빨리 찾아낼 수 있었고 다양한 배경을 가진 많은 사람이 사용법을 쉽게 익힐 수 있도록 만들어졌었다.

크라-오즈는 8200 부대에서 프로그래머로 시작했고, 그다음엔 팀리더, 그다음엔 역사에 길이 남을 엘리트 부대의 최연소 부서 지도자가 되었다. 훗날 벤처 투자자와 논의를 하는 상황이 생겼을 때, 크라-오즈는 그의 경력에서 8200 부대를 언급했다. 그 부대의 규모는 매우 컸지만 작은 벤처기업처럼 움직였고 서로 지속해서 소통하며 다양한 프로젝트를 신속히 처리하는 팀들로 이루어져 있다고 얘기했다.

철저했던 탈피오트 프로그램에서 크라-오즈를 도와주었지만

8200 부대의 강도 높은 압박은 상상을 초월했다. "8200 부대는 탈피오트에 비해 만만치 않았습니다. 그래서 부담이 더 컸고 어떤 프로젝트가 있을 때 더 강한 의견들이 제시되곤 했죠. 민간에서 1년을 두고 처리해야 할 일들을 그곳에서는 단 며칠 안에 해결해야 했습니다. 촌각을 다투는 정보전에서 우리가 만약 중요한 정보를 놓친다면 누군가의 목숨이 위태로워지는 치명적인 결과를 일으킬 수도 있었죠. 만약 어떤 병사가 잘못된 정보를 통해 카삼 로켓을 발사하러 가는 길이라면 상황은 꽤 심각해지지요. 그리고 저는 군대에서 그런 위협들을 방어할 수 있게 해주는 프로그램을 제안해야 했습니다."

"군대에서 제가 인생에 대해 배운 것 중 한 가지는 민간 생활 경험이 필요하다는 것이었습니다. 발생하는 문제는 끝이 없기 때문에 군 당국을 완벽하게 만족시킬 방법은 없습니다. 그저 끊임없이 정보와 다양한 언어로 된 전 세계의 변화 양상을 한정된 자원으로 실시간 모을 뿐이죠. 그 외에도 공동으로 얽혀 있는 세계라 금융권에서 자본을 지원하지 않을 때도 있습니다. 민간 세계에서 투자 요청은 거절을 당할 수도 있기 때문입니다. 그럴 때 군에서 할 수 있는 거라곤 저 자신에게 소리를 지르며 그들이 만족하지 않음을 한탄하는 것뿐이었죠."

이스라엘 정보 부대와
탈피오트 졸업생

상당히 많은 탈피오트 졸업생들이 필수 정보 활동에 참여했다. 아르헨티나에서 태어난 아담 카리브Adam Kariv는 이스라엘로 가족들과 함께 이사를 온 후 아웃사이더가 된 듯한 느낌을 받았다. 이스라엘에서는 연결 고리가 필수로 보였기 때문에 다른 가족들이 가졌던 인맥과 연결 고리가 부족했던 아담은 자신은 절대 성공하지 못할 것이라고 확신하고 있었다. 어느 날 TV에 나오는 탈피오트에 관한 프로그램을 본 그는 그곳이 자신이 가길 원했던 조직임을 분명히 느낄 수 있었다. 아담은 탈피오트에 합격할 거라 생각하지 않았지만 그는 어려운 시험들을 통과했고 1997년 18기로 입학생 중 한 명이 되었다.

졸업하자마자 그는 즉시 이스라엘의 정보 부대의 기술 부서로 보내졌다. 그는 그곳에서 9년을 보내며 소프트웨어 엔지니어로, 부대 지도자로 활동했다. 그가 다루었던 모든 것들이 최고 기밀로 붙여져 있었다. 그의 임무는 군에서 이스라엘 전역의 상황이 어떻게 돌아가는지 감시하도록, 이스라엘이 신경 써야 하는 고위급 간부에서부터 공격을 계획하고 있는 테러리스트 등 요주의 사람들을 추적할 수 있도록 새로운 제안을 하는 것이었다.

그가 받은 월급은 대략 125달러인 400셰켈(이스라엘의 화폐 단위)이었다. "사기업에 있을 때 받는 월급이 3~4천 셰켈인 것을 감안했을 때…" 카리브는 웃었다. "그러나 저는 제가 할 수 있는 한 최선을 다해야 했습니다. 제가 만약 잘못했을 경우, 나와 내 가족을 지키기 위해 최전방에서 싸우고 있는 동료 병사와 같이 누군가의 인생에 큰 변화를 가져올 수 있었기 때문입니다. 그것은 매우 큰 책임이었고 매일 저는 최선을 다했습니다. 제가 하는 모든 선택이 의미가 있었죠. 제가 하는 일이 삶과 죽음을 가를 수 있었습니다. 설령 매 분마다 삶과 죽음이 오가는 일이 아닐지라도, 그때 당시에는 덜 급하고 덜 중요했더라도, 여전히 중대한 일들이었습니다."

군 정보 부대로 선발된 또 다른 탈피오트 졸업생은 하가이 스콜니코프Haggai Scolnicov였다. "저는 수학과 과학에서의 최고 실력자들이 있는 부서로 갔습니다." 그는 회상했다. "그곳은 수학자들이 필요한 작은 부서입니다. 저는 그곳에 가게 되어 큰 충격을 받았습니다. 배워야 할 것들과 흡수해야 할 것들이 많았기 때문이지요. 그곳은 대단한 사람들의 집합체였습니다. 저는 데이터 분석과 알고리즘에 관한 일을 했죠. 우리 부대는 몇 년 동안 개발해온 굉장히 강도 높고 기술적으로 깊은 분야를 담당하고 있었습니다. 여러 이스라엘의 정보 부대들이 잘 알려져 있고 외부의 관심을 많이 받은 것과는 달리, 이곳은 계획적으로 노출시키지 않았습니다. 우리의 기지는 텔아비브의 북쪽에 있었고 우리와 비슷한 부대들이 그러하듯 다른 부대와 소통이 거의 없었으며 그들이 무엇을 하는지도 몰라야 했습니다."

스콜니코프는 그 부대에서 자신이 했던 일을 자랑스러워했지만 그가 했던 모든 일은 공유가 금지되어 있었다. "발설이 금지된 것 이외에는 우리가 하는 일에 대해 꽤 잘 설명할 수 있어요. 우리는 금지된 이야기만 족집게처럼 제외하고 이야기하는 방법을 잘 알죠." 그는 계속 말했다. "똑같은 프로젝트는 없었고 굉장히 흥미진진한 일들이 있었습니다. 이건 어떤 곳에서 고객을 위해 일하는 것과는 차원이 달랐어요. 여기서 다루는 일들은 분초를 다투는, 때로는 안전에 뚜렷한 영향을 미치며, 결국 이스라엘 군대의 승리를 안겨주는 일들이었죠. 그들은 많은 중요한 일들을 우리에게 주었고, 저는 일반적으로 풀기 힘든 문제들에 10년 동안 관여했어요. 저희는 꽤 많은 문제를 해결했었죠. 기억하세요, 탈피오트에서는 불가능한 것은 없다고 가르칩니다. 그들은 우리가 그렇게 사고하게끔 했어요. 만약 당신이 문제를 다른 시각에서 보거나 틈을 찾았으면, 일단 그 풀기 힘든 문제에 한 걸음 다가간 것이 되죠."

유리 바라카이Uri Barkai도 탈피오트 졸업 후 IDF의 중심 수뇌부로 불리는 엘리트 정보 부대에서 일한 사람 중 한 명이다. 그는 소프트웨어 전문가로 선발되었다. 비록 그가 이스라엘 기밀 정보를 모으는 기계와 관련된 중요한 역할을 맡았더라도 그는 자신이 하는 일의 전체 그림은 절대 알 수 없었다. 그것은 기밀로 남아있기 때문이다.

1999년에 23기 탈피오트 입학생이었던 바락 펠레그Barak Peleg는 신호 처리 부서에 들어갔다. 그의 임무는 레이더, 라디오, 컴퓨터, IDF에 깊이 연결이 되어있는 사람들의 데이터 흔적을 추적하는 소프트웨어를 개발하는 일이었다. 그것은 군대, 중동이나 하마스, 이슬라믹 지하드, 헤즈볼라Hezbollah(레바논의 이슬람교 시아파의 과격파 조직_옮긴이)와 같은 테러 기관을 포함한 것이었다. 추적 대상들이 전자 기기를 사용하거나 다른 사람이나 정부에서 지원금을 받고, 훈련을 받기 위해 의사소통을 할 때마다 모든 정보는 날이 갈수록 정교해졌다. 그 리스트는 매우 길었고 그 안에는 테러리즘과 연결된 이란, 시리아, 레바논, 많은 다른 중동 국가들이 포함되어 있었다.

그는 설명했다. "신호 처리 과정은 신호를 얻고, 디지털화하고, 처리하며 무슨 일이 일어났는지 다루는 것이었어요. 만약 신호가 전파였다면, 중간 매체가 어떤 영향을 끼쳤는지, 그리고 대처하는 과정에 어떤 일이 있었는지를 알아내는 것이었죠. 이것은 들어오고 나가는 신호를 위한 일들이었는데, 그 후 정보를 분석했고 이스라엘 군사정보부 AMAN과 같은 군 정보 부대에서 더욱더 자세히 분석했습니다. 우리의 국경 너머에서 무슨 일들이 일어나고 있는지 보여주는 창문을 만들어주는 일과 같았죠."

펠레그는 탈피오트 경험을 되돌아보며 짐작했다. "탈피오트 졸업생들이 생각해 보지 않았고 대중이 잘 모르는 탈피오트에서의 가장 중요한 점은 그들이 우리를 두려움을 모르게 만들어 준다는 것이에요. 우리를 무섭게 만들기란 이처럼 쉽지 않죠. 우리는 어떤 문제 상황과도 대면할 수 있어요."

더욱 중요해지는
사이버전

2010년 이츠하크 벤-이스라엘Yitzhak Ben-Israel 장군에게 알려지지 않은 대상을 다루는 일이 주어졌다. 그는 MAFAT의 지도자였고, 탈피오트의 강사였다. 그때까지는 국가끼리의 싸움은 누가 온라인에서 우위를 선점하느냐가 미래 군사 작전에서도 우위에 있음을 나타내는 지표였다. 중국과 미국은 이미 온라인에서 전쟁하고 있었다. 중국은 미국 회사들의 컴퓨터 네트워크에 침입해 정보를 훔쳐가고, 최고 기밀 군사 정보를 염탐해서 미국에 고소당한 적도 있었다.

이란도 사이버 전투에 능숙해지고 있었고 컴퓨터를 오가며 간첩 활동을 하고 있었다. 이슬람 공화국의 컴퓨터 해커들은 사우디의 석유 회사인 아람코의 컴퓨터 시스템에도 침입해 중요 정보를 날려버린 경우도 있었다. 이란의 컴퓨터 사용자들은 미국의 경제 정보를 공격하고 미국 은행의 웹사이트를 붕괴시키거나 느리게 만들기도 해 고소를 당하기도 했다. 국가들은 컴퓨터를 이용하는 수천 마일 떨어진 적들에게서 그들의 경제와 물리적 사회 기반 시설을 보호해야 한다.

벤-이스라엘 장군은 베냐민 네타냐후Benjamin Netanyahu 총리에 의해 사이버 고문으로 지명됐다. 벤-이스라엘의 첫 번째 일 중 하나가 바로 2011년 8월 7일에 이스라엘 국립 사이버 사무국INCB, Israel National Cyber Bureau을 창설한 것이었다. 그는 즉시 탈피오트 졸업생인 에비아타르 마타니아Eviatar Matania를 지도자 자리에 임명했다. INCB의 목표는 방어와 공격이 요구되고 미션을 수행해야 하는 이 새롭고 위험한 국면에서 국무총리에게 조언을 제공하는 것이었다. 또한 INCB는 이스라엘이 물리적 공격을 받았을 때 내무부 장관에게 기대하는 역할이 있듯이, 국가가 사이버 공격과 같은 혼란을 겪을 때 흔들리지 않는 삶을 제공해야 하는 사이버 내무부 장관 역할을 하기도 했다.

INCB를 창설한 또 다른 이유는 중동의 사이버 전장에서 적들에 대한 우위를 확장하기 위함이었다. 이스라엘의 적들이 그들만의 사이버 능력을 기르고 있었기 때문에 이스라엘의 생존에 중요한 질적인 장점을 유지하기 위해 INCB를 만든 것이었다.

마타니아는 2011년 11월, 이스라엘 내각 회의에 초청되었고 곧바로 INCB의 지도자가 되었다. 그는 정부 관료들에게 말했다. "사이버 공격은 인간 사회 전반의 공격입니다. 이것이 우리에게 도전임과 동시에 경제적 기회가 될 수 있습니다. 우리가 학계와 산업에 투자를 하면 할수록 경제와 안보 관점에서 더 많은 것을 되돌려 받게 될 것입니다." 네타냐후 국무총리가 마타니아의 말을 이어받아 내각에 설명했다. "이스라엘의 강점은 사이버에서 보여줄 광대한 힘입니다. 우리가 미사일을 성공적으로 가로막았던 전례 없는 아이언 돔 시스템을 개발했듯이 우리는 이제 컴퓨터 시스템을 향한 공격으로부터 국가를 지켜내기 위해 '디지털 아이언 돔digital Iron Dome'을 개발해야 합니다. INCB는 사이버 세상의 방어 능력을 체계화하기 위해 만들어졌다.

2012년 마타니아는 외국 컴퓨터로부터 이스라엘에 오는 위협을 평가하기 위한 국가 사이버 상황실을 만들었다. 이곳의 목표는 이스라엘에 정치 지도자들이 어떤 위협이 오고 있고 어떻게 하면 방어할 수 있는지 한눈에 알아볼 수 있도록 중앙 통제를 하는 것이었다. 그리고 이곳은 군대의 최고 간부들, 국가 지도자들, 경제 지도자들이 정보를 공유할 수 있는 장소이기도 했다.

INCB는 이스라엘의 소프트웨어 업체들과의 협력을 통해 적대적 관계에 있는 정부, 테러리스트 그룹, 인터넷상의 외로운 늑대들로부터 방어하기 위해 긴밀하게 일을 했다.

마타니아의 또 다른 초기 목표는 히브리, 텔아비브, 테크니온대학을 포함한 이스라엘의 최고의 대학과 이스라엘 산업에 종사하는 컴퓨터 과학자들을 전문 영역별로 명확하게 분석하여 직접 연결해주는 사무국을 만드는 것이었다. 이러한 다자간 시스템, 다자간 기관과 같은 프로젝트 경영은 마타니아가 탈피오트에서 진행했던 접근법과 같았으며, 정보 공유와 협력은 매우 중요한 것으로 일컬어졌다. 그는 사이버 영역에 특출한 아이디어와 프로그램을 지원하는 펀드를 조성했다. 2013년에 사이버 보안 분야의 좋은 아이디어를 가진 개인, 회사, 대학 등에 약 2천만 달러에 펀드가 지원되었다.

에비아타르 마타니아는 그의 사무실을 전 세계 사이버보안 영역에서 이스라엘의 뛰어남을 알릴 수 있었고, 수천 개의 일자리와 수조 셰켈의 매출을 올릴 수 있었다. 또한 이스라엘의 지능 정보국과 같이 주변의 우방국들과 정보를 교환하고 적들의 위협을 감지하는 등의 노력도 한다. INCB는 이 같은 공적인 임무를 바탕으로 이스라엘의 기술 섹터에 외국인 투자자들의 교두보 역할을 맡기도 한다.

사이버 개발에 있어 최고의 기술을 가진 이스라엘

2012년 말, INCB는 새로운 장을 열었다. 바로 연구개발 부서를 설립한 일이다. 이는 국방부가 10여 년 전에 이스라엘제 무기를 위한 연구개발에 엄청난 투자를 했던 것과 매우 흡사했다. INCB의 연구개발은 MASAD라는 것으로 알려져 있다. 그것은 군과 민간 부분의 사이버 프로젝트를 담당한다. 이스라엘의 스타트업 기업, 큰 규모의 소프트웨어 회사의 프로그래머, 대학 교수들, 공무원들과 국방부는 이 노력에 기여할 수 있도록 요청을 받았다.

MASAD가 발표되면서 MAFAT의 지휘자인 오피르 쇼함(또 다른 탈피오트 졸업자)은 이렇게 얘기했다. "이 계획은 이스라엘 정부가 당면한 사이버 위협에 대응하기 위해 국방부가 준비한 기존 프로그램과는 다르다. MASAD 계획은 공동방어 체계와 민간의 필요, 학계와 업계의 다양한 노하우, 역량들을 기초로 하여 기술적 방향성들을 묶어주는 역할을 할 것이다."

오늘날, INCB와 MASAD를 통하여 이스라엘은 항상 사이버 개발에 있어 최고의 기술을 가지고 있다. 1948년 독립전쟁 이후 다비드카Davidka라는 부정확한 포탄이 예측할 수 없는 장소에 떨어져 어마어마한 폭발음으로 적군들을 두려움에 떨게 하면서 우연히 연출된 실수 조차도 긍정적으로 활용할 수 있는 쪽으로 전투 방향이 변경되었다. 이것의 매우 총명한 개발자는 만약 적군이 아군보다 훨씬 많은 경우 기발함이 때로는 아군의 불리함을 승화시킬 수도 있다라고 말한다. 이러한 관점에서 상상력이 뛰어난 8200 부대와 INCB는 이스라엘 군대의 유산을 지속해서 향상해 나갈 것이다.

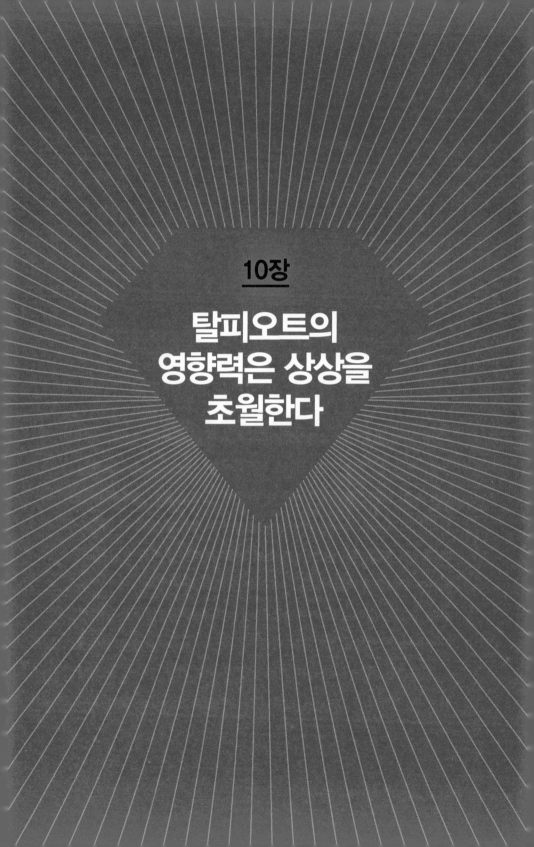

10장

탈피오트의
영향력은 상상을
초월한다

ISRAEL'S EDGE

이스라엘 방위군 중에서 국가 방위에 가장 큰 공로를 세운다고 인
정받는 병과는 조종사와 낙하산 부대원이다. 아울러 좁은 국토에서
탱크는 이스라엘 방위군의 중추를 이룬다. 홍해는 물론 지중해 해안
선의 가자로부터 레바논 국경에 이르기까지 초계 활동 중인 이스라
엘 해군이 눈에 띄지 않는 곳은 찾기 힘들다. 정보 분야를 보면, 해외
에서는 두려움의 대상이고 고국에서는 숭배의 대상인 모사드Mossad가
있다. 충돌이 일어나면, 카메라들은 사건이 벌어지는 장소로 이동한
다. 기자들은 미사일 방어 시스템인 아이언 돔Iron Dome 내에서 사병들
과 이야기를 나눈다. 그들은 기관총과 무거운 배낭, 탄약을 어깨에
걸쳐 멘 기바티Givati 여단과 골라니Golani 여단의 병사들을 필름에 담

는다. 매체들은 자신의 임무를 설명하는 헬리콥터와 F16 조종사들의 목소리를 녹음한다(단 신원 노출을 막기 위해 얼굴은 가린다).

탈피오트의 구성원들은 국내나 해외 뉴스에서 인터뷰하는 경우가 거의 없다. 대중들은 탈피오트 프로그램이 이스라엘을 지키는 일을 하는 이 모든 사람들에게 얼마나 큰 도움을 주는지 알지 못한다. 전시나 크고 작은 충돌 사이의 조용한 시기나 한결같이 이스라엘 방위체계와 공격 무기 체계를 그토록 효과적으로 만들기 위해 엄청난 시간을 투자하는 이들이 바로 탈피오트 출신들인데도 말이다. 탈피오트 졸업생들은 이스라엘 무기와 기술의 아이디어, 디자인, 그리고 개량에 대한 엄청나게 많은 제안을 해왔지만 그 사례가 너무 많아서 국방부조차 공식적인 통계를 갖고 있지 않다.

상상을 초월하는
탈피오트의 기여

이스라엘 방위, 특히 연구개발, 이스라엘 우주 계획, 전자전戰의 세 분야에 대한 탈피오트의 기여는 사람들의 상상을 초월할 정도다.

이스라엘 우주 계획은 탈피오트와 함께 성장했다. 탈피오트 졸업생들은 우주선, 전기·통신시스템을 만들고 인공위성에 장착된 카메라를 연구하는 등 이스라엘 우주 계획에 직접적인 기여를 했다.

아랍의 육해군보다 앞서는 것 정도는 이스라엘의 성에 차지 않는다. 소위 선진국으로 통하는 제1세계 국가들은 이스라엘을 끊임없이 위협하는 국가들에 무기와 무기 시스템을 공급한다. 이들 선진국의 기술보다도 한 걸음 앞서야 한다는 것이 이스라엘의 생각이다.

탈피오트 프로젝트가 막 시동을 걸던 초기 단계에 이들의 활동으로 가장 많은 혜택을 본 것은 해군이었다. 해군이 군의 다른 부문들에 비해 탈피오트를 적극적으로 맞아들인 데에는 그만한 이유가 있었다. 해군은 탈피오트의 구성 직전에 엄숙한 자아 성찰의 기회를 가졌는데, 6일 전쟁에서 커다란 성공을 거둔 지 불과 4개월 만에 심각한 실패를 경험했던 것이다. 이집트가 날려 보낸 러시아제 신형 미사일이 지중해 공해상을 정찰하던 이스라엘 해군 함정 에일랏Eilat과 충돌했다. 에일랏의 승무원들이 다른 이스라엘 함정의 구조를 기다리는 동안 이집트는 이미 타격을 입은 함정에 다시 발포했고, 결국 에일랏은 침몰했다. 이 공격으로 이스라엘 수병 47명이 사망했고, 41명이 부상을 당했다. 충격을 받은 이스라엘은 바다에서 자국 함대를 지키는 일에 훨씬 더 진지하게 임하게 되었다.

이스라엘 해군은 이 치명적인 공격과 1973년의 욤 키푸르 전쟁 사이의 6년을 매우 바쁘게 보냈다. 군인들은 훈련을 거듭했고 장비는 업데이트되었다. 장교들은 동맹국 해군이 해외에서 거둔 성과에 대해 연구했다.

이 모든 일이 결실을 맺었다. 이스라엘 해군은 욤 키푸르 전쟁에서 이스라엘 방위군의 그 어떤 부대보다 큰 성과를 올렸다. 이로써 작전 참모들은 해군의 가치를 인식하기 시작했지만 방위 예산에서 해군에 배정된 몫은 그리 크지 않았다.

이스라엘 해군과
탈피오트 졸업생들

히브리대학의 탈피오트 과정을 마친 첫 졸업생들 중 많은 수가 해군으로 가게 되었다. 엘리 민츠Eli Mintz는 탈피오트 이후 군복무 기간 동안 데이터 마이닝 전문가가 되었다. 그는 알고리즘을 이용해 이스라엘 해군 레이더 시스템을 개선시키는 프로그램 개발의 선구자였다. 민츠는 이렇게 말한다. "1980년대에 이스라엘 해군은 그 규모가 매우 작았지만 수준은 대단히 높았습니다. 해군에서 연구를 하고 내가 배운 것을 적용하는 일에 큰 동기를 부여받았습니다." 민츠는 해군이 혁신에 매진하는 데 도움을 주고 싶었고 그와 동시에 이미 그곳에 있던 사람들이 작업을 하고 있는 것과 그들이 첨단 하드웨어와 소프트웨어를 개발하는 방식을 배우고 싶기도 했다. "탈피오트의 좋은 점 중 하나는 졸업 후에 배치될 곳을 선택할 수 있다는 점입니다. 가고자 하는 곳에서 기꺼이 자신을 데려갈 것이라는 가정하에 말입니다. 군에서는 누구도 그렇게 할 수가 없습니다. 그렇게 해서 나는 해군의 프로젝트를 선택했고 그곳에서 많은 프로젝트를 관리했습니다. 나는 알고리즘을 이용하는 연구를 시작했고 그것은 기술적인 측면에서 프로젝트의 특정 부분을 관리하는 일로 진화했습니다. 나는 대단히 기술적인 일과 함께 프로젝트 관리 업무도 동시에 할 수 있게 되었습니다." 민츠는 회상한다.

민츠가 손을 댔던 정확한 프로젝트는 여전히 기밀로 남아있다. "이스라엘 방위군에서는 아이팟i-Pod을 개발하지 않습니다. 무기를 개발하죠. 우리는 무기를 개발했고 연구개발에 참여하는 다른 사람들이 그 무기를 개선시켜왔습니다." 그가 연구했던 무기는 군에 배치되었지만 아직까지 사용되지는 않았다. 이스라엘이 그런 무기를 이용할 정도의 대규모 해전을 하지 않았기 때문이다. "사용된다면 그 무기는 상상을 초월하는 영향력을 발휘할 것입니다." 그가 자신 있게 덧붙였다.

길라드 리더러

길라드 리더러Gilad Lederer는 가장 흥미롭고 다채로운 역할을 수행해낸 탈피오트 졸업생이다. 리더러 역시 해군에 입대했고 탈피오트 미사일함에서 복무하는 최초의 전투 장교 중 하나가 되었다. (군 제대 후 한 일 때문에 그는 아프리카로 가 내전 중인 여러 국가에 머물게 되었다. 제대 후 그의 흥미로운 여정은 앞으로 더 자세히 소개하겠다)

1970년대에 성장한 길라드는 어린 시절 항해하는 법을 배웠고(평범한 이스라엘 소년에게 흔한 일은 아니었지만) 항상 바다를 좋아했다. 탈피오트를 졸업한 후 그가 처음 배치된 곳은 해군사관학교였다. 그는 미사일 고속정 사르 4Sa'ar 4(무게 약 400톤, 길이 약 57.91미터)에서 복무했다. 그는 연구개발로 돌아가기 전 브릿지 커맨더 계급까지 올라갔다. 바다 위에서 배운 실무 지식은 탈피오트의 교육과 함께 그를 이스라엘 해군에서 엄청난 가치를 가진 사람으로 만들었다.

리더러는 해군을 위한 전자전 시스템을 개발하고 개선하는 일을 시작했다. 특히 그는 '다른 배들의 통신을 감시하기 위해 고안된 수

동 전자전, 방어 시스템'을 연구했다. 리더러는 이스라엘 해군 함정이 바다, 해안, 공중에서 발사되어 다가오는 미사일의 궤도를 추적해서 피하는 데 도움을 주는 미사일 회피용 전자 장치도 연구했다. "미사일 유도 시스템을 교란시켜버리면 미사일의 공격을 막을 수 있습니다." 그가 쾌활하게 이야기했다. 그는 또한 선박 디자인에 관한 연구도 계속해 이스라엘 함정을 레이더로 탐지하기가 더 힘들고 미사일로 공격하기가 더 어렵게 만드는 방법을 고안했다.

지프 벨스키

지프 벨스키Ziv Belsky는 현재 여전히 빠르게 성장하고 있는 이스라엘 제약 및 의료기기 산업의 선두 주자이자 혁신가이다. 복무를 하는 중에도 그는 진정한 혁신가였다. 그는 또한 탈피오트 생도로 전투 장교가 된 최초의 사람들 중 하나였다. 그는 이스라엘 해군에서 가장 진보된 사르 4.5급 미사일 구축함에 부장副長으로 배치되었다. 벨스키는 "구축함에는 헬리콥터 이착륙장이 2개나 있을 정도였다."라고 자랑한다.

해상 근무 후에 그는 이스라엘 해군 연구개발 본부의 지상 근무로 자리를 옮겼다. 이 기간 동안 그는 전기공학을 공부하고 석사 학위를 취득했다. 곧 해상에서 사용할 전자전 시스템을 개발하고 쇄신하는 것이 그의 일이 되었다. 그와 동료들은 이스라엘 함정으로 발사된 미사일을 전자 방어 시스템을 이용해 물리치는 새로운 기술을 만들었다. 그는 말한다. "고속 미사일을 보유하고 발사할 수 있는 것도 좋은 기술이죠. 이때는 로켓과 로켓이 싸웁니다. 하지만 로켓을 다른 방향으로 이끌고 속이는 시스템을 가지고 있다면 더 낫겠죠. 장기적인 효과도 더 클 것입니다. 요령이 필요하죠."

라아난 게펜

탈피오트 졸업생 라아난 게펜Ra'anan Gefen 역시 국방부 연구개발 부서로 가기 전 해군에 복무했다. 탈피오트 과정을 마친 후 그는 해군 장교로 복무했고 이후 새로운 레이더 기술과 미사일 요격 시스템을 개발하기 시작했다. 그는 이스라엘과 미국 해군력을 향상시킬 아이디어를 진척시키기 위해 미국을 기반으로 하는 군사 사업체들과 이스라엘 해군의 기술을 공유했다. 자신의 일에 대해 게펜은 이렇게 말한다. "배는 모든 위협으로부터 자신을 지킬 수 있어야 합니다. 레이더는 항해 중에 해상의 위험 요인을 감지하고, 시선 밖에 있는 다른 배들을 보기 위한 것입니다. 비행체와 드론을 막기 위해서는 표면 레이더가 필요합니다. 레이더가 없으면 선박은 혼자 어둠 속에 있는 것과 같습니다."

하지만 게펜은 좋은 시스템을 가지고 있는 것만으로는 부족하다고 주장한다. 승무원들이 그 시스템을 적절히 이용할 수 있어야만 한다. 2006년 여름 2차 이스라엘-레바논 전쟁에서 헤즈볼라가 미사일(중국제로 예상되는)을 발사했다. 이 미사일은 지중해 베이루트 인근의 공해상을 정찰하던 INS 하니트Hanit를 요격했다. 이스라엘 수병 4명이 사망했고 승무원들은 보수 작업을 위해 가까스로 배를 이스라엘까지 가져왔다.

이 경우의 문제는 단순했다. 하니트 함상에 있던 장교들은 헤즈볼라가 해안에서 해상으로 미사일을 발사할 수 있는 능력이 있다는 해군 정보 기관의 경고에도 불구하고 헤즈볼라에게 배를 공격할만한 기술이 없다고 오판했다. 때문에 이 배의 레이더와 미사일 방어 시스템을 작동시키지 않고 있었다.

이스라엘 방위군 통신에 기여한 탈피오트

탈피오트는 이스라엘 방위군의 통신에도 엄청난 영향을 끼쳤다. 이스라엘은 지리적 규모가 작은 지역이기 때문에 레바논, 시리아, 요르단, 이집트, 사우디아라비아는 아주 기본적인 감청 장비만으로도 군대의 송신을 쉽게 엿들을 수 있다. 따라서 암호화와 통신 비밀 유지 방법을 개발하는 것이 매우 중요한 과제일 수밖에 없다.

보아즈 리핀

이 분야의 초기 개척자 중 하나는 탈피오트 2회 졸업생 보아즈 리핀Boaz Rippin이다. 그는 1980년대 중반 군 복무 기간 동안 적들이 가로챌 수 없는 무선 신호를 만드는 일에 매진했다. 이스라엘은 이 기간 동안 레바논에서 전쟁 중이었다. 상대는 야세르 아라파트Yasser Arafat의 팔레스타인 혁명군, 그 후에는 시아파가 후원하는 아말Amal과 헤즈볼라였다.

리핀은 1980년 이 프로그램에 선발되기 전까지 탈피오트에 대해 들어본 적이 없었다. 그는 이 조직에 들어갔을 때만해도 성공을 확신하지 못했다고 인정한다. "도박이었습니다. 졸업생들이 그들이 배운 것으로 무엇을 할 수 있을지 아무도 알지 못했습니다. 실험의 일부가 된 것 같은 기분이었습니다. 그 프로그램은 끊임없이 변화하고 있었습니다."

텔아비브에서 태어난 리핀이 열한 살이던 때 욤 키푸르 전쟁이 시작되었다. "텔아비브에 경보가 울리면서 로켓이 쏟아졌습니다. 자동차의 불빛이 흐려졌습니다. 아파트는 조명을 꺼서 폭격기에서 도시가 보이지 않도록 했습니다. 나는 텔레비전을 계속 봤습니다. 죽어가고 있는 사람들에 대한 보도가 나왔습니다. 아버지가 걱정됐습니다. 아버지는 외과의사였습니다. 텔아비브 근처의 야전 병원에서 대기 중이셨죠. 나는 위험한 상황이라는 것을 알고 있었습니다. 패배에 대한 두려움이 팽배했습니다. 사람들은 전쟁에서 패하고 정복을 당하면 어떤 일이 일어날지에 대한 이야기를 했습니다. 어떤 한 가지가 그 사람이 어떤 사람인가를 결정하지는 않습니다만 전쟁은 군대에서 어떤 존재가 되고 싶은지에 대한 나의 생각에 큰 영향을 주었습니다. 힘이 닿는 한 많은 도움을 주고 싶었습니다. 이것이 내가 추가 복무를 결정한 이유의 일부였습니다. 영향을 미치고 싶었습니다."

데이비드 쿠타소프

데이비드 쿠타소프David Kutasov는 9세에 리투아니아에서 이스라엘로 이주했다. 그는 히브리어를 한 마디도 하지 못했다. 그는 지금 이렇게 회상한다. "아홉 살 난 아이는 놀라울 만큼 빠른 습득력을 가지고 있습니다."

쿠타소프는 웨스트 뱅크 아랍 지구에서 낙하산 부대원들과 훈련을 받던 것을 기억한다. 그들은 야간에 그 지역에 침투하기로 되어 있었다. "마을 사람들이 아침에 일어나 집에서 나왔습니다. 그들은 바로 우리를 발견하고 비웃기 시작했습니다. 내가 테러리스트나 아랍인들과는 완전히 차단된 홀론Holon(이스라엘 중부 텔아비브 남쪽)에서 자랐다는 것을 생각해야 합니다. 우리는 아랍인들을 무시하라는, 차별하는 것이 아니라 그들이 존재하지 않는 것처럼 행동하라는 가르침을 받았습니다. 하지만 거기는 웨스트뱅크였습니다. 아랍인들이 존재하는 것은 물론이었고 그들은 우리를 대단히 싫어했습니다. 큰 충격이었죠."

오늘날 그는 이스라엘 지상군 운용 체계를 크게 개선시킨 사람으로 인정받고 있다. "내가 작업했던 프로젝트는 탱크 부대와 보병대의 전투력을 강화시키는 것이었습니다. 나는 군대 오래 남아 있지 않았지만 내가 해법을 찾기 위해 노력했던 문제들이 오늘날 레바논과 가자에서 표면화되고 있습니다. 나와 함께 그 프로그램에 몸담았고 최근까지 군에 남아있던 한 사람은 지금 전차군단에서 일하는 사람들이 내가 작업했던 것을 바이블과 같이 여긴다고 말해주었습니다. 하지만 내가 할 수 있는 이야기는 여기까지 입니다."

쿠타소프가 발견했듯이 탈피오트 졸업생들에게 연습은 없다. 모든 것이 실제다. 그들에게는 국가 안보에 중요한 어떤 것을 만들고 프로그램을 짜는 기술적인 과제가 주어진다. 그것이 일을 빠르게 잘 해내고자 하는 욕구와 압력을 가중시킨다.

모르 아미타이

모르 아미타이Mor Amitai는 탈피오트의 전설 중 전설이다. 그의 많은 동료와 탈피오트 동기들은 그가 말 그대로 무엇이든 이해할 수 있는 사람이라고 말한다. 탈피오트 과정을 마친 후 통신 시스템을 디자인하는 것이 그가 하는 일의 중심이 되었다. 군을 위한 통신 프로젝트를 진행한 아미타이 팀의 한 구성원은 특정 문제에 대한 답이 '예스'인지 '노'인지 아는 것이 이스라엘 방위군에 대단히 중요했던 상황에 대해 이야기했다. 그 답에 따라 군은 일을 매우 다른 방식으로 처리해야 했다. 그들은 어떤 구체적인 것이 가능한지 여부를 알아야 했다. "만약 답이 예스라면 대개 입증하기가 쉽습니다. 그것이 존재하는 것이죠. 만약 답이 노라면 입증하기가 어려운 경우가 생기죠. 이 경우 우리는 그 중간에 있었습니다. 우리는 많은 시간을 들여서 그 일을 정말 열심히 했습니다. 우리 모두가 불가능하다고 믿었던 일을 말입니다. 어떤 일을 정말로 열심히 했는데도 안 된다면 그때서야 비로소 그것이 불가능하다고 입증하는 것과 아주 비슷합니다."

그 프로젝트는 여전히 기밀로 분류되어 있고 그 세부 사항을 밝히는 것은 현장에 있는 사람들에게 재앙이 될 수 있다. 아미타이와 같은 팀에 있었던 한 남자는 이렇게 말을 잇는다. "다양한 조건에서 기능해야 하는 복잡한 시스템을 위한 프로그램이었습니다. 군에서는 상황을 통제할 수가 없습니다. 전장의 군인에게는 어떤 상황에서든 문제가 발생할 수 있습니다. 그가 아무리 훈련을 잘 받았더라도 말입니다. 이동을 할 수도 있고, 넘어질 수도 있고, 무기를 떨어뜨릴 수도 있습니다. 어떤 면에서는 이 문제도 비슷했습니다. 군에는 대단히 중요한 문제였습니다. 특정한 극한 상황에서 잘 작동할 것인가? 이런 상황은 시험해볼 길이 없습니다. 당신이…" 그가 웃으며 말했다. "더는 이야기할 수가 없겠군요." 그가 덧붙일 수 있는 것은 다음의 말이 전부였다. "군은 그것이 없으면 제대로 기능할 수가 없습니다. 그것은 군에 항상 필요한 것이었습니다. 군은 매우 광범위하게 그 시스템을 이용합니다."

군에서 복무하는 5년 동안, 아미타이는 통신 시스템의 복잡한 요소들을 책임졌다. 때로는 아무런 사전 지식 없이 프로젝트를 맡기도 했다. 때로는 다른 종류의 시스템들을 결합해야 하기도 했다. 작업의 많은 부분이 잘못될 수 있는 것이 무엇인지, 장래에 어떻게 업데이트할 수 있는지 분석하는 일이었다. 현장에서 사용하기 위해서는 다양한 시스템들의 사양을 업데이트해야 했기 때문이다.

위의 예에서와 같이, 군 통신과 관련된 아미타이의 작업은 언제나 예상치 못한 것을 고려해야 했다. 그의 작업에 대해서 잘 알고 있는 한 동료는 이렇게 설명한다. "그것은 자동차와 같습니다. 차는 시운전을 해볼 수 있죠. 차는 잘 나가고 에어컨 등 모든 것이 잘 작동됩니다. 하지만 차는 사람이 통제할 수 없는 상황에서도 잘 작동해야 합니다. 제조사들이 모의 충돌 시험에 투자를 해서 운전자가 실수를 하는 경우에 무슨 일이 일어나는지 확인하는 이유도 여기에 있습니다. 군은 환경을 통제할 수가 없습니다. 밖에 적이 있죠. 차를 운전할 때보다 훨씬 심각한 상황입니다. 누군가가 실수를 하는 것이 아니라 당신과 당신의 친구들을 죽이기 위해서 고의로 당신이 실패하게 하는 것입니다. 그 일은 당신을 길 밖으로 밀어내려는 다른 운전자들의 전략을 견뎌내는 차를 만드는 것과 비슷합니다. 그런 차를 디자인할 때는 그림 전체를 확인할 수가 없습니다. 다른 운전자들이 어떤 일을 할지, 날씨 때문에 어떤 일이 일어날 수 있는지를 상상하는 수밖에 없습니다. 우리는 혹독한 조건도 견뎌낼 것인지 확인하기 위해 우리가 만들고 있는 것을 수 많은 상상력을 동원하여 분석하는 데 많은 시간을 투자합니다."

사느냐 죽느냐는 강한 동인임에 틀림없다. 여기에 겁을 먹는 사람들도 있다. 하지만 모르 아미타이와 그의 팀은 끊임없이 이런 이야기를 들었다. "너희들은 매우 재능 있는 문제 해결자들로 이루어진 소그룹에 속해있다. 군은 너희들에게 많은 투자를 했다. 탈피오트는 군에서 밟을 수 있는 가장 긴 과정이다. 조종사의 훈련과 복무보다도 더 길다. 우리는 너희에게 투자를 했다. 이제 우리를 멋지게 만드는 일을 해내야 한다. 단, 실패는 없다."

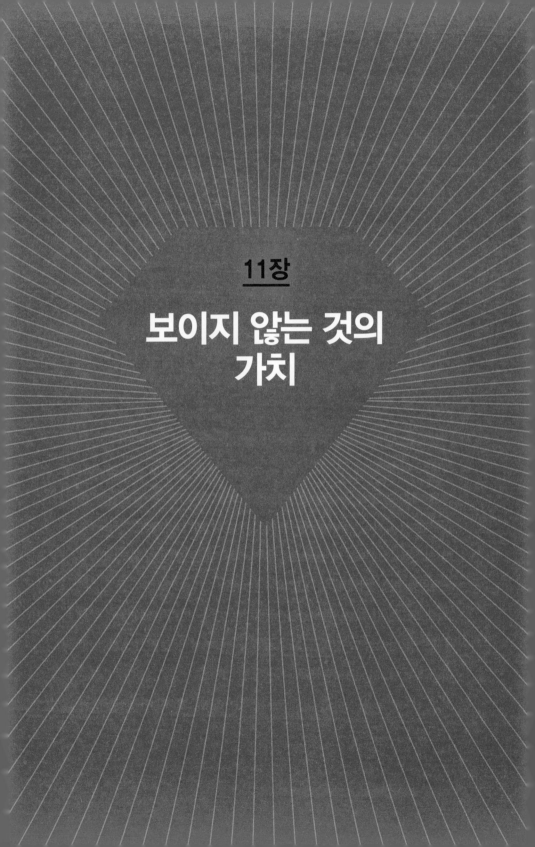

11장

보이지 않는 것의 가치

ISRAEL'S EDGE

　정보는 탈피오트가 가장 극적인 영향을 준 분야 중 하나다. 아그라나트 위원회Agranat Commission가 욤 키푸르 전쟁 때 정보 측면에서 겪은 실패를 면밀히 분석한 후 이스라엘 정보단Israel Intelligence Corps이 만들어졌다. 사이버 침략자들을 물리치기 위한 인터넷 방어 시스템, 검색 시스템, 소프트웨어 프로그램을 만드는 그 유명한 8200 부대(9장에서 논의한)도 이 군단에 포함되어 있다.

　정보단은 신호 기반 정보를 추적하는 일을 한다. 여기에는 무선 주파수를 감시하고, 전화 통화는 물론 기타 전자 신호를 추적하는 일이 포함된다. 이 군단은 공개 출처 정보Open Source Intelligence라고 알려진 것을 감시하고 분석하는 일도 한다. 이는 신문, 텔레비전 방송국, 라디오 방송을 비롯한 외국의 매체의 감시까지 아우른다. 많은 독재 국가는 정부가 국영 매체를 이용해서 국민을 통제하며 때로는 자신들의 매체를 통해서 서방에 메시지를 보내기도 한다.

완벽한 조합

탈피오트 졸업생에게 정보 분야의 첫 과제가 주어진 것은 1982년이었다. 오페르 킨로트Opher Kinrot(1980년 2기 탈피오트로 선발된)는 급성장하고 있는 이스라엘의 새로운 정보 부대에 들어갔다. "이스라엘은 당시 시나이 반도에서 철수하고 있었습니다. 그 이전, 이스라엘이 시나이에 기지와 정보 장비를 두고 있을 때 그들은 이집트 군의 이야기를 듣고 그들을 볼 수 있었습니다. 이제 이집트에 인접한 시나이 반도에서 철수한 군에는 더 멀리에서부터 접근할 수 있는 능력이 필요했습니다. 저는 그 일을 현실로 만드는 일을 했습니다."

판도를 뒤흔든 또 다른 탈피오트 졸업생은 이스라엘의 현대판 르네상스 맨이 되었다. 보안상의 이유로 그의 이름은 밝힐 수 없다. 그는 선천적으로 땜장이였다. 그는 어릴 때부터 무엇이든 만드는 것을 좋아했다. 히브리대학에서 탈피오트 과정을 마친 후 그는 '진짜 군대'에 들어가고 싶다는 소망을 피력했다. 그는 소형 무기를 가지고 다니면서 전차를 파괴할 신무기를 개발할 기회를 얻었다. 그는 탈피오트 최초로 장갑차 사단의 지휘관이 되었다. 그는 사람들이 뒤따를 만한 빛나는 본보기가 되었다.

4년 동안 그의 일은 별다른 무기나 지원 없이 소규모 부대원들 만으로 적의 탱크를 추적해서 제거하는 것이었다. 전선에서 일하던 그에게 대대장 교육을 받을 기회가 왔다. 그러나 그는 군에 거절의 뜻을 밝혔다. 그는 예비역 탱크 사냥꾼으로 이스라엘이 적에 비해 우위를 점하도록 돕는 기술계로 돌아가기를 더 원했기 때문이었다.

그는 다음 단계로 정보기술 부대에 자리를 잡았다. 그 모든 것이 전기 광학 사단 책임자와의 인터뷰에서 시작되었다. "그가 이렇게 물었던 것을 기억합니다. '당신은 4년 전 탈피오트 과정을 마쳤습니다. 이제 뭘 하고 싶습니까?' 나는 모른다고 대답했습니다. 그러나 나는 정작 기술 분야의 연구개발 쪽으로 돌아가고 싶다고 생각하고 있었습니다. 그는 아주 작은 카메라를 꺼내더니 말했습니다. '여기에서 뭔가 관심이 가는 것이 있습니까?' 내가 대답했죠. '아, 전 카메라를 좋아합니다.' '우리 대전차 부대에서 제가 하는 일은 카메라에 관한 겁니다. 신호 처리, 전기 광학, 카메라를 다루죠.'"

완벽한 조합이었다. 그는 다른 전투 병력이 필요로 하는 것을 고안하는 데 도움이 될 정규 교육을 받았고 군 경험이 있었다. 탈피오트가 해야 하는 일과도 정확히 일치했다. 그는 뛰어난 교육을 받은 전도유망하고 의욕적인 군인이었다. 그는 그 분야에 뛰어들었다. 이후 그는 이스라엘이 보다 효율적이고 치명적인 무기에 접근하는 일을 도와 군의 전투 능력 향상에 기여했다.

"나는 카메라, 신호와 비디오처리 장치로 이루어진 작은 판을 고안하기 시작했습니다. 이후 보다 큰 규모의 구성 요소들, 보다 큰 카메라, 보다 큰 광학 시스템으로 진행해나갔죠." 그가 말을 이었다. "제가 맡았던 장치는 특별한 과제와 임무에 사용될 것이었습니다. 꼭 군이 아니더라도 정보 커뮤니티를 위한 것이었죠." 그가 은밀하게 말했다. 확인은 해주지 않았지만 이스라엘의 인구 집중 지역 동쪽에 있는 도시와 마을에서 적대적인 아랍인들을 감시하고 그곳의 치안을 유지하는 이스라엘의 여러 보안 기구를 돕기 위한 장치일 가능성이 크다.

"우리는 아주아주 작은 장치들을 만들고 있었습니다. 소형 장치가 가장 필요한 곳에 배치될 예정이었죠. 이런 유형의 장치들은 많은 사람의 일에 도움을 줍니다. 대부분이 아무도 들어보지 못한 임무입니다."

정교한
감시 메커니즘

이스라엘의 가장 시급하고 절박한 문제 중 하나는 가자지구다. 가자는 국가의 전체적인 안보에 위협이 되지는 않는다. 하지만 하마스, 이슬람 지하드, 기타 테러 단체가 가자에서 수천 발의 로켓을 발사해왔다. 테러리스트들은 수십 차례나 이스라엘을 공격하고 침입을 시도했다. 한 번은 탱크 부대원 두 명을 죽였고(2006년) 길라드 샬릿Gilad Schalit을 인질로 잡았다.

국경을 넘는 테러를 막기 위해 이스라엘 방위군은 위협적인 방식으로 국경에 접근하는 것으로 보이는 사람의 주의를 끌지 않으면서 가자 인근의 공동체들을 보호하는 일련의 감시 기지를 만들었다. 현장 정보단의 책임자인 엘리 폴락Eli Polak 준장은 〈에이비에이션 위크Aviation Week〉에 이렇게 말했다. "우리의 일은 이스라엘 국경을 감시하는 것입니다. 이를 위해 우리는 적을 추적하고 지상군이 적대적 침입을 시도하는 자들의 위치를 빨리 파악하는 데 도움을 주는 정보, 감시, 정찰 시스템을 이용합니다." 여기에서도 탈피오트 졸업생들은 정교한 감시 메커니즘을 개발하고 설치하는 데 중대한 역할을 했다.

탈피오트 14기 오피르 조하르Ofir Zohar는 이스라엘 방위군의 기술 부대에서 복무했다. 그는 말한다. "우리 부대에서 가장 첨단의 기술 역량을 모아 이스라엘 방위군의 정보 기술을 더 발전시키는 데 투입합니다. 군이 해결이 불가능하다고 생각하는 문제의 해법을 만들어 내는 것이 우리가 하는 일입니다."

탱크 부대의 새로운 구성 요소들에 대한 작업을 하는 팀에 의해 만들어진 트로피 시스템Trophy Systerm이라는 획기적인 기술은 그런 '해결할 수 없는' 문제를 처리한다. 트로피는 로켓 추진 수류탄이나 보다 정교하고 치명적인 대전차 무기로부터 탱크를 보호하기 위해 고안되었다. 이스라엘 방위 산업체 라파엘Rafael은 엘타 그룹Elta Group이 이스라엘 항공우주산업분과와 손을 잡고 이스라엘제 메르카바Merkava 탱크와 여러 개인용 무장 운반기를 공급했다.

트로피의 핵심 노하우는 탈피오트 프로그램에 몸담고 있는 동안 수백 명의 학생들에게 군사 기술을 가르쳤던 아즈리엘 로버Azriel Lorber 교수에 뿌리를 두고 있다. 로버 교수는 1950년 대에 이스라엘 장갑 부대에서 복무하며 소령 계급까지 올라갔다. 그는 피츠버그 대학에서 기계공학 석사 학위를 받았고 버지니아 공과대학에서 항공우주 공학박사 학위를 받았다. 공부를 마친 로버는 이스라엘로 돌아와서 이스라엘의 주요 방위 산업체, 이스라엘 에어크래프트 인더스트리Israel Aircraft Industries(이후 이스라엘 에어로스페이스 인더스트리Israel Aerospace Industries로 이름 변경)와 무기 제조업체 이스라엘 밀리터리 인더스트리Israel Military Industries에서 일하게 되었다.

트로피 시스템의 아이디어는 본래 거절되었지만 이후 채택되어 라파엘에 의해서 수정되었고, 결국 결실을 거두었다. 처음 이스라엘 방위군은 비용 때문에 트로피 시스템의 설치를 망설였다. 그러나 2006년 2차 레바논 전쟁으로 다시 필요하다는 것이 명확해졌다. 32대의 이스라엘 메르카바 탱크가 헤즈볼라가 발사한 대전차 미사일의 요격을 받았다. 이스라엘 군 지도부는 다음 전쟁에서는 이스라엘의 전차에 더 큰 위험을 가하는 더 강하고, 더 거칠고, 더 큰 규모의 군에 대응해야 할 것이라고 믿게 되었다. 헤즈볼라가 이렇게 할 수 있는 능력을 갖추고 이스라엘 방위군이 갑자기 헤즈볼라, 레바논군, 시리아, 하마스 그리고 일선의 다른 전투원들과 모두 동시에 싸워야 할 경우가 발생한 이후에 뒤늦게 어떤 일이 일어날지 알게 되는 것은 그들이 원치 않는 일이었다.

아이언 피스트와
트로피 시스템

본래 로버의 1980년대 계획에서 탱크는 다가오는 발사체에 의해 활성화되는 경고와 레이더 시스템을 탑재하고 있었다. 이들 발사체가 확인되면 엽총과 같은 격발 장치가 산탄의 형태로 방어용 발사체를 쏜다. 목표는 방어용 발사체가 불길을 퍼뜨려 다가오는 발사체에 연결되게 함으로써 발사체가 탱크의 외피를 공격하기 전에 미리 폭발하게 하는 것이다.

2012년 6월 〈예루살렘 포스트Jerusalem Post〉는 정부 감사관인 미차 린든스트라우스Micha Lindenstrauss가 트로피의 이용을 빨리 확대해서 더 많은 탱크, 장갑차, 특히 병력 수송용 장갑차 나메르Namer를 보호하지 않는 데 대해 국방부와 이스라엘 방위군을 심하게 비난했다고 보도했다.

2014년 7월과 8월의 프로텍티브 엣지 작전Operation Protective Edge 동안, 트로피는 처음으로 실전 전투 실험을 거쳤다. 트로피는 성공적으로 하마스의 대전차 로켓을 폭파시키고 파괴해서 탱크와 탱크에 탑승해 있던 승무원들을 구했다. 군은 트로피의 성공적인 첫 전투 사용의 세부적인 사항에 대해 입을 닫고 있었지만 이스라엘 방위군의 한 대변인은 "전투에서 성공적인 것으로 입증되었다."고 분명히 밝혔다.

간단히 IMI라고 알려진 이스라엘 밀리터리 인더스트리는 트로피에 사용된 기술을 기반으로 '아이언 피스트Iron Fist'를 개발했다. 아이언 피스트는 트로피가 물리칠 수 있는 소형 대전차 무기들뿐 아니라 좀 더 강력한 전차 포탄을 피할 수 있게 할 수 있다는 점에서 트로피보다 효과적이다. 이스라엘 국방부는 2009년 '아이언 피스트'의 사용을 승인했지만 이후 그 결정을 번복했다. 현재로서 그 기술과 그 뒤에 있는 노하우는 유예 중이다.

아이언 피스트와 트로피 시스템은 보통 이스라엘의 인구 밀집 지역과 멀지 않은 곳에서 벌어지는 지상전에서 이스라엘 병사들을 보호하기 위해 고안되었지만, 이스라엘에서 가장 광범위한 영향력을 갖고 있는 것은 이스라엘 공군이다. 이스라엘 공군은 중동은 물론 아프리카의 전 지역을 경고 없이 타격할 수 있다. 최근 서방 매체들은 이스라엘 조종사들에게 아프리카 전역에서 이란 무기를 운반하는 표적은 물론 남부 이스라엘의 공군 기지에서 1,100마일(약 1,770.28킬로미터)나 떨어진 수단 하르툼 같이 먼 곳에 있는 무기 제조 공장까지 공격하라는 명령이 하달되었다고 보도했다.

마리우스 나흐트Marius Nacht는 히브루대학에서 탈피오트 과정을 성공적으로 마친 후 항공 우주 분야에서 일을 했다. 그는 라비Lavi 전투기의 공수空輸 시스템을 고안하고 제조하는 데 도움을 주었다.

당시 이스라엘제 라비의 경쟁 상대는 F16, MIG였다. 하지만 문제가 있었다. 우선 돈이 대단히 많이 들었다. 인구가 겨우 600만에 불과한 나라가 전투기를 만드는 데 몇 억 달러를 써야만 할까? 아니면 미국에서 돈을 받아(역시 이 조약에 서명한 대가로 미국으로부터 방위비를 받게 될 이집트, 요르단과의 평화 협정에 서명한 후) 이미 비행 시험과 실전 시험을 거친 미국제 전투기를 사는 편이 비용 효율이 높지 않을까?

두 번째로 큰 문제는 이 프로젝트에 반대하는 미국 정부의 압력이었다. 미국은 수익성이 좋은 국제 방산 시장에서 라비와의 경쟁을 가능한 피하고 싶었다.

이스라엘은 방위를 위해 다른 나라에 의존하는 문제에 늘 예민했다. 6일 전쟁 이후 프랑스(이스라엘의 최대 전투기 공급자)는 갑작스럽게 이스라엘보다는 아랍 국가들과 동조하는 것이 좋겠다는 결정을 내렸다. 당시 프랑스는 이스라엘에 다소Dassault의 미라쥬Mirage 전투기를 공급하고 있었다. 샤를 드골Charles de Gaulle과 프랑스가 중동의 원유 공급선 확보를 이유로 이스라엘로부터 등을 돌리면서 이스라엘은 안보상의 큰 위기를 맞게 된다. 전투기를 어디에서 구한단 말인가? 이스라엘로서는 다행스럽게도 미국이 곧 그 공백에 들어섰다. 린든 존슨Lyndon Johnson 대통령이 이스라엘을 소비에트의 중동 공격에 대한 대항마로 본 것이다.

라비 프로젝트 추진

프랑스의 배신으로 야기된 트라우마 때문에, 그리고 이스라엘이 가진 항공 우주 분야의 전문 지식 때문에, 이스라엘은 라비 프로젝트Lavi project를 추진하기로 결정했다. 이스라엘 에어로스페이스 인더스트리가 몇 대의 라비 전투기를 만들었다. 첫 비행은 1986년 12월

31일 이루어졌다. 이 전투기가 공중에서 대단히 반응이 빠르고 기동성이 좋았으며 부드러웠다는 보도가 있었다. 하지만 결국 이스라엘 정부는 자체적으로 전투기를 개발하는 것이 경제적으로나 정치적으로 적절치 못하다고 생각했고 따라서 프로젝트는 성공적이었지만 중단될 수밖에 없었다.

나흐트는 이렇게 말한다. "라비 프로젝트가 취소된다는 이야기가 나왔을 때 나는 화가 났습니다. 라비는 경이로운 전투기였고 이스라엘에는 게임의 판도를 바꿀 중요한 패가 될 수 있었습니다. 하지만 지금 사용되는 많은 시스템들이 우리가 당시 라비를 위해 개발했던 시스템에 기반을 두고 있습니다. 전투기의 경우, 모든 것이 상호 연결되어 있어야 합니다. 인터페이스와 관련된 많은 고급 개념들이 있었습니다. 지금은 그런 것들이 표준이 되었지만 당시로서는 첨단이었습니다. 우리가 전쟁을 하게 되었다면 우리가 압도적으로 유리한 고지에 올라설 수 있었을 겁니다."

나흐트가 라비의 개발을 위해 한 일의 대부분은 기내에 탑재된 미사일 방어 장치였다. "항공기를 미사일로부터 보호하는 대단히 혁신적이고 창의적인 방법이었습니다. 제가 알고 있는 한은 그 기술이 아직 적용되지 않았습니다. 미국 국방부는 현재 그에 대해 모든 것을 알고 있습니다. 하지만 나는 그 시스템이 여전히 시대에 앞서 있다고 생각합니다. 지금 채택되지 않은 데에는 그만한 이유가 있을 것입니다. 중대한 이유가 있겠죠. 하지만 저는 그 이유가 무엇인지 알지 못합니다."

그러나 공수 미사일 방어 시스템을 비롯해 나흐트가 연구한 많은 것들은 이후 이스라엘의 F15와 F16 함대에 적용되었다. 이스라엘은 미국의 전투기/폭격기 제조사들과 특별한 계약을 맺고 있다. 요컨대 이스라엘은 통신, 미사일 방어 및 레이더용으로 특수 설계된 이스라엘제 부품을 설치할 수 있다. 정보에 따르면 이스라엘은 약 75대의 보잉Boeing F15와 약 330대의 제너럴 다이내믹스General Dynamics F16을 보유하고 있는 것으로 추산된다. 이 모두가 마리우스 나흐트와 같은 엔지니어들이 라비를 위한 연구를 하는 동안 혹은 그 후에 급속히 발전시킨, 이스라엘이 고안하고 이스라엘이 제작한 전자전 시스템을 갖추고 있다.

이스라엘과 미국 그리고 F35를 제작하는 록히드 마틴Lockheed Martin 사이에도 비슷한 방식의 합의가 이루어졌다. 2015년 이후 나온 새로운 F35 제트기는 모두 이스라엘의 고급 전자전 시스템을 갖추고 있다. 게다가 미국의 록히드 마틴은 고급 전투폭격기의 기체에 설치하기 위해 이스라엘 방위 산업체로부터 40억 달러 상당의 장비를 구매하기로 합의했다.

또 다른 탈피오트 졸업생, 아미르 펠레그Amir Peleg는 이스라엘 F15와 F16을 위한 표적화 메커니즘을 연구했다. 그의 주된 연구는 무인 항공기에 탑재해 종류가 다른 목표물의 차이를 구분할 수 있는 최첨단 카메라의 연구개발과 관련되어 있었지만 말이다. 펠레그는 말한다. "좀 더 구체적으로, 우리는 자동적인 표적 인식이 가능한 컴퓨터 구동형 촬상 장치를 만들었습니다. 우리는 총이 인공지능 기술

178 이스라엘 탈피오트의 비밀

을 통해 탱크와 자동차를 구분할 수 있기를 바랐습니다. 우리가 연구한 것들이 지금도 현장에서 사용되고 있습니다."

츠비카와
이스라엘 공군

츠비카 디아망Zvika Diamant은 탈피오트에서 진귀한 존재이다. 그는 키파Kippa(유대인 남자들이 쓰는 작고 테두리 없는 모자)를 쓰고 다니는 독실한 유대인이다. 그는 일반 고등학교가 아닌 탈무드 학원 예시바yeshivah에서 이 프로그램에 온 몇 안 되는 학생 중 하나이다. 츠비카는 1984년 탈피오트 6기 면접시험을 치를 때 "비행기는 어떻게 작동하는가?"라는 질문을 받았다. 그는 싱긋 웃으면서 말했다. "저는 그 답을 알고 있었습니다." 미래를 예견하는 질문이었다. 츠비카는 물리학, 컴퓨터 공학, 수학을 전공으로 탈피오트 과정을 마친 후, 늘어나고 있는 이스라엘의 새 F15와 F16 함대에 추가될 이스라엘제 전자전 부품을 설치하고 통합하는 작업에 매진했다.

그는 방위 산업체 엘리스라Elisra(현재는 여러 개의 방위 산업체를 거느린 대기업 엘비트Elbit) 내에서 이스라엘 공군의 대표였다. 5년의 군 복무 기간을 그곳에서 보내면서 츠비카는 새로운 시스템 개발의 모든 측면에 관여했다. 그곳에서 일을 시작했을 때 그는 21세에 불과했고 엘리스라에는 많은 선임 엔지니어들이 있었다. 그들이 원하는 것이 츠비카나 공군과 원하는 것과 항상 일치하지는 않았다. "당시에는 정말 어렵고 불쾌한 일이 많았습니다. 그들은 탈피오트 이전부터 있던 사람들이었으며 일을 하는 방식도 달랐습니다. 그들은 대개 뉴스 기사를 통해 탈피오트에 대해 전해 들었으나 일터에서 탈피오트 졸업생들을 실제적으로 경험해보지는 못했습니다. 좋은 사람도 있었지만 고약하고 나를 제거하려고 애쓰는 사람들도 있었습니다." 그의 말이다.

"저는 방위산업체의 사무실에 배치되었습니다. 나는 시스템의 합격 판정 시험을 규정해야 했고 단계별로 그들이 제 궤도에 있는지 확인해야 했습니다. 나는 모든 회의에 참석해서 의견 충돌이 빚어질 때마다 해법을 제시하려 노력했습니다. 그러나 종종 의견이 합치되지 않는 경우가 많았습니다. 그들은 기존에 가지고 있는 노하우를 통해서 군으로부터 돈을 벌기를 원했습니다. 하지만 그들이 공급하려는 것과 우리가 원하는 것이 일치하지 않는 때가 있었습니다. 수 년이 지나자, 그제서야 그들은 내가 공군에서 보낸 사람이며 나를 받아들이는 것 외에 다른 선택의 여지가 없다는 것을 알게 되었습니다. 매 순간 내 뒤에는 공군의 지지가 있었고 그러자 그들은 그 상황을 다루는 법을 배우게 되었습니다."

전자전 부품이 준비되자 츠비카는 테스트 절차를 이끌었다. 그는 엔지니어가 될 수 있을만한 공부까지 마친 공군 조종사들과 자주 일을 했다. 이런 방법으로 그들은 시험 비행 동안 어떤 것이 효과가 있고 어떤 것은 그렇지 못한지, 그 이유는 무엇인지 판단하면서 조종사이자 엔지니어의 역할을 동시에 할 수 있었다.

이스라엘 공군의 일부 조종사들은 약 5년간 복무를 하지만 이후 예비역으로 복무한다. 츠비카의 테스터들은 이스라엘의 가장 숙련된 조종사들로 대부분이 15년 이상의 비행 경험이 있었다. 거시적·미시적 시각에서 문제를 볼 때에 그들은 대단히 유용했다. 츠비카는 설명했다. "한쪽에서 미사일이 다가오는 실험을 한다고 합시다. 우리는 보다 큰 그림을 원합니다. 비행기를 180도, 이후에는 360도 돌리면 모든 면의 신호 수준을 (어디에서 신호가 강한지, 어디에서 신호가 약한지, 어디에서는 신호를 식별할 수 없는지) 볼 수 있습니다. 조종사가 시험을 완벽하게 치르려면 깊이 있는 지식을 갖추고 있어야합니다. 전시에 적의 비행기나 다가오는 지대공 미사일을 제거하려면 일상적인 일을 넘어서야 하죠. 효과가 있는 것과 그렇지 못한 것에 대한 깊이 있는 이해가 필요합니다. 그런 지식은 이후 실제 전투에서 사람들의 생명을 구합니다."

"우리가 하는 일은 신호 처리입니다. 수신기로 레이더 신호를 잡은 뒤에 그 신호를 분석해서 SA6, 패트리어트Patriot 등 어떤 종류의 미사일이 당신을 위협하고 있는지 확인합니다. 각 미사일의 종류에 따라서 반응도 달라집니다. 미사일이 당신을 놓치게끔 요란한 전자 잡음을 전송하는 경우도 있고, 열 추적 미사일을 속이기 위해 조명탄을 던지는 경우도 있습니다. 미사일의 위협에 대응할 시간을 벌려면 단 몇 초 만에 그 위협을 확인해야 합니다. 다른 항공기에서 전송된 신호일 경우, 조종사는 몇 초 안에 반응을 해야 합니다. 20초 후에는 싸움이 끝나는 경우도 있습니다. 시험을 하는 동안 우리는 모의 신호를 통해 가장된 상황을 연출합니다. 다른 항공기를 이용해서 모의로 전시 상황을 만들 수도 있습니다."

1980년대 후반과 1990년대 초, 츠비카는 엘리스라에서 일을 하고 있었다. 주문이 밀려들고 이스라엘이 점점 더 많은 미국제 F15와 F16을 들여왔다. 또한 츠비카는 미국으로 건너가서 특별히 고안한 엘리스라의 전자전 시스템 부품이 F15나 F16과 호환이 되는지 확인하는 임무도 맡았다.

상당한 성과였다. "제너럴 다이내믹스(F16의 제조사)는 우리가 엘리스라의 시스템을 시험해서 호환성이 있는지 확인하기 전에는 우리 부품의 품질을 보증하지 않으려 했습니다." 츠비카가 회상했다. "그 시스템은 가로세로가 각 2피트였고 비행기 한 대에 여러 개가 필요했습니다. 비행기의 여러 부분에 있었죠. 그들은 큰 그림을 망칠 수 있는 추가적인 전류 수요가 있는지, 다른 시스템에 해로운 전자파를 보내지 않는지, 전기 충격을 유발할 수 있는 어떤 것을 숨기고 내놓지 않는지 확인하기 위해 그 시스템을 블랙박스black box(기능은 알지만 작동 원리를 이해할 수 없는 복잡한 기계 장치)로 보고 시험을 했습니다. 우리 시스템이 다가오는 미사일에 대한 경고를 하는지 여부는 그들의 관심사가 아니었습니다. 그들은 우리 시스템이 보증에 영향을 줄 수 있는 방식으로 비행기에 문제를 만들지 않는지에만 관심을 가지고 있었습니다."

정보와 항공우주 산업은 이스라엘의 국방 정책의 핵심적인 요소다. 언제나 덮칠 태세로 위협하고 있는 적들이 있기 때문에 둘 중 한 가지라도 흔들리면 사람들이 목숨을 잃는다. 탈피오트에서의 훈련 덕분에 졸업생들은 두 가지 측면에서 중요한 역할을 이어가고 있다. 복합적인 문제에 대한 여러 학문 분야에 걸친 다각적 접근법, 그리고 협력과 조화를 요구하는 프로젝트를 통제하는 능력은 전투기를 디자인하고 정보 시스템을 개발하는 데 결정적인 기술이다.

12장

우주로 뻗어 나가는
탈피오트

ISRAEL'S EDGE

마리나 간들린Marina Gandlin은 탈피오트의 학사 과정을 마친 뒤 마음
을 두고 있던 이스라엘 항공 우주 산업 분야의 연구개발 분야로 진
출했다. 2008년 12월 가자로부터의 미사일 공격이 다시 한 번 격화
되던 때, 그녀는 이스라엘의 조기 경보 시스템을 개선시켜 가자와의
국경에서 가까운 이스라엘 공동체의 사람들이 충격을 받기 전에 미
리 방어 조치를 취할 수 있게 하는 임무를 맡았다. 경보 시스템이 더
빨리 반응하게 하는 방법을 고안하는 일은 대단히 중요했다. 30초
전에 경보가 발령되고 발사를 탐지해서 미사일의 방향을 결정하는
데 4~5초가 걸린다면 2~3초만 절약해도 누군가의 목숨을 더 많이
구할 수 있다.

마리나는 설명했다. "우리 부문은 이스라엘의 하늘(항공기, 항공 교통 관제 등 하늘을 지나는 모든 것)을 주시하는 책임을 맡고 있었습니다. 우리는 비행기를 정찰하는 레이더를 가지고 있었고 미사일 레이더도 있었습니다. 나는 여러 발사 지점과 타격 지점을 다루었습니다. 이것은 대단히 중요한 일입니다. 로켓이 부딪히기 전에 어느 지역의 민간인들에게 경고를 해주어야 하는지 알 수 있기 때문입니다. 우리는 군이 발사체가 어디로 가고 있는지 재빨리 파악하도록 도왔습니다. 나는 미사일이 어디를 타격할지 결정해서 빨리 좌표를 전달해야 했습니다. 발사 이후 얼마나 많은 지역, 얼마나 넓은 범위까지 위험을 알릴지 결정하는 일이 제 책임이었습니다."

일련의 발사 이후, 마리나는 군이 과거의 공격으로부터 교훈을 얻도록 돕기 위해 고안된 특별한 컴퓨터 프로그램에 미사일이 발사된 곳과 떨어진 곳에 대한 자료를 입력한다. 이것은 이후 또 다른 공습 가능성이 있는 지역을 결정하는 데 도움을 준다.

인공위성
오페크

2009년 1월 18일 새로운 휴전 협정이 발효된 후, 마리나는 이스라엘 인공위성 산업 분야에서 일을 하면서 다음으로 무엇을 할지 계획하기 시작했다. 1988년 이스라엘은 첫 인공위성, 오페크Ofek(지평선을 뜻하는 히브리어)를 발사시켰다. 이 성공적인 발사로 이스라엘은 인공위성 발사 능력을 갖춘 8번째 국가가 되었다. 이스라엘은 그 이후 9대의 인공위성을 우주 공간으로 발사했다. 오페크 인공위성들은 매일 지구를 약 6바퀴 도는 것으로 알려져 있다. 이스라엘은 다른 나라(흔히 소비에트 연방의 옛 공화국들)에서 발사된 아모스Amos 시리즈 인공위성도 이용한다. 이 아모스 인공위성들은 보통 통신 목적으로 사용된다. 하지만 오페크는 다르다.

오페크의 목적은 지구 전역의 고해상도 사진을 촬영하는 것이다. 오페크 인공위성이 우주 공간에서 보내는 사진들로 혜택을 보는 것은 주로 이스라엘 군과 정보 기관들이다.

오페크 프로그램에서 간들린이 맡은 일은 인공위성을 통해 얻은 온갖 자료에서 정보를 짜내는 것이다. 그녀는 인공위성이 보낸 보물과 같은 자료들을 이용할 알고리즘을 개발한다. 마리나는 웃었다. "자동차 번호판이나 얼굴을 본다고 생각지는 마세요. 인공위성 산업에 종사하는 사람들은 얼굴이나 자동차 번호판을 볼 수 있다는 식의 이런 생각에 실소를 흘립니다. 윌 스미스Will Smith의 '에너미 오브 스테이트Enemy of the State'라는 영화에서는 실시간 이미지를 보고 인공위성으로 그를 추적합니다. 그가 앉아 있는지, 서 있는지, 미소를 짓는지 확인할 수 있죠. 사실 인공위성으로는 그런 정보를 파악할 수 없습니다."

이스라엘의 인공위성 프로그램은 할리우드의 환상에는 못미친다. 하지만 마리나는 군과 정보 기관들이 구하는 것은 무엇이든 찾는 프로그램들을 만들고 있다고 말한다.

오페크-5와
코비 카미니츠

간들린은 일찍부터 항공 우주 산업에 보탬이 되고 싶다는 포부를 가지고 있었지만, 코비 카미니츠Kobi Kaminitz는 정례적인 현장 학습이 그의 삶을 바꾸어 놓을 때까지 자신이 정말 관심을 가진 분야가 무엇인지 전혀 알지 못하고 있었다. 조용하고 배려심이 깊었던 카미니츠의 탈피오트 지휘관들은 그가 탈피오트 6기로 들어온 순간부터 그에게 큰 기대를 품고 있었다. 그들은 그가 이스라엘의 미래에 큰 변화를 일으킬 수 있다고 생각했다.

그러나 정작 카미니츠에게는 다른 계획이 있었다. 그는 군에 가 실전 전투원이 되어 부대를 지휘하고 싶었다. 그는 탈피오트의 상관들(그의 교육에 많은 투자를 한)에게 현장 지휘관 과정에 들어가고 싶다고 말할 준비가 되어 있었다. 그들이 어떤 반응을 보였을지는 분명치 않으며 그것은 중요한 문제도 아니다. 그는 그런 대화를 해보지도 못했다.

하루는 그의 탈피오트 동기들이 이스라엘 우주 프로그램의 일부를 견학하게 되었다. 한 격납고로 들어가자 인공위성 오페크-4가 보였다. "저에게는 마법과 다름없었습니다." 그가 회상했다. "나는 텔레비전에서 오페크-3의 발사를 지켜보던 기억이 생생합니다. 그 후 이스라엘의 로켓 발사를 직접 볼 수 있게 되었습니다. 당시의 나는 그것이 내가 하고 싶은 일이라는 것을 바로 알 수 있었습니다. 방금 전에 지상에 있었던 것이 몇 분 후면 400킬로미터나 떨어진 우주 공간에 존재합니다. 나는 그 프로젝트에 참여하기를 간절히 원했습니다."

3년간의 탈피오트 과정을 마친 그는 다음 6년을 오페크-5의 카메라를 연구하며 보냈다. 그는 겨우 스물 한 살의 나이에 자국 방위에 대단히 중요한 1억 달러 규모의 프로젝트에 참여하고 있었던 것이다. 어떻게 이런 중요한 자리에 이를 수 있었느냐는 질문에 코비는 지극히 겸손한 태도로 대답했다. "어딘가에 있는 누군가가 내가 한 번에 여러 가지 일을 동시에 할 수 있는 사람이고 같이 일하기 편하다고 생각했던 거죠." 물론 이 두 가지 자질도 대단히 중요하다. 하지만 코비는 자국에 도움이 되겠다는 강한 동기는 물론, 열심히 일하려는 열정, 군사기술 분야에 대한 세계 최상급 교육을 받은 점 등 다른 많은 장점을 가지고 있었다.

2002년 5월 29일, 예루살렘 〈연합통신Associated Press〉은 이런 보도를 했다. "오페크-5 정찰 위성이 성공적으로 발사되었고 곧 이스라엘에 중동의 고해상도 이미지를 제공하기 시작할 것이다. 국방부 장관 빈야민 벤-엘리에제르Binyamin Ben-Eliezer는 전적으로 이스라엘이 개발한 이 인공위성과 발사 로켓을 '이스라엘 방위 부문에서 엄청난 업적'이라고 말했다. 이스라엘 에어크래프트 인더스트리에서 개발한 오페크-5 인공위성은 팔마킴 공군 기지에서 오후 6시 25분 샤비트Shavit 발사대를 통해 우주로 발사되었다. 로켓이 지중해를 넘어 서쪽으로 이동하는 동안 샤비트의 엔진은 거대한 흰색 비행운을 분사했다. 몇 분 후 로켓과 인공위성은 지평선너머로 사라졌다."

과거를 회상하면서 코비는 말한다. "9시간에서 몇 분으로, 다시 몇

초로 시간이 줄어들던 것이 기억납니다. 나는 내가 보고 있는 모니터에서 모든 것이 정상인지 확인하며 카메라를 시험하고 있었습니다. 작업해야 하는 구성 내용이 대단히 많았습니다. 노출 시간, 셔터, 일반 카메라와 아주 흡사하죠. 오페크의 카메라는 일반 카메라와 비슷하면서도 그보다 훨씬 더 복잡합니다. 이 카메라에 지구상의 어떤 지점을 촬영하라는 명령을 내릴 수가 있습니다. 다양한 시야를 제공하는 입력 정보를 볼 수 있는지 (수십 가지 중에서) 확인하는 시험을 합니다. 이런 일에 참여하는 것은 정말로 대단한 경험이었습니다. 인공위성이 보낸 첫 이미지가 들어왔을 때의 기분은 어떤 것과도 비교할 수 없습니다."

그는 이 발사 이후 이스라엘 정보 기관들과 작업을 하며 그들이 원하는 것을 제공했다. 얼마 후 그들이 필요로 하는 것을 파악할 수 있게 되면서 카미니츠는 요청이 없이도 그들에게 이미지를 제공할 수 있게 되었다. 정보 기관의 요원들은 그에게 다른 목표 대상을 가지고 와서 중동 전역의 무기류와 부대 이동, 전차와 미사일 발사대의 위치에 이르는 모든 것에 대한 업데이트를 요청했다. 정보 팀은 그들이 보고자 하는 것의 사진을 최적화하기 위해 상세한 요구사항을 제시했다. 지상에서 어떤 일이 벌어지고 있는지 100퍼센트 확실하게 파악하기 위해서 사진의 크기나 음영에 대해서도 아주 구체적으로 주문했다.

오페크-5 카메라에 대한 임무를 끝낸 후 코비는 그만큼 영감을 주는 일을 다시는 찾기 힘들 것이라고 말하면서 군을 떠났다. (오래지 않아 그는 그가 얻은 기술을 이용해 민간 부문에서 대단히 비슷한 기술을 연구함으로써 시력을 잃을 위험에 처한 환자들을 돕게 되었다.)

이집트의
인공위성 프로그램

이스라엘의 우주 프로그램과 전기 광학은 탈피오트 17기 탈 데켈Tal Dekel의 전문 분야다. 데켈은 현재 이츠하크 벤-이스라엘Yitzhak Ben-Israel(우리가 7장에서 만났던 뛰어난 인물)이 설립한 텔아비브대학, 유발 네만 과학·기술·안보 워크숍Yuval Ne'eman Workshop for Science, Technology and Security의 연구원이다. 이 부처는 과학의 시각으로 광범위한 안보 문제를 조망한다. 사이버 보안, 이스라엘의 우주 정책, 유도 무기, 탄도 미사일 기술, 핵 에너지, 로봇 공학 등이 그 목록에 있다. 그 프로그램은 정보 수집을 개선하기 위해 인공위성을 이용하는 데 집중하고 있다. 외국 지도자의 동기나 의도에 대해서는 논란이 있을 수 있겠지만 인공위성의 이미지는 지상에서 무슨 일이 일어나는지 명확하게 보여준다.

네만에서의 연구로 인해 데켈은 많은 사람들이 (심지어는 안보 부문에 있는 사람들도) 우주 프로그램이 추진 중에 있는지 조차 모르는 이집트를 비롯한 이스라엘 인접 국가들이 우주 분야에서 어떤 진전을 이루었는지 분석하라는 요청을 받았다.

조사해 봐도 데켈에게 깊은 인상을 주는 특이한 징후 같은 것은 없었다.

이집트는 자국의 인공위성 프로그램이 과학적인 사용을 위한 것이라고 말하지만 많은 전문가들은 이집트와 같은 나라(경제의 상태는 의심스럽고 군사력은 강한)가 순전히 민간 용도로 그토록 많은 돈을 쓰지는 않을 것이라고 생각하고 있다. 데켈은 대부분의 국가들이 그렇듯이 이집트의 프로그램은 군사용과 민간용의 이중 목적으로 가지고 있다고 생각한다.

2007년 데켈은 이집트샛EgyptSat-1 발사 감시를 도왔다. 이집트는 우크라이나 과학자들과 우주 전문가들의 아낌없는 지원으로 우주에 이를 수 있었다. 하지만 2010년까지 이집트샛-1과의 통신이 두절되었고 이 프로그램에 참여했던 수십 명의 이집트인들은 해고당했다. 데켈은 이집트 정부가 수개월간 이 나쁜 소식을 숨겼다고 말한다. 그는 여러 다른 임무를 맡고 있는데, 종종 UN이 후원하는, 혹은 국제적인 우주 컨퍼런스에 이스라엘 대표로 참석하는 일도 하고 있다. 2011년 봄 그는 제네바에 있었다. 그는 우주 공간의 관리와 통제를 위한 국제 규칙, 한 국가가 지구의 대기권 밖에서 다른 나라를 방해하지 못하게 하기 위해 모든 국가가 준수하는 규칙을 제안하는 프레젠테이션을 했다.

우주 규칙이 필요한 문제 중 하나는 전파 방해 신호이다. 많은 국가가 자국으로 들어오는 신호를 차단하는 능력을 보유하고 있다. (데켈은 전파 방해 기술에 있어서는 이란이 세계 최고이며 그것을 막을 방법은 없다고 언급한다. 데켈은 그들의 신호를 방해해서 보복을 할 수는 없지만 이런 경우 진정한 승자는 없다고 말한다. 인공위성 발사와 신호를 되돌려 보내는 데 들어간 돈은 잃게 되기 때문이다.) 전파 방해 이외에도 일종의 레이저로 인공위성의 눈을 가리는 것이 가능하다. 이 역시 국제 규칙이 절실히 필요한 부분이다.

데켈의 제네바 프레젠테이션 때 놀라운 일이 일어났다. 이란 대표들(그리고 많은 아랍 국가의 대표들)은 UN이 운영하는 회의를 비롯한 국제 회의에서 거의 언제나 이스라엘 전문가의 발표를 보이콧했다. 데켈의 기억에 따르면, 그가 발표를 할 때 이란 대표들이 자리를 비우지 않은 것은 그 때가 처음이었다.

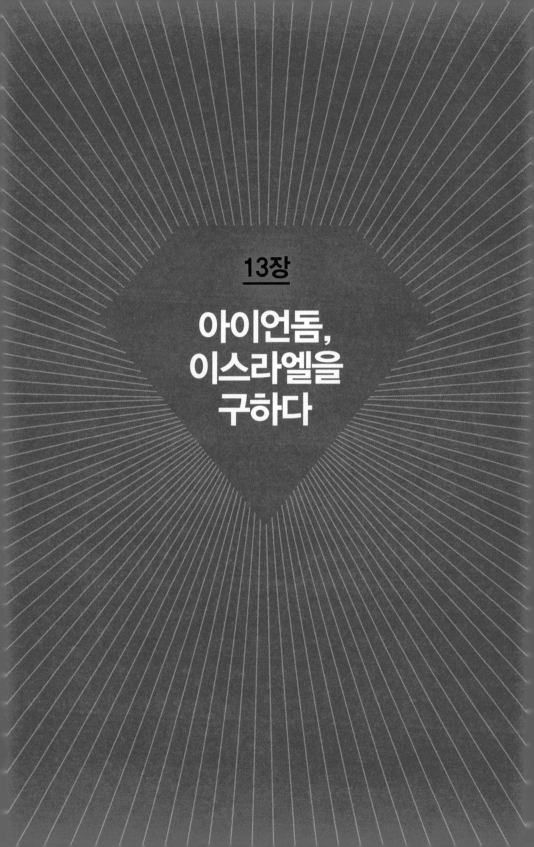

13장

아이언돔,
이스라엘을
구하다

ISRAEL'S EDGE

우리는 8장에서 동급생을 데리고 오기 위해 10피트(약 3미터) 허공에 키 6피트(약 182.89센티미터), 몸무게 200파운드(약 90.72킬로그램)인 낙하산 부대원을 날려버린 탈피오트 생도, 오피르 쇼함Ophir Shoham을 처음 만났다. 그 후 쇼함은 군에서 가장 높은 자리에 오른 탈피오트 졸업생이 되었다.

그는 이스라엘 방위군, 해군(미사일 고속정을 지휘했다), 국방부를 거쳐 예비역 준장으로 MAFAT의 책임자가 되었다. 쇼함 장군은 무소불위의 작전 참모 자리까지 차지하고 있다.

이 위치에서 그는 미사일 방어 체제를 추진하는 책임을 맡게 되었다. 이스라엘은 현재 세 종류의 미사일을 격추시킬 수 있는 방어 수단을 가지고 있다.

- 아이언 돔은 단거리 로켓을 공격한다. 군에 처음 배치된 것은 2011년이었지만 2012년 필라 오브 디펜스Pillar of Defense 작전 중에 유명해졌다.
- 아직은 완전 가동되지 않지만 준비를 갖추고 있는 데이비드 슬링David's Sling(다윗의 새총). 데이비드 슬링은 18~180마일(약 28.97~289.68킬로미터) 떨어진 곳에서 발사된 미사일을 격추시키도록 고안되었다. 데이비드 슬링은 마술 지팡이Magic Wand라고 불리기도 한다.
- 가장 복잡하고 가장 중요한 애로우 시스템Arrow System은 이란의 발사 기지에서 날려 보내는 장거리 탄도 미사일을 물리치기 위해 개발되었다.

쇼함을 비롯한 탈피오트 졸업생들은 모든 무기와 시스템을 뒷받침하는 기술 분야에 필수적인 존재였다. 미사일 방어는 탈피오트 졸업생들에게 가장 잘 맞는 프로젝트였다. 많은 탈피오트 졸업생들은 이스라엘 방위 중에서도 미사일 방어 분야로 향했다.

위험에 처한
이스라엘

미사일 방어는 다분야에 걸친 수 많은 전문가들의 융합적 접근이 필요한 복잡한 프로젝트다. 설계자들은 가장 높은 수준의 수학, 물리학, 레이더 탐지, 추진력, 장약, 전달 수단, 통신 등 성공적인 미사일 방어에 필요한 지식 분야들을 고려해야 한다. 이후 배치에 적절한 지역, 미사일 방어용 포대가 최대의 효과를 낼 곳을 결정해야 한다. 이 모든 분야에서 일을 하는 사람들은 적절히 프로젝트를 진전시키기 위한 협력 관계를 잘 유지할 수 있어야 한다. 탈피오트의 학생 프로젝트에 관여했던 한 교수에 따르면, 아이언 돔 아이디어는 하마스가 가자지구의 이스라엘 마을에 자국산 단거리 로켓과 박격포를 발사하기 시작한 1990년대 일단의 생도들이 처음으로 생각해낸 것이었다. 그 당시 구쉬 카티프Gush Katif와 두깃Dugit과 같은 도시에 발사체 공격이 점점 더 잦아지고 있었다.

이들이 발사하는 로켓은 대단히 원시적인 단계로 박격포에 가까웠다. 이 로켓은 물리적인 피해를 많이 주지는 않았지만 공격을 받은 사람들이 입은 정신적인 피해는 상당했다. 이스라엘 국가 안전보장회의의 차장이었던 퇴역 중령 사울 세이Shaul Shay는 이렇게 말했다. "정부는 이런 공격을 심각한 위협으로 여기지 않습니다. 하지만 당신이 가자에서 살고 있고 당신의 집이 공격을 받고 있다면 당신은 공격이 멈추기를 간절히 원할 것입니다." 문제는 어떻게 공격을 막느냐였다.

이후 카쌈(1930년대에 하이파 지역에서 살고 있는 유대인들을 공격해서 이름을 떨친 딘 알-카쌈의 이름을 딴)이라는 이름이 붙은 하마스의 로켓은 시간이 가면서 더 정교해지고 더 위험해졌다. 카쌈은 1990년대의 박격포 같은 수준에서 교통 신호등 안에서 볼 수 있는 긴 금속통에 폭발물, 못, 볼 베어링을 채운 것으로 만들어진, 보다 크고 기체 역학적인 미사일로 진화했다. 로켓이 발사된 후에 발사 장치를 쉽고 빠르게 감출 수 있었다.

이스라엘 방위군은 어떻게 공격을 멈추게 할 수 있을지 전전긍긍했다. 그들은 로켓을 발사하는 사람들을 현행범으로 붙잡을 수 있을 정도로 가자지구의 상공과 땅을 실시간 방어할 수 있는 역량이 아직은 없었다. 테러리스트들은 미사일을 발사한 후에 민간인들 틈에 숨어 발사 장치를 집, 학교, 사원 그리고 보다 최근에는 정교한 지하 벙커에 숨겼다.

이들은 가자지구에 주둔하는 이스라엘 방위군 병사들과 이스라엘 병력보다 지형과 도시를 잘 알고 있는 민첩한 소규모 하마스 테러리스트 집단 사이에는 쫓고 쫓기는 고양이-쥐 게임이 이어졌다. 이스라엘은 로켓이 발사될 때마다 군대를 보내 이런 작은 테러리스트 소굴을 공격할 여력도, 생각도 없었다. 우선 그것은 효율적인 방법이 아니었다. 둘째로, 그들은 하마스의 상황과 그들의 영토를 이용하고 싶어 했다. 이 경우 가장 중요한 문제는 이스라엘 방위군에서 사상자가 생기는 것이다. 이스라엘에서 군인이 부상을 당하는 것은 신문 1면에 실릴 만한, 텔레비전과 라디오를 통해 국내 거의 모든 방송국에서 매 시간 방송될 머리기사가 될 만한 중요한 문제다. 일단 사상자가 발생하면 나라 안의 모든 사람이 세부적인 사항을 빠르게 듣고 거기에 신경을 쓴다.

하마스는 이스라엘 사람을 공격할 다른 방법들도 가지고 있었다. 그들은 길가에 폭탄을 놓아두었고 주기적으로 총격도 가했다. 1990년대 초반부터 그들은 자살 폭탄 테러를 통해서 이스라엘 국민을 겁먹게 했다. 이런 공격들은 민간인들이 이용하는 버스, 나이트클럽, 카페, 바, 레스토랑만을 표적으로 삼아 한 번에 수십 명의 이스라엘 사람을 죽이고 더 많은 사람에게 부상을 입혔기 때문에 1994년 이스라엘에서 심각한 문제로 부상했다. 꽤 오랜만에 이스라엘 사람들이 겁을 먹고 도망치면서 끊임없이 어깨 너머를 돌아봐야만 하는 상황이 펼쳐졌다.

하마스를
저지하기 위한 노력

점점 심각해지는 로켓 공격을 몇 개월간 지켜본 후에 일단의 탈피오트 생도들은 2학년 프로젝트의 초점을 하마스의 로켓을 저지하는 저비용 해법에 맞추기로 결정했다. 그것은 아주 훌륭한 프레젠테이션이었고 일부 이스라엘 최고 군사 연구개발 장교들의 주목을 끌었다. 하지만 아이디어는 첫 번째 버전에서 더 멀리 가지 못했다. 군은 아직 그런 시스템을 실행할 준비가 되지 않았다. 하지만 탈피오트의 아이디어와 그들이 개발한 원형은 매우 중요한 출발점이 되었다.

2002년 오피르 쇼함은 이스라엘 방위군의 기획 책임자로 임명되었다. 쇼함은 국방연구개발국 연구개발 책임자, 다니엘 골드Daniel Gold 장군(아이언 돔의 현대판을 개발한 것으로 인정받는)과 함께 단거리 미사일 위협에 대한 해법으로 미사일 방어 시스템을 밀어붙였다. 국방부의 엔지니어들은 아이언 돔이라는 개념을 더 진지하게 생각하기 시작했다. 그 개념이 몇 년 내에 점점 더 심각해질 것이 분명한 치명적 위협에 대한 현실적인 해법이 되리라고 본 것이다.

그들의 계획은 군대에서 큰 장애물에 부딪혔다. 많은 장성들이 소리 높여 군이 할 일은 증명되지 않은 방어 수단에 돈을 쓰는 것이 아니라 적을 공격하고 적들과 싸우는 것이어야 한다고 주장했다. 그들은 우리의 희생을 줄이기 위해서는 싸움이 이스라엘이 아닌 적의 영토에서 이루어져야 한다고 외쳤다.

하지만 2005년 이스라엘 총리 아리엘 샤론Ariel Sharon은 이스라엘 대부분을 충격에 빠뜨렸다. 이스라엘을 위협한 아랍인들의 '뼈를 부러뜨리는' 것으로 유명한 아리엘 샤론은 가자에 사는 8,000명 유대인을 서방에서는 웨스트뱅크로 알려진 국제적으로 인정받은 이스라엘 국경 지역 내부나 유대, 사마리아로 이주시켰다. 이스라엘에 있는 많은 사람과 세계는 이것이 팔레스타인과의 평화를 향한 첫 걸음이 되기를 희망했다. 샤론 자신은 이것을 팔레스타인 사람들이 정말로 평화를 찾을 준비가 되었는지 확인하기 위한 시험이라고 불렀다. 그는 그들에게 자치권이 주어지면 어떤 일이 일어나는지 보고 싶었다.

세상은 그 결과를 곧 알게 되었다.

하마스는 맹렬하게 가자지구를 차지했다. 하마스는 가자지구를 장악하고 인프라와 온실을 파괴했으며 가자지구를 카쌈 로켓, 이후에는 러시아가 만들고 이란이 공급한 카츄샤Katuysha 로켓과 같이 이스라엘 내부로 더 깊이 도달 할 수 있는 더 정교한 무기 발사대로 바꿨다.

2001년(카쌈이 처음 발사된)부터 2012년 사이, 가자에서 발사되어 이스라엘을 향한 로켓 공격이 1만 번 이상 있었다. 이런 공격의 90퍼센트 이상이 이스라엘이 가자를 떠난 이후에 이루어졌다.

많은 군 장성들의 반대에도 불구하고 국방 장관 아미르 페레츠Amir Peretz(이스라엘 역사상 가장 인기가 낮은 국방 장관)는 2006년 취임한 후 아이언 돔 자금 조달의 초기 후원자가 되었다. 페레츠에게 그것은 손쉬운 결정이었다. 그는 하마스 로켓의 지속적인 표적이었던 스데롯에서 성장했으며 가자로부터의 미사일 공격으로 인해 일상에 일어나는 혼란과 위험을 견뎌야만 하는 사람들의 마음을 더없이 잘 알고 있었다. 그의 최종 결정으로 인해 그 프로젝트에 더 많은 자금이 흘러들어가게 되었다.

미치 긴스버그Mitch Ginsburg는 〈타임스 오브 이스라엘The Times of Israel〉의 상세하고 면밀한 기사를 통해 이렇게 보도했다. "2007년 2월, 페레츠는 단 1년의 자금 모금을 통해 수년이 소요되는 프로젝트에 필요한 재무 장관의 서명이 없이 아이언 돔의 개발을 인가했다. 그의 집무실에서 자정에 이루어진 회의에서, 그는 라파엘 방어 시스템 관리들과의 합의에 도달했다. 그들이 5천만 달러를 '긁어모으고' 국방부가 연간 예산 150억 달러 중에서 5천만 달러를 더 '긁어모아' 곧 생산이 시작될 것이다." 이 프로젝트 작업을 한 엔지니어들은 3년 후 국방부 장관에게 가동 모형을 보여줄 수 있었다.

하지만 그동안에도 로켓은 계속 떨어졌다. 이 공격들로 이스라엘은 2008년 말부터 2009년 초에 걸쳐 캐스트 리드 작전Operation Cast Lead을 시작하게 되었다. 전투 내내, 하마스와 다른 조직들이 수백 기의 로켓을 민간 지역에 발사했다. 정부는 끊임없는 위협으로부터 민간인을 보호할 해법을 찾아야 한다는 압력을 받았다.

이스라엘을 지키기 위한
아이언 돔 시스템

가자지구 로켓 사정거리 안에 있는 공동체의 이스라엘인들은 로켓이 텔아비브나 예루살렘에 떨어져야만 정부가 해법을 내놓을 것이라고 불평했다. 정부에는 민간인을 보호하기 위해 주택, 학교 및 커뮤니티 센터의 지붕을 강화해야 한다는 요구가 이어졌다. 많은 이스라엘인들이 뉴스 보도로 인해 아이언 돔 작업에 대해 알고 있었다. 아이언 돔을 빨리 만들라는 여론의 거센 압력이 있었다.

2011년 3월, 아이언 돔 시스템은 가자에서 가장 가까운 도시와 마을을 보호하기 위해 네게브 사막에 처음 배치되었다. 국방부 장관은 큰 홍보 없이 행동을 취했지만 내부적으로는 의견이 분분했다. 완벽한 시험이 이루어지지 않은 시스템이었다. 그것은 큰 기대가 없는 '논란의 소지가 많은 첫 공개'로 불렸다.

이스라엘의 일간지 〈하아레츠Haaretz〉는 이 이른 공개에 대해서 쇼함 준장이 이렇게 말하고 있다고 전했다. "국방부 고위 관리들은 옳은 결정을 했다. 무기·기술 인프라 개발 관리국은 비록 공군이 의혹을 가진 상태라도 이 계획을 추진하는 것이 적절하다고 생각한다. 그들은 반대한 것이 아니라 깊은 숙고를 하고 있었다. 우리가 시스템을 배치하지 않아서 피해자를 줄이지 못했다면 정치인들의 운신의 폭이 줄어들었을 것이다. 그런 상황에서 우리는 시스템이 준비가 되지 않았다고 주장하면서 책임을 회피할 수 있었을 것이다. 하지만 방향은 명확했고 작전 계획과 기술, 군수 지원의 자발적인 협조가 있었다. 내 생각으로는 우리는 계산된 위험을 받아들일 충분한 준비가 되어 있었고 위험은 그리 크지 않았다. 시험이 100퍼센트 성공적이었기 때문이다."

아이언 돔은 세 개의 주요 부분(레이더 탐지부, 중앙 통제부, 미사일 요격 발사체를 발사하는 요격 포대)으로 이루어졌다. 이스라엘의 유명 방위 산업체, 이스라엘 에어로스페이스 인더스트리, 엘타Elta, 라파엘은 물론 많은 자회사 등이 이 시스템 생산에 일조했다.

레이더는 다가오는 미사일을 추적하는 일을 한다. 하지만 아이언 돔의 레이더는 거기에서 한 발 더 나아가 다가오는 미사일이 어떤 도시에 위협을 가하는지, 어떤 도시에는 위협이 되지 않는지도 말해 준다. 아이언 돔에서 요격 미사일을 발사하는 것은 비교적 비용이 많이 드는 시도이다. 하마스는 개당 몇 백 달러에 카쌈을 만들 수 있다. 미사일 요격 발사체는 한 번 발사할 때마다 3만 8,000달러가 든다. 따라서 낭비를 막는 시스템을 보유하는 것이 중요하다. 하지만 이스라엘 관리들은 하마스가 발사하는 것과 이스라엘이 그런 미사일을 막기 위해 들이는 비용의 차이에도 불구하고 다가오는 미사일이 자동차, 집, 마을을 요격할 경우, 복구 비용이 3만 8,000달러보다 훨씬 크다고 지적한다. 따라서 단순히 미사일 비용만을 비교할 수는 없다. 그들은 사람의 목숨을 구하는 문제에 있어서는 3만 8,000달러의 가치를 두고 공정한 거래를 따질 수 없는 정도라는 점도 지적한다.

쇼함은 〈하아레츠〉에 이렇게도 말했다. "우리는 수천 기의 미사일을 가로챌 수 있다고 주장할 생각이 없다. 다만 시간을 벌고, 위협을 줄일 것이고, 그동안에 군은 다른 더 중요한 일들을 할 것이다. 우리는 이 시스템이 이스라엘의 억제력 향상에 상당한 기여를 할 것이라는 점을 잊지 말아야 한다."

첫 실전 테스트는 2011년 4월 7일에 이루어졌다. 25마일을 비행할 수 있는 러시아제 그래드 로켓Grad Rocket이 가자에서 베르셰바Beer sheva 방향으로 발사되었다. 20만이 살고 있는 남부 이스라엘의 최대 도시였다.

사람들은 아이언 돔의 레이더가 다가오는 미사일을 탐지하는 역사적인 장면을 목격했다. 시스템은 미사일을 추적했고 즉시 미사일이 인구가 많은 지역을 타격할 가능성이 있다고 판단했다. 사이렌이 울렸고, 불들이 반짝였다. 지휘 본부의 젊은 남녀들이 명령을 하달하고 따랐다. 요격 미사일이 발사되었다. 짧은 시간이 흐르고, 요란한 폭발음과 함께 공중에서 미사일이 요격되었다. 3초, 4초, 5초 … 10초 후 하늘에서 폭발이 있었고 커다란 굉음이 뒤따랐다. 성공이었다. 며칠 후 진행된 내각 회의에서 네타냐후 총리는 이렇게 말했다. "이스라엘은 아이언 돔 시스템을 통한 미사일 요격으로 인상적인 업적을 이루었습니다. 이 일은 전 세계에 반향을 일으켰습니다." 이후 몇 주, 몇 개월 동안 계속하여 성공적인 요격이 잇따랐다.

군은 2011년 4월 가자지구의 충돌이 확대되는 동안, 아이언 돔이 65퍼센트의 성공률을 기록했다고 보도했다. 시스템이 운영된 첫 달이었다. 일련의 미사일 공격이 또 시도되었던 2011년 8월, 아이언 돔의 성공률은 70퍼센트였다. 2012년 3월, 아이언 돔의 성공률은 80퍼센트로 올라갔고 6월에는 85퍼센트의 성공률을 기록했다. 그리고 그 해 10월, 성공률은 95퍼센트에 달했다.

이후 더 많은 로켓 공격이 있었고 하마스가 텔아비브를 타격할 수 있는 미사일을 손에 넣으면서 이스라엘의 필라 오브 디펜스 작전Operation Pillar of Defense이 시작되었다. 이는 2012년 11월의 맹렬한 전투들로 이어졌다. 가자지구에서 1,506기의 로켓이 이스라엘로 발사되었다. 아이언 돔 시스템은 이들 로켓 중 421기가 위협적이라고 판단했고 이러한 위협 요인의 85퍼센트가 공중에서 파괴되었다. 국방부 장관은 이 시스템의 성공적인 출발에 대한 정확한 통계를 내지 않고 있다고 말했다. 하지만 그들은 약간의 수정만 가하면 시스템의 효과가 앞으로 몇 년 안에 100퍼센트가 될 것이라고 믿고 있다. 이스라엘 방위 공동체 내에는 아이언 돔이 다른 나라에서 인기를 끌 것이고 이스라엘이 팔고 수출하는 이스라엘제 무기 시스템이 늘어나게 될 것이란 낙관론이 퍼졌다. 2015년 겨울 현재로서 조인된 협정은 없다.

미사일
요격 시스템

이 시스템을 본래 구상한 것은 탈피오트였고 탈피오트 졸업생 중 가장 높은 직위에 오른 오피르 쇼함이 이 구상을 실현하는 데 힘을 보탰지만(이스라엘 군수 산업의 도움으로), 아이언 돔의 비용을 대는 데 있어서는 미국이 중요한 역할을 담당했다. 미 의회는 이 프로젝트의 자금 조달에 5억 달러를 승인했다. 2013년 6월 이스라엘 의회도 미국이 향후의 개발에 직접 참여할 수 있다는 희망으로 1,500만 달러의 자금 조달을 승인했다. 같은 달, 하원 군사 위원회는 미사일 방어 분야에서 이스라엘과 협력하고자 고안된 프로그램의 비용에 사용할 2억 8,400만 달러를 승인했다.

이스라엘과 미국은 수십 년간 장거리 미사일 방어 시스템 연구를 함께 해왔다. 두 나라는 공동으로 미사일 요격 시스템, 애로우Arrow를 개발했다.

애로우는 현재 3세대까지 발전했으며 주로 이란이 탄도 미사일 프로그램으로 가하는 위협을 염두에 두고 만들어졌다.

애로우

탈피오트 학생들이 이스라엘 우주 프로그램에서 두각을 나타내기 시작한 1986년 애로우의 생산도 시작되었다. 이스라엘의 우주 과학자들은 애로우에 큰 기여를 했다. 실상 애로우는 로켓이었기 때문이다. 애로우는 지구 표면으로부터 약 30마일(약 48.28킬로미터) 상공에서 발사된 미사일을 찾아내고 폭발해서 적의 발사체를 궤멸하는 임무를 맡고 있다. 애로우의 여러 목표 중 하나는 핵, 생물학, 화학 탄두를 싣고 날아오는 그 치명적인 미사일을 이스라엘에 피해를 입히지 않을 만큼 먼 공중에서 파괴하는 것이다.

애로우는 보잉과 이스라엘 에어로스페이스 인더스트리가 미사일 한 기당 약 300만 달러의 비용을 목표로 공동으로 개발했다. 이 로켓들은 휘발성이 강한 액체 연료가 아닌 고체 연료로 움직인다. 고체 연료 덕분에 애로우 미사일 지휘관들은 굳이 사용 직전에 로켓을 배치할 필요가 없다. 달리 말해 항상 발사대에 오를 준비가 되어 있는 것이다. 미사일 방어는 미리 계획할 수가 없는 문제이기 때문에 이런 특징이 큰 장점이 된다. 애로우와 같은 요격 미사일은 적이 미사일을 발사했을 때에만 사용되므로 시기를 예측할 수 없기 때문이다.

아이언 돔 시스템과 같이, 이 로켓의 발사 장치는 독립적으로 가동되지 않는다. 대신 실제로 미사일을 발사하는 통제 센터와 별개의 전파탐지소, 포대가 있다.

애로우 1, 2, 3 모두가 실전 모의 실험에서 성공적으로 시험 발사되었다. 이 시스템은 적의 미사일을 제거할 수 있다는 것을 증명했다. 시험 단계에서 애로우 포대를 담당하는 물리학자, 엔지니어, 이스라엘 군인들은 애로우의 성공률이 90퍼센트라고 주장했다.

이스라엘의 전문가들을 비롯한 항공 우주 산업계의 많은 사람들은 오랫동안 애로우의 유효성에 의심을 가졌다. 이스라엘 국방 기관의 일부 사람들은 애로우 시스템에 쓰이는 수십억 달러의 돈을 다른 곳에 쓰는 편이 더 낫다고 말하기도 했다. 애로우가 효과가 있을지는 몰라도 유인용 미끼에 밀리게 될 것이라고 말하는 사람들도 있었다. 즉 적국이 이스라엘에 50기의 미사일을 발사하는 데 그 중 핵탄두를 탑재한 미사일이 단 한 기뿐이라면 다른 49기의 미사일은 미끼가 되는 것이고 애로우는 실패를 면하지 못할 것이라는 이야기다.

애로우의 성능에 대한 깊이 있는 지식을 가지고 있으며 탈피오트 프로그램에서 강의를 하기도 하는 이스라엘의 한 물리학자는 이런 우려를 웃어넘겼다. 그는 미사일 방어가 결코 100퍼센트 효과적일 수는 없다는 데에는 동의하지만 미끼들을 분명히 이길 수 있다고 주장했다.

거의 20년간 탈피오트 교수였던 아즈리엘 로버Azriel Lorber 교수는 다음과 같이 명백히 밝혔다. "과거 탈피오트에서 내 학생이었던 사람들이 애로우의 초기 단계에서 미끼의 딜레마를 해결하는 작업을 했다. 미끼는 다양한 비행 특성을 보여주며 탐지를 피한다. 적으로서는 실제 좋은 미끼 하나를 만드는 것보다 미사일 한 기를 만드는 것이 더 쉽고 비용이 적게 드는 일이라는 것 역시 사실이다. 이 모든 요인들이 어떤 것이 진짜 미사일이고 어떤 것은 그렇지 않은지 판단하는 데 도움을 준다."

첫 번째 애로우 포대는 텔아비브 남쪽 팔마힘 공군 기지에 설치되었다. 몇 번의 성공적인 시험 발사와 시험 요격이 이 기지에서 수행되었다. 애로우는 실제 상황에서 사용된 적이 없었지만, 미사일 요격 업무를 담당하는 장교들은 시리아 내전 동안 많은 기술을 시험할 수 있었다.

시리아 군은 2011년 시작된 반란을 진압하려는 시도로 스커드Scud 미사일 여러 기를 발사했다. 이스라엘은 1991년 사담 후세인Saddam Hussein이 30여 대의 스커드 미사일을 발사한 1차 걸프전 동안 이 미사일에 대해 잘 파악하게 되었다.

2011, 2012, 2013년, 시리아가 스커드 미사일을 발사했다. 팔마킴 공군 기지에는 경보가 울렸고 레이더가 시리아 내의 미사일 발사를 추적하자 미사일 방어 팀은 방아쇠에 손을 올렸다.

시리아가 스커드를 발사하자 이스라엘은 그 미사일들을 추적했다. 추적 능력을 시험하고 시리아가 스커드를 발사하는 방식을 연구하기 위한 목적도 있었지만 더 중요한 것은 이스라엘을 향해 발사되지 않았음을 확인하는 일이었다. 국방장관은 가장 중요한 처음 몇 초 동안은 북쪽에서 남쪽을 향하는 미사일 공격이 반란이 일어나고 있는 지역을 향하는지, 이스라엘을 표적으로 하는지 판단하기가 힘들다고 말한다.

2013년 츠비카 하이모비치Zvika Haimovich 대령은 로이터Reuter 통신에 바샤르 알 아사드Bashar al-Assad의 군대가 미사일을 발사한 후 이스라엘이 표적인지 아닌지를 판단할 시간은 단 몇 초에 불과하다고 말했다. "시리아의 포대들은 가동성이 대단히 높은 상태이며 즉각 발포할 준비가 되어있습니다. 비행 경로를 단 몇 도만 바꾸면 우리를 위험에 빠뜨릴 수 있습니다." 같은 기사에서 하이모비치 중령은 이런 언급도 했다. "우리는 무기의 성능부터 시리아가 미사일을 운용하는 방법까지 모든 측면을 주시하고 있습니다. 그들은 미사일과 로켓 무기고에 숨겨놓은 것으로 알려진 모든 비밀 장비들을 이용해왔습니다. 그들은 항상 발전하고 있습니다. 우리 역시 그렇습니다만 우리는 이 부분을 연구해야 하고 거기에 대비해야 합니다."

로이터의 보도는 이렇게 이어졌다. "장거리 레이더는 하이모비치의 지휘 벙커에 엄청난 양의 실시간 데이터를 보내고, 벙커에서는 장교들이 애로우 2를 가동시킬 준비를 하고 있다. 애로우 2는 미국이 지원한 이스라엘제 미사일 방어망으로 아직 실전에서 시험된 적은 없다. 위협적인 발사가 많아지면 전투기들이 출동 명령을 기다리고 있는 팔마킴 전체에 경보가 울린다. 하이모비치는 미사일이 이스라엘 쪽으로 발사되었는지 여부를 어떻게 판단하는지 상세히 설명하지는 않았다. 다만 그 과정이 '수초 이상 걸리지만 그리 길지는 않다'고 말할 뿐이다. 또 다른 이스라엘의 전문가는 익명을 전제로 이스라엘이 발사 강도를 순식간에 분석하고 그 자료를 아사드의 의도에 대한 최신 정보와 결합시킨다고 말했다."

데이비드 슬링

이스라엘은 자국을 향하는 중거리 로켓을 탐지, 추적, 파괴할 수 있는 요격 미사일도 개발했다. 데이비드 슬링은 2012년 11월 25일 최초의 실험을 성공적으로 마쳤다. 데이비드 슬링은 최종 시험 단계에 있으며 이스라엘이 불가피하게 전쟁을 하게 되면 그 전투에 배치될 것으로 보인다.

데이비드 슬링은 최대 150마일(약 241.40킬로미터) 떨어진 곳에서 발사된 로켓을 파괴할 것으로 예상된다. 즉 이집트의 시나이 사막에서 테러리스트나 다른 누군가가 발사한 미사일도 사정 거리에 두게 된다. 지난 몇 년 동안 수십 기의 미사일이 이스라엘의 항구 도시 에 일랏을 겨냥했다.

그러나 이 시스템은 시리아와 레바논을 염두에 두고 만들어졌다. 시리아는 이스라엘의 어느 곳이라도 타격할 수 있는 미사일들을 가지고 있다.

헤즈볼라의 온상인 레바논은 엄청난 미사일들로 이스라엘의 구석구석까지 공격할 수 있다고 자랑하고 있다. 2006년 2차 레바논 전쟁 이후 정전을 위해서 세계 공동체는 헤즈볼라의 재무장을 막기로 약속했다.

그러나 헤즈볼라는 당장이라도 이스라엘을 향해 발사할 수 있는 4만 기 이상의 미사일을 보유하고 있는 것으로 여겨진다. 헤즈볼라가 보유한 주요 미사일은 세 가지이다. 그 중 둘은 젤잘Zelzal과 파테Fatteh 100이다. 두 미사일 모두 이란이 만들고 공급한다. 젤잘은 지진을 뜻하는 페르시아어이며 파테는 정복자를 뜻한다. 세 번째 미사일은 러시아제 카츄샤Katyusha이다.

젤잘와 파테 110은 1,500파운드(약 680.39킬로그램)의 탄두를 탑재할 수 있고 사정거리는 약 150마일(약 241.40킬로미터)이다. 즉 두 미사일은 데이비드 슬링이 '파괴할 수 있는' 범주에 속한다. 시리아는 파테-110도 보유하고 있는데, 보도에 따르면 바샤르 알 아사드가 지휘하는 시리아 군은 시리아 내전에서 반란 세력에 이 미사일을 사용했다고 한다.

카츄샤는 파테 110이나 젤잘처럼 발전된 무기는 아니지만 강력한 힘을 가지고 있다. 헤즈볼라는 2차 레바논 전쟁에서 이 미사일을 많이 사용했다. 이 미사일은 이동형 발사대에서 발사되는 경우가 많기 때문에 이스라엘에 상당한 위협이 되고 있다. 많은 양을 빠르게 발사할 수 있고 이스라엘 대공 정찰로도 감지할 수 없다.

데이비드 슬링은 이 세 가지 종류의 미사일 모두를 처리할 수 있는 능력을 갖추고 있다. 이 시스템의 주요한 임무는 헤즈볼라의 미사일들이 이스라엘 도시에 피해를 입히지 못하게 막는 일이 될 것이다.

전면부에 표적 추적과 유도장치가 이식된 데이비드 슬링 요격 미사일은 '스터너The Stunner'(충격적인 것_옮긴이)라고 불리기도 한다. 데이비드 슬링이 발사하는 요격 미사일은 애로우 미사일에 비해 저렴하다.

이스라엘의 정교한 미사일 방어 시스템은 앞으로 수년 안에 큰 의미를 갖게 되고, 이 분야에 대한 지속적인 연구와 업그레이드는 이스라엘 국민에게 절실히 필요로 하는 안도감을 선사할 것이 분명하다. 이런 첨단의 개발품과 그것이 가진 지대한 영향력은 선견지명을 갖춘 오피르 쇼함 준장은 물론이고 탈피오트 생도와 졸업생들의 노력을 반영한다.

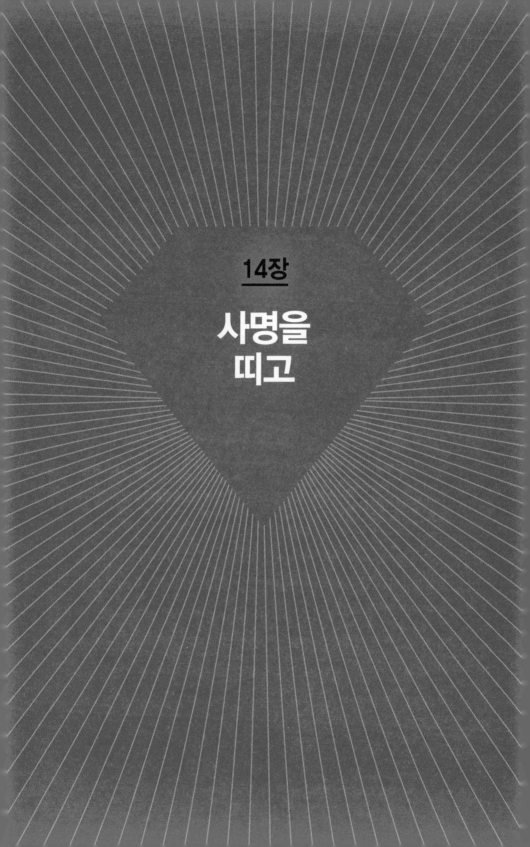

14장

사명을
띠고

ISRAEL'S EDGE

조라 코른블라우Giora Kornblau는 늘 날고 싶다는 꿈이 있었다. 그는 이스라엘 방위군에 복무할 때가 오면 꼭 비행 학교에 갈 것이라고 생각했다. 조라는 공군에 가고 싶었다. 하지만 탈피오트가 조라를 원했다.

3년간의 과정을 마칠 시기가 가까워오자 그는 대부분의 탈피오트 졸업생들처럼 연구개발 분야에서 일하기를 미루고 공군에 입대했다. 그는 전투기 조종사가 되고 싶었다. 당시 탈피오트의 책임자이던 아비 폴레그Avi Poleg 대령은 생도들의 졸업 후 전투 근무 지원을 권장했다. 폴레그 대령과 부관은 그런 길을 가려는 후보자들을 찾으면 그 탈피오트 졸업생이 관료주의가 팽배한 미로에서 방향을 잘 찾도록 지도했다. "나는 탈피오트 과정과 실전에서 전투 경험의 조합이 방위 분야의 중요한 영역에서 기여하는 가장 좋은 길이라는 것을 알게 되었습니다." 폴레그가 말한다. "일정 기간 현장에서 복무하면 군에서 오랫동안 안정적인 경력을 쌓을 수 있고 최고의 자리에까지 오를 수 있습니다."

탈피오트 졸업생의 현장 경험

비행 학교에 진학한 최초의 탈피오트 졸업생인 코른블라우의 경우가 바로 그랬다. 1972년 아르헨티나에서 태어난 그는 1년 후 가족들과 이스라엘로 왔다. 탈피오트의 영입 시도가 있었을 때까지 그는 그 프로그램에 대해 들어본 적이 없었지만 곧 1990년의 12기 생도가 되었다.

코른블라우가 비행 학교에 가겠다는 그의 뜻을 밝혔을 때만 해도 그런 길을 간 선례가 없었다. 그가 나아가는 길이 곧 새로운 규칙이 되었다. 그는 탈피오트의 3년 과정이 우리에게 전투 훈련의 중요성과 '현장에서 손에 흙을 묻히는 것'의 중요성을 강조했다고 말한다. "탈피오트는 교육과 실전 경험이 조합된 사람들을 원했습니다. 나는 그들과 생각이 같았습니다."

그는 이렇게 기억한다. "군 내부에도 관료주의적인 장애가 더러 있었습니다. 언제나 장애물이 있었죠. 하지만 결국에는 모두가 뜻을 모았습니다. 나를 교육시키는 데 투자한 국방부에 확신을 심어줄 일을 해야 했습니다. 탈피오트 과정의 마지막에는 3개월간의 졸업 프로젝트가 있습니다. 졸업 후 비행 학교에 가기 위해서 나는 그 프로젝트에서 빠져야 했습니다. 많은 논의가 있었지만, 결국 국방부와 탈피오트 지도부에서는 '비행 학교 시험을 통과한다면 공군으로 가도 좋다.'고 말했습니다. 그렇지만 공군은 모든 문제에서 대단히 이분법적이었습니다. 그들은 '우리에게는 설득이 필요치 않다. 우리는 당신이 시험에 통과하느냐 못하느냐, 오로지 그것만 볼 뿐이다.'라고 말했습니다."

이스라엘 공군으로서의 탈피오트 졸업생

코른블라우가 인생의 이 시점에서 했던 거의 모든 일이 그랬듯 그는 성공했다. 초기 시험들을 통과한 후 학습 곡선은 가파르게 상승했다. 그는 A4 스카이호크Skyhawk를 타고 전투 방식의 비행을 연마하기 시작했다. 이 방식은 현재 이스라엘 공군의 훈련에 이용되고 있다. A4 스카이호크는 1960년대 말과 1970년대 초의 전투 임무는 물론 1980년대 초 갈릴리 평화 작전Operation Peace for the Galilee 작전에 이스라엘이 사용했던 기종이었다. '날아다니는 포병대'로서 그들의 임무는 지상의 목표물을 타격하고 이스라엘 지상군을 엄호하는 것이었다.

A4 조종에 숙련된 후 그는 F16 조종을 배웠다. F16은 이스라엘에서 큰 영향력을 발휘하는 무기로 알려져 있다. 225대의 F16으로 이루어진 이스라엘 함대는 공중에서 재급유가 가능하며 중동은 물론

가자지구와 시나이 반도 내 하마스를 비롯한 각종 테러 세력이 판매하는 무기의 이동 경로가 된 아프리카 북쪽 절반의 어느 곳이든 타격할 수 있는 것으로 알려져 있다.

2008년 6월 100대의 이스라엘 F16과 F15가 그리스를 향해 편대 비행을 했다. 거리는 약 900마일(약 1,448.41킬로미터)로 이스라엘에서 이란에 이르는 거리와 같았다. 그리스는 러시아제 SA-300 대공 시스템으로 무장하고 있었다. 이는 러시아가 이란에 판매를 고려하는 것으로 알려진 시스템이었다. 이스라엘 공군이 이야기하고 싶은 것이 대단히 직설적으로 드러나는 조치였다. 언제 어디로의 어떤 공격이든 수행할 준비가 되어 있다는 것이었다.

이스라엘 공군 조종사들의 임무는 그들이 그 임무를 수행한 수십년 뒤까지 기밀로 남는 것이 보통이다. 코른블라우가 말할 수 있는 것은 그가 조종사로 활동하는 동안 이스라엘 공군이 활동한 모든 지역에서 임무를 수행했다는 것뿐이었다. 그가 복무하는 동안 이스라엘 공군은 가자의 이슬림 지하드와 하마스를 폭격했다. 두 조직이 이스라엘 민간인들을 대상으로 수차례의 테러 공세를 단행한 후 이어진 조치였다. 또한 이스라엘은 소위 '뱀의 머리'를 자르기 위해 테러 조직의 수장들을 겨냥하기 시작했다.

코른블라우가 복무하던 당시의 또 다른 작전 무대는 이스라엘 북부, 레바논이었다. 그는 이스라엘 군의 남부 레바논 점령(1982년 시작된) 마지막 몇 달 동안 비행을 했다. 레바논에 근거를 둔 팔레스타인 해방기구가 이스라엘에 덜 성가신 존재가 되면서 대신 이란이 지원하는 헤즈볼라가 '저항군'으로 부상되어 이스라엘 공군의 향후 표적으로 부상했다.

초기에는 전투기 조종사들이 '생각하는 사람의 전사'로 알려졌었다. 조종사는 복잡한 조종 장치의 작동법, 공중에서 멈추는 법, 물리학, 기체 역학을 알아야 한다. 상대가 무엇을 할 수 있고 언제 그 일을 할지 추측해야 한다. 일단 전투기에 탑승하면 이스라엘 공군 조종사들에게는 임무를 수행하는 데 있어 많은 재량이 주어진다. 전투 경험에도 불구하고 코른블라우는 비행 임무 중에 어떤 생각을 했느냐는 질문에 '당황했다'고 인정한다. "나는 내 자신이 자랑할 만한 이야깃거리가 있는 용감한 조종사라고 생각하지 않습니다. 보통 나는 많은 것을 생각합니다. 우선은 주어진 임무나 내가 할 수 있는 최선의 임무 수행 방법과 관련되어 있죠. 마음속에서 임무의 중요한 부분과 해야 할 일을 모의로 실험해봅니다. 때로는 점심 식사나 머릿속에 떠오르는 무엇이든 생각하죠. 중요한 어떤 일을 수행해야 하는 다른 어떤 사람도 마찬가지일 것이라고 생각합니다."

이스라엘 공군에서 가장 발전된 전투기를 모는 조종사로서의 활동을 마친 후, 코른블라우는 이렇게 얻은 지식을 가지고 연구개발 쪽으로 돌아갔다. 그는 말했다. "그 경험으로 공군의 미래를 위해서 일할 수 있는, 그리고 미래의 기술 개발을 도울 수 있는 구체적인 지식을 얻었습니다."

탈피오트와 공군에서의 아리크 체르니악

아리크 체르니악^{Arik Czerniak}은 가장 유명한 탈피오트 졸업생 중 한 명이다. 10대인 그와 친구들은 누가 최고의 군부대에 들어가는지를 두고 끊임없이 경쟁을 벌였다. 체르니악은 이 경쟁에서 이기고 싶었지만 개인적으로는 탈피오트를 그리 높이 생각하지 않았다. 때문에 탈피오트에 들어갈 생각은 전혀 하지 않았고 전투 조종사가 되는 것을 목표로 삼았다.

선발 날짜가 다가오면서 그는 탈피오트 조기 검정에 초대를 받았다. 그곳에 도착하자 장교들이 그에게 원하는 것이 무엇인지 물었다. 체르니악은 솔직하게 답했다. "저는 전투기 조종사가 되고 싶습니다."

"그건 전혀 문제가 되지 않아." 그들이 웃으며 말했다. "둘 다 할 수 있으니까."

"그들은 나를 심사위원들에게 보냈습니다." 체르니악이 회상했다. "일주일 전, 나는 아이슈타인의 상대성 이론에 대한 책을 읽었습니다. 준비가 된 똑똑한 후보로 보이고 싶었기 때문이죠. 모두가 이야기할만한 과학적인 내용을 준비해야 했습니다. 그리고 우리는 물리학에 대해 이야기를 했죠. 그들은 지붕에 있는 태양열 보일러가 어떻게 작동하는지 물었습니다. 군에 오지 않는다면 무슨 공부를 하고 싶냐고 물어서 나는 건축이라고 대답했습니다. 그러자 그들은 건축에 관한 문제를 물었고 나는 거실을 어떻게 설계할지 보여주어야 했습니다. 그 뒤 그들은 수열 문제를 질문했습니다. 심지어 기억도 나는군요. '61, 55, 52, 63, 94… 다음에 올 숫자는 무엇인가'였습니다."

"나는 화이트보드 앞에 서서 수열 문제를 풀기 위해 내가 아는 모든 수학적인 방법을 시도했습니다. 그들이 '숫자들의 순서를 바꿔보게.'라고 말했고 나는 '… 아, 알겠습니다.'라고 말했죠. 바보 같았죠. 하지만 재미있는 일이었습니다. 그저 속임수였죠. 그들은 내가 부담스러운 상황을 얼마나 잘 견디는지 보고 싶었던 겁니다."

"시험이 끝나고 나는 다시 물었습니다. '정말 조종사가 될 수 있나요?' 대답이 항상 '예스'인지 확인하기 위해 가능한 많은 사람에게 묻고 싶었습니다. '예스'였습니다. 그들의 말은 사실이었습니다."

탈피오트로부터 합격 여부를 통보받기 위해 기다리는 동안 그는 조종사 학교의 지원 초청을 수락했다. "공군의 훈련은 7일이었습니다. 600명이 함께 했습니다. 그곳에서는 유니폼을 입습니다. 여기 저기 뛰어다니며 명령을 완수하면서 하루를 보내죠. 우리가 해야 하는 일을 나타내는 영어 단어는 없습니다. 말하자면 '다리를 이용한 도전' 정도로 해석되겠네요. 저 나무가 보이나? 저기까지 다녀오는 데 20초를 주겠다. 출발! 성공하지 못했어? 그럼, 다시! 땅을 파고, 퍼즐을 풀고, 공중 사다리에 매달려서 누가 가장 먼저, 누가 마지막으로 떨어지는지 보는 등의 다양한 시험과 집단 활동이 있었습니다. 잠도 거의 재우지 않았습니다. 2시간의 휴식 후에 우리를 깨웠죠."

체르니악은 모든 장애를 돌파했다. 하지만 마지막에 그는 마음속으로 생각했다. '고맙군, 이건 좋은 극기훈련임이 틀림없어. 하지만 내가 지금 정말 원하는 건 탈피오트야.' 고등학교를 졸업할 때까지도 탈피오트로부터 답이 오지 않았다. 초여름의 어느 날 그가 컴퓨터를 하고 있을 때 전화가 왔다. "축하합니다. 탈피오트 15기 생도가 되었습니다." 그의 첫 질문은 "그래도 저는 조종사가 될 수 있나요?"였다.

탈피오트에서의 첫날, 지휘관들은 생도들에게 납작한 빵과 송아지 커틀릿을 가져다주었다. "그러다 갑자기 낙하산 부대 훈련을 시작했습니다. 6일이 지나자 다리를 움직이기도 힘들었습니다. 하지만 저는 계속 견뎌냈습니다. 전투 부대에 있는 내 친구들이 한 일에 비하면 식은 죽 먹기였지만 힘들기는 했습니다."

수업이 시작되자 엄청난 학업량을 소화해야 했다. 하지만 체르니악에게는 비장의 무기가 있었다. 그는 시험 전 몇 시간만 공부해도 좋은 성적을 거둘 수 있을 정도로 집중력이 좋았다. 히브리대학과 탈피오트의 학업 프로그램을 마친 체르니악은 연구개발 부문에서 6개월만 일하면 원하는 어떤 것이든 할 수 있었다. 계획은 이미 잡혀 있었다. 그의 일은 이스라엘 공군이 미국산 전투기에 설치하게 될 새로운 이스라엘제 F16 레이더 시스템을 개발하는 것이었다.

하지만 복무가 예정된 공군 기지의 지휘관은 말했다. "그쯤 했으면 됐어. 조종사가 되고 싶다면 지금 오도록 해." 관료주의적 장벽을 넘고, 수많은 문서에 서명을 하고, 아리크 체르니악은 밑바닥에서부터 다시 군 복무를 시작했다. (국방부는 이후 이것을 좋지 않은 결정이었다고 지적했다. 몇 년 후부터 탈피오트 졸업생들은 예외 없이 전투 부대로 옮기기 전 연구개발 경력을 쌓아야 했다.)

체르니악은 마침내 비행하는 법을 배우게 되었다. 비행 학교를 졸업한 후 그는 F4 팬텀Phantom 제트기의 열쇠를 받아 쥐었다. 한때 이스라엘 공군이 많이 사용했던 전폭기였다. 하지만 그가 F4 비행 중대에 배치된 얼마 후, 공군은 F4의 전성기는 지났다는 결정을 내렸다. 체르니악을 실망했지만 만족스러운 새 임무를 맡았다. 지금까지도 그는 A4 스카이호크의 비행 교관이다. F4와 같이 A4는 이스라엘 공군 전투 함대의 주력기였다. 지금은 구식이 된 전투기이지만 체르니악이 배운 이들 전투기의 비행 기술은 여전히 잘 활용되고 있다. "나는 2~3주에 하루나 이틀 정도 예비 편대에 가서 조종사들의 공대공 전투 훈련을 합니다. 주로 공중전에 대해 가르칩니다. 두 대의 F16(한 대는 이집트에서, 다른 한 대는 이스라엘에서 온)이 근접하면 공중전이 펼쳐집니다. 내가 가르치는 공중전은 드리블을 가르치는 것과 비슷합니다. 물론 총알을 쏘는 것은 아니죠. 조종사의 목표는 사정거리에 있는 다른 전투기의 사진을 찍는 것입니다. 당신은 300미터 떨어진 뒤에 있고 상대 전투기는 사정거리 내에서 불규칙한 곡선을 그리며 움직입니다. 이 모든 것이 비디오에 포착되죠. 조종사는 하강하면서 누가 이기고 누가 졌는지, 그 이유는 무엇인지 알아내 보고합니다."

익명의 전사들

많은 탈피오트 졸업생들은 자신이 이스라엘 안보에 어떤 기여를 했든 실전 전사, 일선 병사, 적진에서 비행하는 전투기 조종사, 해상 전투에 참여하는 수병의 희생을 능가하지는 못한다고 말한다.

탈피오트 2기 보아즈 리핀은 키부츠 출신의 믿을 수 없을 정도로 총명한 젊은 탈피오트 신입생도 한 명을 알고 있다. 리핀은 말했다. "몇 주 후, 그는 그만두었습니다. 그는 조브니크 제복을 입고는 키부츠로 돌아갈 수 없다고 생각했습니다. 조브니크는 전투에 직접적으로 참여하지 않는 이스라엘 군 장병을 이른다. 그는 군수나 정보 분야의 사무직으로 갔거나, 이스라엘 방위군의 홍보 부대에서 일했을 것이다. 모두가 군과 나라를 운영하는 데 중요한 일이다. 하지만 이런 자리에 있는 사람들은 나라를 위해 목숨을 건다고 생각되지 않는다. "군은 항상 나라를 위해 목숨을 거는 이들을 더 높이 평가할 것입니다. 가장 극단적인 사례가 전투기 조종사입니다. 그들은 남과는 다른 시선을 받으며 그것은 변치 않을 것입니다." 리핀의 말이다.

약 700명의 탈피오트 졸업생 중에 몇몇은 연구개발이나 탈피오트 졸업생들이 택하는 보다 전형적인 자리를 마다하고 실제 전투에 참여하기로 결정했다.

탈피오트 11기에도 그런 결정을 한 사람이 있다. 탈피오트 프로그램과 이스라엘 방위군 복무 동안 그가 맡은 역할 때문에 이스라엘 국방부는 그의 이름이 공개되는 것을 허용하지 않는다. 그는 이후 탈피오트의 지휘관이 되었지만 그 이전에 그는 이스라엘 방위군에서 가장 위험한 살다그Shaldag 부대에 들어갔다. 이 소규모의 특별 작전 부대는 공군에 배속되어 있다. 이 부대의 병사들은 때로 적진 깊숙이 침투해서 특공 공격을 비롯한 비밀 임무를 수행한다. 그들은 조종사는 아니지만 이스라엘 공군에서 가장 중요한 임무 중 하나를 맡고 있다.

이 부대의 병사들은 이스라엘 전투기가 시리아의 원자로를 파괴하기 전 며칠, 몇 주 동안 시리아 데이르에즈조르 지역에 파견되었던 것으로 알려져 있다. 그들은 그 부지가 이스라엘 정보 기관이 의심한 부지가 맞는지 확인하기 위해 토양 시료를 채취하라는 명령을 받았다.

그들은 레이저나 전자 장비를 이용해서 구조물의 위치를 파악함으로써 폭탄이나 공대지 미사일이 정확한 지점을 타격할 수 있도록 돕는다. 규모가 작고 민감한 목표물일 경우에 특히 유용하다. 적은 사람이 많이 살고 있는 지역에서 활동하는 경우가 많기 때문에 표적이 인구 밀집 지역에 있을 때 부수적인 피해를 제한하는 방법이기도 하다. 이스라엘이 자국민의 보호를 위해 이런 표적을 공격해야 하는 것 외에 다른 선택안이 없다고 느낄 때는 상대의 민간인 사상을 줄이려는 욕구가 강해지기 마련이다. 민간인이 피해를 입을 경우 세계의 여론은 재빨리 이스라엘에 등을 돌리기 때문이다.

살다그 부대원이었던 이 탈피오트 졸업생이 실전 특공대원으로 변신한 유일한 탈피오트는 아니다. 다른 몇몇 탈피오트 생도가 졸업 후 바로 특수장교 학교로 가서 소대장이 되었고 레바논에서의 전투에 참여했다.

세상의 소금, 나탄

이런 전사들 중 한 명(현재 상황과 안보에 민감한 지위로 인해 그의 이름은 밝히지 않는다)의 특출한 이야기는 끊임없이 신입 생도들을 고

무시키고 있다. 여기에서는 그를 나탄이라고 부르기로 한다. 친구들과 그의 지휘를 받았던 병사들은 그를 '세상의 소금'이라고 말한다. 그는 언제나 전사가 되기를 원했고 그런 체형을 가지고 있었다. 그는 짧은 머리에 미들급 챔피언과 같은 체격, 넓은 어깨를 가지고 있다. 감히 주먹다짐에 나서고 싶지 않은 유형의 사람이다.

나탄은 레바논에서 몇 마일 남쪽에 있는 작은 농촌 마을 출신이다. 동쪽으로 몇 마일 떨어진 곳에는 시리아 국경이 있다. 어린 시절에 그는 대피 훈련을 했다. 그는 가까이에 있는 레바논에서 로켓이 발사되곤 해서 마음을 놓을 수 없었던 기억을 갖고 있다.

'욤키푸르 전쟁의 아이들'이라고 불리는 세대인 그는 그 전쟁이 끝난 직후 태어났다. 12세에 그는 의사로부터 전투기 조종사가 되겠다는 꿈을 이루기 어렵다는 이야기를 들었다. 완벽한 시력과는 거리가 멀었기 때문이었다. 그의 어머니는 크게 상심했지만 그는 명랑하게 말했다. "비행기를 조종하는 대신 조종사가 필요 없는 비행기를 만들 거예요." 당시 그는 탈피오트에 대해서는 거의 알지 못했지만 그때부터 이미 탈피오트를 향해 나아가고 있었다.

탈피오트 학생을 모집하는 장교가 작은 마을에 사는 자신을 찾지 못할 것을 염려한 그는 스스로 탈피오트에 지원하기로 결정했다. 당시로서는 드문 일이었다. 복잡한 지원 과정을 밟던 그는 '장성들로 가득한 방'에 들어가 어려운 질문을 받을 생각에 위축되어 있었다. 하지만 인터뷰를 진행한 사람은 친절하고 부드러운 아비 폴레그 대령이었다. 이스라엘 방위군의 영향력 있는 전사가 될 이 시골 출신의 마른 소년은 전자레인지가 어떻게 작동하느냐는 질문을 받았다. "아는 것이 거의 없었지만 조리 있는 대답을 만들어냈던 것으로 기억합니다. 나머지는 전혀 기억이 나지 않습니다. 정말로 정말로 집중했었고 고개를 들고 시선을 내리지 않으려고 노력했습니다. 무슨 일이 일어났는지 거의 기억나지 않는 채로 시험장을 나왔습니다." 그는 받아들여질 가능성이 전혀 없다고 생각했다.

나탄이 대안을 생각하고 있을 때 고등학교 동기의 절반 이상이 낙하산 부대 입대를 허락받았다는 소식이 들려왔다. 시력이 좋지 않아 전투 부대에 들어갈 수 없다고 단념한 그는 '다른 할 일'을 생각했다. 그 때 전화벨이 울렸다. 탈피오트 입교 승인이 난 것이었다. 그는 기뻐서 어찌할 줄 몰랐다! 탈피오트에는 그가 항상 동경했던 낙하산 부대에서의 기초 훈련 과정이 있었다. 동기 중 1등은 아니었지만 그는 군 생활에서 뛰어난 역량을 보였다. 이 생도는 육군 전초 기지, 해군 함정, 공군 기지, 야전 포병대, 기갑 부대, 그리고 흥미로운 초현대적 프로젝트를 추진하고 있는 연구개발 팀들을 거치면서 열정적으로 일을 했다. "탈피오트에서 내가 가장 좋아하는 부분은 학기 사이에 여러 곳을 방문해 훈련을 받는 특별 활동이었습니다. 고향에 돌아와서 전투 부대에 간 친구들을 만났던 것이 기억납니다. '지난달에는 너희 부대의 훈련을 받았고 이번 달에는 너희와 같은 훈련을 받았어.'라고 말할 수 있었죠."

그의 동기들은 이스라엘 최고 사령부의 고위 관리에게 의문을 제기하는 경우가 이례적으로 많았던 것으로 알려졌다.

어느 날 그의 동기들은 공군 기지를 견학하면서 1987년부터 1992년까지 이스라엘 공군 사령관이었던 아비후 벤-눈Avihu Ben-Nun 장군의 강연을 들었다. 조종사였던 벤-눈은 공대공 전투에서 최소 세 번 상대 전투기(두 번은 이집트의 미그MiG기, 한 번은 이집트의 러시아제 미그기)를 격추시켜 국가적인 신망을 누리는 하늘의 용사가 되었다.

　벤 눈 장군은 F16보다 F15를 더 많이 사들이자는 그의 결정에 대해 설명했다. 그의 강연을 듣던 나탄의 탈피오트 동기들은 군에서 최소한 2년을 보낸 이들이었다. 나탄은 회상했다. "한 친구가 손을 들고 이의를 제기했습니다. '그건 형편없는 결정이었습니다. 어떻게 그런 결정을 하게 되신 겁니까? 공군이 정말로 필요로 하는 것이 뭔지 모르셨던 겁니까?' 벤-눈은 왜 그런 일을 했는지 설명했고 그 논쟁에서 이겼습니다. 하지만 스무 살짜리들이 지혜의 전설이나 다름없는 사람에게 의문을 제기할 수 있는 나라가 몇 곳이나 있을까요?" 학생에서 전사로 변신한 이 사람은 계속해서 장난기 어린 미소를 짓고 있었다. "우리는 대단한 지휘관들을 만나도 망설이지 않고 질문을 던졌습니다. 그런 것이 우리의 정신이었습니다. 도전의 여지가 없는 일은 없었습니다. 그것이 사령관들을 짜증스럽게 했는지, 우리 장교들을 당황하게 했을지는 모르겠습니다. 하지만 이제 나이가 들고 보니 그것이 어떤 기분일지 알겠습니다."

　이 특출한 젊은 생도는 2학년에 들어서면서 탈피오트의 학업에 대해서 다시 생각하기 시작했다. 그는 현장에 있는 것을 좋아했고 그곳에서 더 기여할 수 있을 것이라는 생각을 했다. 그는 소대를 이끌 희망을 품고 사관학교 진학을 고려하기 시작했다. 그의 지휘관들은 그가 그 방향으로 가는 것을 도울 수는 있지만 학업을 마치고 학위를 따는 것이 먼저라고 설득했다.

탈피오트에 지원했지만, 나탄은 진짜 전사가 되겠다는 꿈을 잊지 않았다. 졸업 후 동기들이 주로 연구개발 분야의 임무를 맡아 하는 동안 그는 말 그대로 바닥을 기었다. 그는 기초 훈련으로 되돌아갔고 이후 사관학교와 지휘관 과정에 들어갔다.

그의 목표는 최근까지 국가 기밀이었던 대전차 미사일 부대였다. '타뮤즈Tamuz'라고 불리는 이 미사일은 라파엘이 개발한 것으로 휴대용 유도 미사일로 지프나 경장갑차에 고정하고 발사할 수 있다. 적은 양의 고체 연료로 추진되기 때문에 재장전이 비교적 쉽다.

시리아 내전 동안 국경을 정찰하는 이스라엘 병력은 타뮤즈를 여러 번 사용했다. 시리아 군이나 반란군이 고의로 혹은 의도치 않게 시리아제 박격포를 발사하면 이스라엘은 타뮤즈 미사일로 지상 포화의 근원을 파괴하는 대응을 하곤 했다.

나탄은 현장 복무를 즐겼고 자랑스럽게 생각했다. 타뮤즈에 대해 열광적인 그는 이렇게 말한다. "그 미사일은 텔레비전 제어 장치로 유도됩니다. 미사일의 머리에 카메라가 장착되어있고 사람이 미사일을 목표물 쪽으로 조종합니다."

십여 년 동안 그는 같은 대전차 부대에 있었다. 전쟁이 일어나면 그의 목표는 기습적인 요소를 이용해서 적의 전차를 제거함으로써 이스라엘 방위군이 그 지역에 전차 부대 전체를 배치할 필요가 없게 하는 것이었다. 그의 부대는 주로 적으로부터 탐지나 추적을 당하지 않게 수마일 떨어진 곳에서 탱크에 발포하는 훈련을 받았다.

탈피오트의
사명감을 위하여

그는 현재 400명의 병사를 담당하는 예비역 중령이다. 그는 15초 안에 재장전을 하고 발포할 수 있도록 그의 팀을 훈련시키고 있다. 예비역 장교인 그는 여러 가지 면에서 변칙적인 사람이다. 그가 진심으로 예비군 복무를 즐기고 있다는 것도 그런 이례적인 면 중 하나이다. 그에게 봉사는 곧 의무이다. "예비역들은 정규 군인이며 항상 최상의 컨디션으로 준비가 되어 있어야 합니다. 우리 예비역들은 이스라엘의 모든 전쟁에서 나라를 위해서 싸웠고 나라를 구했습니다. 나는 예비군을 고향으로 생각합니다." 그는 일 년에 70~80일의 복무를 하는데 이스라엘인으로서는 대단히 높은 비율이다. 대부분은 일 년에 길어야 몇 주 정도 예비군 복무를 한다.

군 사학자들은 이스라엘 예비군에 대한 그의 평가에 동의한다. 상비군 남녀가 약 17만 5,000명에 불과하기 때문에 예비군이 특히 중요하다. 과거 공격을 받을 때 이스라엘 상비군의 주된 목표는 예비군이 제자리에 투입될 때까지 적을 막는 것이었다. 이스라엘 군대가 변했듯 전쟁도 변화했다. 하지만 장성들과 정치 지도자들은 세상이 어떻게 변해도 여전히 예비역들이 나라 전체에 걸쳐 매우 높은 평가를 받는다는 것을 잘 알고 잇다.

뛰어난 군 경력을 쌓지 못할까 걱정하던 작은 시골 마을 출신의 이 겸손한 이스라엘인은 종종 탈피오트로 돌아와서 신입생들에게 강연을 해달라는 요청을 받는다. 물론 그의 대답은 언제나 '예스'이다. 나탄은 더 많은 탈피오트 졸업생들이 지상군에 진출하도록 고무시키는 데 중요한 역할을 하고 있으며 이스라엘 방위군은 더 많은 탈피오트 생도들이 그의 크고, 유능하고, 헌신적인 발걸음을 따르게 되길 희망한다.

15장

새롭게 떠오르는
젊은 영웅들

ISRAEL'S EDGE

이스라엘은 미국을 좋아한다. 그들은 미국을 기회의 땅으로 생각한다. 그들은 미국을 쇼핑하는 데 최적의 장소라고 생각하기 때문에 미국을 방문하는 이스라엘 사람들은 귀국할 때 새로 산 옷가지를 담아 올 빈 여행 가방을 들고 갈 정도다. 이스라엘은 미국 텔레비전에 사로잡혀 있다. '사인필드Seinfeld', '심슨네 가족들The Simpsons', '섹스 앤 더 시티Sex and the City 등 그들이 좋아하는 TV 프로그램의 목록은 끝이 없다. 이스라엘의 배우이자 작가인 아사프 하렐Assaf Harel은 HBO '앙투라지Entourge'의 한 에피소드를 보고 있었다. 이 프로그램은 할리우드에서 크게 성공해서 유명 스타가 된 퀸즈 출신의 한 젊은이에 대한 이야기이다. 그의 이복형은 이미 B급 영화배우이며 그는 두 명의 친한 친구를 캘리포니아로 데려간다. 한 명은 그의 매니저가 되고 다른 한 명은 살림을 하면서 이 네 사람은 서던 캘리포니아의 근사한 주택가에 있는 집에서 함께 지낸다.

이스라엘의 앙투라지

하렐이 앙투라지의 재방송을 보고 있을 때 ICQ라고 알려진 인스턴트 메시징 컴퓨터 프로그램을 개발한 회사, 미라빌리스Mirabilis가 2억 8,700만 달러, 1억 2,000만 달러의 거치금에 AOLAmerica On Line에 인수되었다는 뉴스가 나왔다. 지금까지 이스라엘 기업의 매각 금액으로 최고액이었다. 이스라엘인들은 이 사건에 완전히 매료되었고 얼마지 않아 모두들 이 놀라운 회사의 배경과 그토록 시장 가치가 높았던 이유를 알게 되었다. 미라빌리스는 1996년 다섯 명의 이스라엘인들에 의해 설립되었다. 네 명은 친구였고 다섯 번째 사람은 요씨 바르디Yossi Vardi(이스라엘의 전설적인 투자가, 이 네 친구 중 한 명의 아버지)였다. 그들은 인스턴트 메시징 기술이 존재하고는 있지만 아무도 실험조차 하고 있지 않다는 사실을 알게 된 후 그 프로그램을 만들어 보기로 결정했다. 그들의 목표는 마이크로소프트의 윈도우 운영 체제를 이용해서 컴퓨터 사용자들을 연결하는 것이었다.

하렐은 이렇게 말했다. "미라빌리스가 매각된 것은 이 나라 젊은 이들, 아니 이스라엘의 모든 사람들 사이에서 굉장한 사건이었습니다. 몇 명의 이스라엘인들이 스스로 무언가를 만들어서 수억 달러에 판 것입니다. 이전에는 이스라엘에서 일어난 적이 없던 일이었습니다. 우리에게는 젊은 백만장자가, 특히나 자수성가한 백만장자가 없었습니다. 나는 이 나라의 모든 사람들이 그 일에 얼마나 열광적이었는지 확실히 기억하고 있습니다. 그리고 나는 이스라엘 전체가 그런 이야기를 읽는 것에 그토록 관심이 있다면 그에 대한 프로그램도 보게 될 것이라고 생각했습니다. 그 이후 이런 종류의 기업들이 계속해서 등장했습니다. 하지만 그것을 대중적인 문화 현상으로 바꾼 것은 우리가 처음이었습니다."

하렐은 젊은 이스라엘 백만장자라는 줄거리에 미국 드라마의 성공 요인을 가미했다. "앙투라지는 친구들의 이야기를 다루는 드라마입니다. 친구들이 돌아다니며 이야기를 만들어내죠. ICQ는 이스라엘 판 앙투라지의 배경이 되었습니다." 그와 그의 친구들은 아이디어를 얻은 후 바로 집필에 들어갔다. 몇 개월 후 이 프로그램의 방송 승인이 났고 그들은 2005년부터 촬영을 시작했다. 하렐은 이 프로그램의 아이디어를 낸 사람이면서 네 사람 중 가장 진지한 배역인 가이 포겔Guy Fogel을 연기하는 스타 중 한 명이기도 하다.

이 프로그램의 제목은 '메수다림Mesudarim'이다. 영어로 이 제목은 '평생의 정착'으로 번역할 수 있다. 이 프로그램은 자신들의 첨단 기업을 2억 1,700만 달러를 받고 미국 회사에 매각한 네 친구가 어떻게 인생을 살아가는지 보여주는 코미디이다. 네 친구들은 함께 대저택을 구입한다. 그들은 여자, 돈 그리고 사업의 다음 단계로 함께 어떻게 넘어갈 수 있을까 등의 문제를 고민한다. '메수다림'은 곧 이스라엘에서 가장 인기 있는 코미디 시리즈가 되었다.

하렐은 영민하고 요령 있는 제작자이자, 감독, 극작가, 배우이다. 그는 이스라엘이란 나라에 대해 대단히 잘 알고 있었고, 이것이 이스라엘이 어떻게 변화하고 있는지 그 정수를 포착하는 데 도움이 되었다. 그는 이스라엘이 기업가 정신과 기술에 큰 가치를 두는 사회가 될 것이고 그 때문에 수백만 달러의 기술 판매를 TV 프로그램의 소재로 바꿀 수도 있을 것이라고 생각했다. 그는 이 나라의 영웅이 바뀌었다는 것을 기민하게 포착했다.

"과거에는 사이렛 매트칼Sayeret Matkal(이스라엘의 특수 부대)이 모두가 가기를 꿈꾸는 부대였습니다." 그가 설명했다. "그들은 우리의 영웅이었습니다. 101 낙하산 부대 출신의 아리엘 샤론, 사이렛 매트칼 출신의 에후드 바락Ehud Barak, 베냐민 네타냐후 같은 사람들 말입니다. 하지만 지금은 선망의 대상이 8200 부대와 탈피오트 같은 첨단 부대로 바뀌었습니다. 이스라엘인들은 첨단 기술을 연구하고 사용하는 사람들을 미국인들이 운동선수나 유명인을 보듯이 바라봅니다."

욤 키푸르
전쟁의 의미

하렐은 이스라엘 사회의 변화가 1973년 욤 키푸르 전쟁에 대한 환멸에서 출발했다고 생각한다. "수년 전에는 전사들이 이스라엘의 정체성을 만들었습니다. 모두가 군대에 복무했고 군은 당신이 어떤 사람이 될지 말해주었습니다. 하지만 욤 키푸르 전쟁 이후 이 나라는 변하기 시작했습니다. 힘에 집중하던 우리가 두뇌에 집중하게 된 것입니다. 탈피오트와 '머리를 쓰는' 부대가 혁신에 대한 이스라엘의 헌신을 대변해 줍니다. 두뇌는 국제 사회로 가는 새로운 여권입니다. 이제는 8200 부대 출신과 탈피오트 졸업생들이 우리의 새로운 영웅입니다."

두뇌와 힘, 개인주의와 공익, 군인과 경영인 사이의 싸움은 아주 초창기부터 이스라엘에 존재했다. 수십 년간 그 싸움은 이츠하크 라빈Yizhak Rabin과 시몬 페레스Shimon Peres 사이의 경쟁 속에서 모습을 드러냈다. 세계의 많은 사람들이 항상 이 두 이스라엘의 정치 거물을 협력자들로 보았다. 하지만 이스라엘 사람들이 알고 있는 것은 그것과 달랐다.

"라빈과 페레스는 서로를 싫어했습니다. 라빈은 전사였고 장성이었습니다. 페레스는 군인이었던 적이 없지만 이스라엘 국방부의 최고급 간부였죠. 전사들은 전투를 해보지 않은 사람들을 신뢰하지 말라는 가르침을 받았고 페레스는 그런 태도에 분개했습니다. 둘의 다른 접근법 사이에는 늘 긴장이 존재했고 그들은 노동당에서 항상 대립했습니다. 제복과 양복의 대결이었죠."

아사프 하렐은 탈피오트가 이스라엘 방위군과 이스라엘 문화 속에서 거둔 성공을 페레스의 최종적인 승리로 본다. "최근까지, 이스라엘은 전사의 시대에 있었습니다." 그는 단언했다. "현재 우리는 변화하고 있습니다." 아사프는 탈피오트 같은 엘리트 기술 부대에 있던 군인들이 이 나라에서 정치적인 역할은 물론 수상 집무실까지 맡게 될 날이 머지않았다고 생각한다.

탈피오트의 성공은 이스라엘이 사회주의적 사회에서 자본주의적인 사회로 변화하고 있다는 확실한 증거이기도 하다. 아사프는 이스라엘 사회와 문화를 면밀히 관찰하는 사람으로서 이스라엘에서 돈이 그 어느 때보다 중요해졌다는 의견을 내놓는다. "하지만 이스라엘만이 돈의 중요성이 과거보다 커진 유일한 나라는 아닙니다. 미국이나 서방 세계의 경우도 마찬가지입니다. 이것은 세상이 돌아가는 방식일 뿐입니다. 거기에 대해서 어떤 판단을 하는 것은 소용없는 일입니다. 그저 최선을 다하면 됩니다. 이런 발전이 교육을 촉진하기 때문에 좋다고 주장할 수도 있겠죠. 사람들은 더 나은 교육을 받기 위해 노력하고, 더 높은 봉급을 받습니다. 자선 단체들을 위한 기부금이 그런 돈에서 나옵니다." 그런 까닭에 이스라엘 TV의 다음 프로젝트로 그가 기획하고 있는 것은 자신의 삶에 대해 투덜대며 하루 종일 카페에 죽치고 있는 노인들의 이야기로 '메수다림'과 정반대되는 내용이다.

사회적 태도의 변화와 함께 탈피오트 신입생 모집도 인기를 모으게 되었다. 탈피오트의 많은 생도들은 부대에 들어오고 나면 이웃과 고등학교에서 놀라울 정도로 많은 10대들이 그들의 전화번호를 알아내는 데 공을 들이는 것을 보게 된다고 이야기한다. 그들에게 전화를 걸어 어떤 일을 하는지 탈피오트에 어떻게 들어가게 되었는지 문의하는 것이다.

사아르 코헨Saar Cohen은 텔아비브에서 북쪽으로 조금 떨어진 하데라 출신으로 하데라 고등학교 최초로 탈피오트에 들어온 생도이다. "아이들이 제 행방을 좇습니다." 코헨이 당황스럽다는 듯 말했다. "탈피오트에서 어떤 일이 일어났는지, 탈피오트에 어떻게 들어갔는지 물어보곤 하죠."

분명 그들은 큰 것을 이뤄낼 것이다. 그들은 그 프로그램이 제공하는 교육, 훈련, 명망만을 원하는 것이 아니다. 그들은 남은 평생 동안 탈피오트 엘리트의 일원이라고 말할 수 있는 추가적인 혜택을 원한다. 보상은 끝이 없다.

16장

탈피오트 출신,
무조건 OK!

ISRAEL'S EDGE

생도들에게, 정규군으로 복무하는 졸업생들에게, 특히 제대 후 민간 노동 인구에 편입된 사람들이 네트워크를 형성해가는 데 있어서 탈피오트 경험은 상당히 중요한 부분이다. 약식으로 '탈피오트'라고 불리는 졸업생들은 서로를 고용하고, 서로 일자리를 찾는 데 도움을 주고, 가능할 때마다 후원과 격려를 아끼지 않는다. 탈피오트는 결국 문제를 해결하고, 질문에 답하고, 인생의 수수께끼를 풀기 위해 만들어지고 성장한 사람들의 네트워크이다.

마리나 간들린Marina Gandlin은 곧 이런 탈피오트의 전통에 합류할 것이다. 지금 그녀는 8200 부대 출신인 남자 친구의 사회생활 시작을 돕고 있다. "우리는 온라인으로 그의 직장을 찾고 있습니다. 통신과 컴퓨터 부문 최고의 직장들이 '탈피오트만 받는다'고 내걸고 있는 모습을 보고 우리는 충격을 받았습니다. 저에게는 도움이 될 겁니다. 회사가 리더를 찾고 있는 경우라면 공군 지휘관이나 전투 지휘관을 채용할 수 있겠죠. 하지만 리더이자 기술 전문가를 찾고 있다면 '탈피오트만 받는다'라고 적어두는 것도 무리는 아닙니다. 탈피오트는 최고의 브랜드니까요."

긴밀하게 연결된 공동체

'탈피오트만'이라는 구인 광고들은 탈피오트가 자신의 회사에서 일하기를 간절히 바라는 탈피오트가 아닌 사람들이 구인 사이트에 게재하는 경우가 많다. 하지만 탈피오트가 경영하는 회사인 경우, 특히 신생 회사인 경우, 다른 탈피오트 졸업생들과만 일하고자 하는 욕구는 더 강하다. 많은 사람들이 탈피오트는 특별한 언어를 사용하며, 서로를 진정으로 이해하고, 다른 탈피오트를 신뢰하고, 일을 어떻게 해야 하는지 알며, 독특한 공통의 경험을 공유한다고 말한다.

"탈피오트는 네트워킹의 훌륭한 기반입니다. 대단히 친밀하게 짜인 협동 프로그램하에서 움직이니까요." 탈피오트 25기 엘라드 페르버Elad Ferber의 말이다. "같은 30명의 사람들과 3년 몇 개월 동안 하루 열여덟 시간을 함께 하면 서로를 매우 잘 알게 되죠. 말 그대로 그림자만 봐도 그들이 어떤 사람인지 알게 됩니다. 그들은 서로를 위해 어떤 일이든 합니다. 우리는 서로를 도와야 한다는 진정한 의무감을 느낍니다. 동기나 한 기수 위, 한 기수 아래의 사람이라면 더욱 그렇죠. 이 강력한 유대는 프로그램 내내 지속되고, 복무 중일 때나 민간 부문에서도 계속됩니다. 어떤 것도 이것을 막지 못합니다. 탈피오트는 아주 긴밀하게 연결된 공동체입니다. 우리 모두가 생계를 꾸려가야 하는 것은 사실이지만 돈은 그 관계에서 문제가 되지 않습니다.”

이 엘리트 집단의 졸업생 중 몇몇은 탈피넷Talpinet이란 프로그램을 만들었다. 이것은 탈피오트 졸업생들만을 대상으로 하는 온라인 포럼이다. 탈피넷은 한 졸업생이 경영진에 어떤 역할을 맡을 누군가를 찾을 경우, 특별한 기술을 가진 프로그래머를 필요로 할 경우, 이전에는 해결할 수 없다고 생각되던 문제를 해결하려 할 경우, 다른 졸업생과 접촉하는 데 도움을 준다.

공군 조종사 아리크 체르니악은 탈피넷에서 '탈피밋Talpimeet'의 아이디어를 얻었다. 체르니악은 일 년에 몇 차례 적당한 장소를 찾아 하루 밤 동안 이루어지는 포럼에 700명이 넘는 탈피오트 졸업생 모두를 초대한다. 각 포럼에는 각자의 분야에서 최고의 자리에 있는 탈피오트 졸업생 몇 명이 강연자로 나선다.

2012년 봄에는 텔아비브대학의 대형 강당에서 이 포럼이 개최되었다. 30기에 걸친 졸업생들이 참석했다. 참석 인원은 수백 명에 달했다. 그들은 동문들을 만나고, 추억을 나누고, 세포가 어떻게 움직이고, 성장하고, 변화하는지, 어떻게 돌연변이를 일으키며 이 돌연변이를 어떻게 치료하는지에 대한 한 탈피오트 졸업생의 프레젠테이션을 들었다.

그들은 앞서 언급한 엘라드 페르버의 강연도 들었다. 그는 탈피오트 입학 허가를 받기 전 전투기 조종사가 되기 위해 전력투구를 하고 있었다. 그는 이미 모병 절차를 밟기 시작한 상태였다. 하지만 그보다 몇 년 앞선 아리크 체르니악과 마찬가지로 탈피오트 참여도 좋은 일이 될 것이라고 결정하고 양쪽 모두의 지원 절차를 동시에 시작했다. 그는 탈피오트 면접관이 재니스 조플린Janis Joplin과 플로렌스 나이팅게일Florence Nightingale에 대해 말하고 제1차 세계대전이 어떻게 시작되었는지 설명하라는 질문을 했던 이상한 기억을 가지고 있다. "재니스 조플린은 알고 있었습니다." 그가 회상한다. "하지만 제1차 세계대전이 정확히 어떻게 시작되었는지, 플로렌스 나이팅게일이 누군지는 몰랐죠. 이제는 알고 있지만요."

탈피오트 네트워크를
이용하라

히브리대학에서 탈피오트 과정을 마친 페르버는 방위 산업체 라파엘Rafael에서 프로그램을 관리하는 일을 했다. 그는 라파엘이 탈피오트 네트워크에 대한 접근 가능성을 비롯한 여러 가지 이유에서 그에게 많은 관심을 가지고 있었다고 생각한다. "그들은 탈피오트 중 한 명을 프로젝트에 끌어들이면 많은 다른 탈피오트에 접근할 수 있다는 것을 알고 있습니다. 우리가 탈피오트 네트워크를 이용할 것이란 점을 아는 것이죠. 나는 다른 탈피오트를 끌어들일 수 있고 그들의 아이디어에 접근할 수 있습니다. 다른 탈피오트들이 동일한 프로젝트에 직접적으로 참여하지 않는다고 해도 말입니다. 좋은 아이디어를 유도하는 신호등과 비슷하죠."

라파엘에서 근무한 후 페르버는 국방부로 자리를 옮겼다. 그는 그곳에서 아직까지도 이스라엘의 안보에 대단히 중요한 프로젝트를 비롯한 대형 프로젝트들을 관리했다. 그의 일은 주요 소프트웨어 업그레이드와 관련이 있었다. 그 프로젝트는 채용이 되었고 현재 이스라엘 군에 의해 이용되고 있다. 나머지 부분은 기밀 사항이다.

페르버는 그것이 다양한 관심사를 대변하는 다양한 배경을 가진 많은 사람들과 일하는 유형의 대형 프로젝트였고 그가 향후의 사업을 준비하는 데 도움을 주었다고 말했다. 이스라엘 방위와 관련된 일을 마친 후 그는 민간 사회로의 첫 걸음을 준비하기 시작했다. 선배 탈피오트 졸업생들이 제시하는 몇 가지 기회를 거절한 페르버는 스탠포드 대학 MBA 프로그램으로부터의 제안을 받아들였다. 학업이나 사업을 시작하기 위해 해외로 가는 대부분의 탈피오트가 그렇듯이, 페르버는 고국으로 돌아오겠다는 서약을 했다.

그는 대학원 프로그램과 탈피오트 사이에 유사점이 있다는 것을 깨달았다. "스탠퍼드의 MBA 프로그램 역시 대단히 긴밀했고 강도가 높았습니다. 탈피오트에서와 같이 끈끈한 협력 관계가 장려되었죠. 대인 관계가 대단히 중요합니다. 이를 통해 나는 두 번째로 세계적인 네트워크를 얻게 되었습니다."

공부를 하는 동안 그는 에코랩Echolabs을 설립했다. 이 회사는 전기 광학을 이용해 피 한방을 흘리지 않고 비침습적인 방법으로 혈액을 검사하는 방법을 고안했다. 페르버는 이렇게 말했다. "이 기술을 이용하는 많은 소비자가 있습니다. 의료계보다는 운동선수들이 많이 이용하죠. 이 방법은 그들의 몸이 특정한 상황에서 어떻게 움직이는지 보여줍니다. 그들이 언제 쉬어야 하는지, 언제 먹고 마셔야 하는지 알려주죠. 그들이 자신의 몸을 가장 최적화할 수 있도록 도움을 줍니다."

페르버는 샌프란시스코 전역의 철물상에서 장비를 구입하고 기기를 제작한 후 손목시계 크기의 착용형 장치에 장착해서 직접 이 장치의 원형을 만들었다. 그는 탈피오트 네트워크와의 접촉을 통해서 추가적인 자금 마련에 도움을 받았다.

탈피오트
유대가 주는 정보

로템 엘다르Rotem Eldar는 탈피오트 16기로 페르버보다 9년 앞선 1994년 졸업했다. 엘다르는 이스라엘 최대의 벤처 캐피털 기업 제미니 벤처 캐피털Gemini Venture Capital에서 일한다. 엘다르는 바로 에코랩에 관심을 가지게 되었다. 제미니 벤처 캐피털이 에코랩에 초기 단계의 투자를 할지 아직 확실치 않지만 엘다르는 페르버가 현재나 향후의 자금 조달에 도움을 줄 수 있는 적절한 조언자들과 접촉할 수 있도록 지원을 아끼지 않았다.

엘다르는 이스라엘 전체에서 가장 부유한 동네인 헤르츠리야 피우아크에 지중해가 굽어보이는 전망을 가진 건물의 11층에서 일하고 있다. 건물 밖 거리에는 일식집들이 있고 제미니의 로비에는 엑스박스Xbox 비디오 게임 시스템이 있다. 그는 보스턴에 기반을 둔 통신 회사의 개발과 론칭을 도운 후 2011년 제미니에서 일하기 시작했다. 그는 자신이 제미니에서 하는 일의 가장 큰 부분이 자산 실사를 통해 투자를 추천한 회사들이 성과를 내도록 하는 것이라고 말한다. 그는 이 일을 하는 데 탈피오트 네트워크를 광범위하게 이용한다.

그는 창문 쪽을 가리키며 말했다. "우리는 이것을 실리콘 와디Silicon Wadi라고 부릅니다. 건조한 이스라엘의 계곡은 이른 봄에 비가 내릴 때만 강으로 변하는데 우리는 이것을 와디라고 부릅니다. 신생 기업의 50퍼센트는 우리가 있는 곳에서 반경 2~3마일 내에 있습니다. 한 블록 떨어진 곳에 마이크로소프트가 있습니다. 브로드컴Broadcom은 저기 저 건물에 있습니다. 일반적으로 이스라엘과 특히 이스라엘의 첨단 기업 분야에서는 대부분의 사람들이 서로를 알죠. 하지만 혼란을 헤치고 나올 수 있게 돕고, 믿을 수 있는 정보를 빠르게 얻을 수 있는 길은 탈피오트 네트워크입니다."

"나는 군의 다양한 영역에 있다가 다양한 산업계와 다양한 회사로 진출한 탈피오트 출신의 사람들을 알고 있습니다. 그 네트워크는 저와 제미니에 큰 장점이고 시간을 절약해주는 장치입니다. 지금 나의 위치에서 회사의 장부나 재정 상태를 통해 알 수 있는 것은 많지가 않습니다. 신생 기업인 경우는 특히 더 그렇죠. 당신에게 필요한 것은 정보입니다. 탈피오트와의 유대는 그것을 제게 줍니다."

특히 특정 프로젝트에 돈을 투자하는 것이 제미니에 좋을 것이란 결정을 할 경우에는 탈피오트와의 유대 관계가 엘다르와 제미니를 유리한 입장에 서게 해준다. "좋은 기회라면 경쟁이 심하고 어렵습니다. 많은 벤처 캐피털 기업들이 좋은 아이디어에 투자하기를 원하죠. 알아볼 수만 있다면 차세대 페이스북Facebook 같은 곳에 투자하려고 촉각을 세우고 있습니다. 모두가 가담하고 싶어 하죠. 사적인 관계가 열쇠입니다. 그 기업가나 그 사람을 아는 누군가를 안다면 투자에 뛰어들, 누구보다 먼저 뛰어들 더 나은 기회를 갖게 되죠. 솔직하게 말해서 투자할 만한 좋은 회사는 그리 많지 않습니다."

엘다르는 미소를 지으며 말했다. "거래의 상대편에 탈피오트가 참여하고 있을 경우, 그것은 제게 큰 이점이 됩니다. 우리는 같은 언어를 사용하고, 마음이 잘 맞습니다. 그들은 나와의 대화를 편안하게 느끼죠. 탈피오트는 한계를 돌파하거나 한계가 있음을 인정하지 않는 네트워크입니다."

도시 급수와 시스템을 감시하는 이스라엘 기업, 타카두Takadu에 고용되어 있는 다섯 명의 탈피오트들도 그런 정서에 공감한다. 이 기업의 소유주인 탈피오트 졸업생 아미르 펠레는 회사를 시작한 직후 탈피오트들을 영입했다. 그 중 하나인 하가이 스콜니코프Haggai Scolnicov는 자신의 의견을 이렇게 얘기한다. "누군가가 전화를 걸어서 '당신은 저를 모르겠지만', … '제 이름은', … '저는 탈피오트 출신입니다.'

라며 대화를 시작합니다. 그들 모두와 일을 하게 되지는 않겠죠. 하지만 그 사람은 아마도 흥미로운 이야깃거리를 가지고 있을 겁니다. 졸업생들의 네트워크에는 몇 가지 특징적 요소가 있는데 보통은 대단히 유용합니다. 강력한 힘을 가지고 있죠. 당신보다 열 살이나 열다섯 살이 많은 사람들과 자연스럽게 끊이지 않는 유대가 형성되는 다른 곳이 있을까요?"

평생 이어지는 네트워킹은 탈피오트가 서로 위아래 없이 뒹굴 수 있는 군 생활 동안 만들어진다. 때로는 정치적, 관료주의적, 기술적인 문제가 진전을 늦추기도 하지만 탈피오트는 다른 집단의 탈피오트들과 함께 하면서 일을 더 빨리 진행시킬 수 있다.

역시 타카두의 직원인 우리 바르카이Uri Barkai는 이렇게 설명한다. "의사소통이 제대로 이루어지지 않습니다. 다른 집단과 이야기를 하려면 지휘 체계를 따라 올라갔다가 다시 내려와야 하죠. 거기에서 혼선이 생길 수 있습니다. 탈피오트를 통해 지름길로 가면 정보가 더 빠르게 전달됩니다. 아주 좋은 일이죠."

스콜니코프는 지휘관이 자신에게 의사소통 창구의 역할을 맡기려 했던 상황을 회상했다. "나는 '제가 맡아도 될지 모르겠습니다.'라고 말했습니다. 그리고는 이렇게 물었죠. '상대 기관에서는 누가 그 역할을 맡습니까?' 지휘관은 대답했습니다. '시미Simmy라는 … 그 역시 탈피오트지.' 저는 바로 그 일을 맡았습니다. 물론 지휘관은 우리가 수다를 떠느라 보내는 하루 30분의 시간을 대가로 지불해야 했죠."

탈피오트 졸업생으로 가득한
세계적 연구센터

생물학자 론 마일로Ron Milo는 말이 많은 사람이 아니었다. 컴퓨터 과학, 물리학, 기술, 화학에 대해 궁금증이 생기면 그 문제를 푸는 도구는 바로 텔아비브 남쪽, 예루살렘 바로 서쪽 레호보트 시에 자리한 세계적인 연구센터, 바이츠만 연구소Weizmann Institute이다. 이후 이스라엘 초대 대통령이 되는 화학자 하임 바이츠만이 1934년 설립한 이 연구소는 2011년 〈사이언티스트The Scientist〉지에 의해 미국 이외에 학자들이 연구하기에 가장 좋은 장소로 선정되었다.

이 연구소는 마일로와 같은 탈피오트들을 끌어들이는 자석과 같은 곳이다. 사무실 문에 붙은 명패들은 이곳이 탈피오트 졸업생들로 가득하다는 것을 보여준다. 마일로와 그의 팀은 바이츠만에서 '지속 가능성이란 큰 도전 과제'를 연구하고 있다. 즉 그들은 자연의 가장 큰 위업인 광합성의 효율을 높여 식량이 가장 필요한 곳, 많은 사람들이 굶주리고 있는 세계의 가장 빈곤한 지역에서 식량을 보다 빨리 자라게 하는 연구를 하고 있다. 그는 자신의 복잡한 연구를 간단명료하게 설명한다. "우리는 탄소 대사의 가능성, 한계, 최적성을 탐구하고 있습니다. 우리는 식량과 연료를 보다 효과적으로 생산하는 능력을 증진하려는 목표하에 물질대사 설계 원칙의 본질을 이해하고자 합니다."

론은 무엇이 바이츠만으로 그를 이끌었는지에 대해 명확한 입장을 가지고 있다. 바이츠만은 세상을 구하기 위해 노력하는 그에게 최적의 자리이다. "나는 과학 교육을 받았습니다. 탈피오트에서의 교육은 깊이 있고 광범위한 것이었습니다. 내가 수학, 물리학, 컴퓨터 과학을 익히는 데 도움을 주었죠. 그것이 지금의 저를 만든 열쇠입니다."

그는 학업 훈련에서부터 군사 훈련, 졸업에 이르는 탈피오트 프로그램 자체도 대단히 높이 평가하고 있지만, 신입생들이 서로에게 어떤 추진력을 주는지, 그 프로그램의 교수들이 생도들을 어떻게 관리하는지, 탈피오트 졸업생들이 뒤따르는 후배들의 경력(과 삶)이 그리는 궤적에 어떤 영향을 주는지와 필적할 수 있는 것은 없다고 생각한다.

"탈피오트에서 당신과 함께 하는 사람, 당신이 노출되는 사람들은 훈련 그 자체만큼 아니 그보다 더 중요합니다. 흥미롭고 뛰어난 사람들에 푹 파묻히게 됩니다. 당신이 차이를 만들 수 있다고 끊임없이 이야기해주는 지휘관과 교수들의 영향을 받습니다. 프로그램을 마칠 때쯤에는 당신도 스스로를 믿고 스스로에게 큰 기대를 하게 됩니다." 마일로는 이런 밀도 높은 환경을 고려하면 탈피오트가 중요하고 매력적인 프로젝트에 참여했을 때 다른 탈피오트들을 영입하게 되는 것이 전혀 이상한 일이 아니라고 생각한다. 비슷한 것을 추구하는 사람들 사이에는 자연히 친밀감이 생긴다. 한 배에 탄 탈피오트들이 신뢰를 받고 자신들의 가치를 증명할 수 있도록 하는 데에서도 네트워크의 효과가 나타난다.

로템 엘다르는 이런 경고를 통해 탈피오트의 장점을 요약해 보여준다. "인생에 성공으로 가는 티켓은 없다는 것을 기억하십시오. '나는 탈피오트 출신입니다'라고 말하는 것에만 의지해서 남은 평생 동안 당신이 원하는 것을 얻을 수는 없습니다. 하지만 당신은 훌륭한 사람들과 관계를 맺고, 유대감을 형성하는 일을 통해 혜택을 얻을 것입니다. 궁극적으로는 모든 일이 자신이 하기에 달려 있겠지만, 탈피오트는 당신이 해답을 찾고 결정을 내리는 데 도움을 줄 준비가 된 개인 고문을 선사합니다."

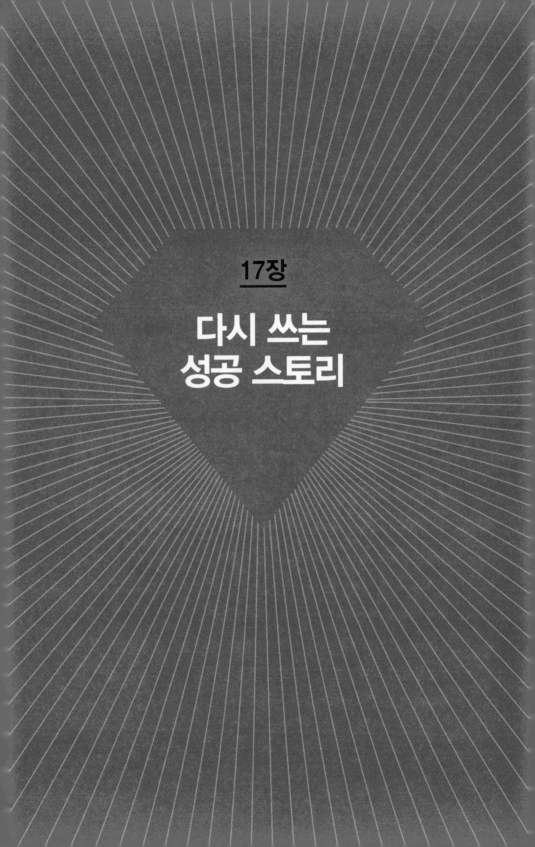

17장

다시 쓰는
성공 스토리

ISRAEL'S EDGE

　지난 장에서 우리는 군 복무의 일환으로 출발한 독특한 탈피오트의 네트워크가 이 프로그램의 많은 졸업생들을 이스라엘 산업 일선에 어떻게 자리 잡게 했는지 살펴보았다. 탈피오트 졸업생들의 삶을 추적하면서 그들의 훈련, 교육, 군 경험이 이후의 삶에 어떤 혜택을 주었는지 추적하는 것은 대단히 흥미롭다. 탈피오트들은 그들이 가는 모든 곳에 영향력을 행사하며 전례가 없는 방식으로 이스라엘 경제에 영향을 미친다.

　1993년, 인터넷은 유아기에 불과했다. 인터넷은 대학과 연구소의 연구자들이 네트워크를 실험하는 몇몇 영역에만 존재했다. 일부 사람들이 컴퓨터를 전화선에 연결해서 팩스와 같은 장치를 통해 서로 통신을 하기도 했다. 팩스와 같은 다이얼 방식 시스템을 거친 후에야 인터넷 연결이 가능했다.

첨단 기술 분야에 있는 사람들조차 이 소규모 네트워크가 언젠가 세계 비즈니스, 은행업, 마케팅의 중심이 될 것이란 전망을 환상으로 여겼다. 하지만 이스라엘의 한 소규모 팀은 미래를 깊이 있게 조망했다. 그들은 인터넷의 가치를 인식했다. 그들은 상거래와 은행 거래가 아주 자연스럽게 온라인에서 이루어지는 세상을 그렸다.

세상 속
탈피오트의 영향력

탈피오트 2기 마리우스 나흐트Marius Nacht(우리가 6장에서 만났던)는 나스닥에 상장된 최초의 이스라엘 기업, 옵트로테크Optrotech에서 일하고 있었다. 당시 그곳의 최고 관리자 중 한 명은 GAD라고 알려진 특수 조직을 만들었다. 나흐트는 이 새 부문에 영입되었다. 부문장은 세부적인 사항에 대해서는 대단히 막연하게 밝혔을 뿐이지만 나흐트는 믿음을 가졌다. "그는 정보가 새어나가는 것을 원치 않았기 때문에 그 프로젝트에 부여된 임무가 어떤 것인지 상세히 말하지 않으려 했습니다." 그가 설명했다. "하지만 그는 명석한 사람이었고 그래서 나는 내가 어떤 일을 하게 될지도 모르는 채 그 제안을 받아들였습니다. 내가 서류에 서명을 한 후, 그는 우리가 크고, 새롭고, 정교한 프린터를 만들게 될 것이라고 밝혔습니다. 저는 상당히 실망했습니다. 1~2년 전만 해도 나는 전투에 나선 이스라엘 조종사들의 목숨을 구하는 일을 했는데 이제 프린터를 연구해야 하다니. 제가 정말 어리석게 느껴졌습니다. 그는 내가 그 일의 소프트웨어 부분을 맡길 원했습니다. 극히 정교한 소프트웨어였죠. 그는 그곳에서 일하는 사람이 5명뿐이라고 말했습니다. 나머지는 외부에 위탁했습니다."

옵트로테크는 이후 오빗Orbit에 합병되었고 이어 오르보테크Orbotech가 되었다. 오르보테크는 여전히 나스닥에서 거래되고 있다. 이 회사는 전자기술 업계를 위한 제품의 제조, 마케팅, 서비스를 취급한다. 또한 카메라로 전자 부품의 매우 상세한 이미지를 촬영해서 장치에 어떤 문제가 있는지 보고하는 자동 광학 검사automated optical inspection 과정을 전문적으로 다룬다.

나흐트는 당시 소프트웨어에 대해서 전혀 아는 것이 없었다고 인정한다. "탈피오트에 있을 때는 컴퓨터 과학 실습이 거의 없었습니다. 나는 도스DOS조차 몰랐습니다. 그때는 도스뿐이던 시절이었습니다." 그는 유닉스UNIX와 매크로-SMacro-S를 독학한 후 애플의 OSX의 프로그램 방법을 배웠다. 모두가 옵트로테크에 필요한 것들이었다.

컴퓨터가 그가 연구 중인 정교한 레이저 프린터를 작동시키도록 코드를 쓰는 것이 문제였다. 그는 이렇게 기억했다. "누구도 이 문제를 해결할 수 없었습니다. 누군가 길 슈웨드Gil Shwed라는 사람에게 연락해보라는 말을 했습니다. 그는 8200 부대에서 복무했고 이스라엘의 선 마이크로시스템Sun Microsystem을 위해 프리랜서로 일하고 있었습니다. 그는 회사 생활을 싫어했고 새로운 과제에 서명을 하기 전에

한 번에 한 가지씩만 일을 했습니다. 그는 프리랜서 중의 프리랜서였습니다. 그래서 나는 그에게 도움을 청했고 며칠 후 그가 나타났습니다. 그는 모니터 앞에 앉아서 내가 문제를 설명하는 동안, 그러니까 내가 무슨 일을 하고자 하는지가 아니라 그저 문제를 설명하는 동안 타이핑을 시작했습니다. 저는 계속 이야기를 했고 그는 계속 일을 했습니다. 제가 목소리를 높였습니다. '이보세요, 나는 당신과 이야기를 하려 하는데 왜 듣지 않는 거죠?' 그는 고개조차 들지 않고 이렇게만 말했습니다. '걱정말고 계속 말씀하세요.'"

나흐트와 슈웨드의 성공

나흐트는 웃었다. "프로그래머로서의 슈웨드는 대단했습니다. 지금까지도 그와 대적할 사람이 없죠. 3시간 만에 그는 우리가 한 달 동안 씨름했던 문제를 해결했습니다. 우리 팀에는 컴퓨터 공학 박사 학위와 석사학위를 가진 사람들이 있었는데도 말입니다."

"그는 그날 오후 옵트로테크에서 나왔습니다. 하지만 우리는 연락을 계속했습니다. 나는 그를 설득해서 회사를 위해 일하게 만들었습니다. 대단한 일이었습니다. 그는 다른 사람의 명령을 받아본 적이 없었습니다. 그에게 상관이 있고 월급을 받는다는 것은 터무니없는 일이었습니다. 나는 우리 회사에서 일하도록 그를 설득할 수 있었던 일을 대단히 자랑스럽게 생각합니다."

나흐트와 슈웨드는 몇 개월 후 옵트로테크를 떠나 이스라엘에 있는 뉴욕 기반의 회사에서 일하게 되었다. 재고 관리를 자동화하는 이 회사의 클라이언트에는 보잉, 프록터앤갬블Proctor and Gamble 등이 있다. 그들의 자료는 시대에 뒤떨어져 있었고 VAX라는 시스템에서 운영되고 있었다. 슈웨드와 나흐트는 그것을 모두 유닉스로 전환시켰다.

나흐트에 따르면 슈웨드는 정말 자주 이렇게 말하곤 했다. "내게 좋은 생각이 있어. 인터넷은 차세대 성장 동력이 될 거야. 확보해둬야 해." 슈웨드는 이후 방화벽이라고 알려지게 되는 것, 즉 컴퓨터를 기반으로 하는 외부의 모든 공격으로부터 사용자를 보호하기 위해 설계된 소프트웨어를 구상하고 있었다.

나흐트는 이렇게 인정한다. "나는 그가 무슨 소리를 하는지 전혀 몰랐습니다. 인터넷에 대해서는 아는 것이 전혀 없었죠. 개념조차 파악하기가 어려웠습니다. 하지만 길은 이런 말로 나를 설득해서 그와 함께 옵트로테크를 그만두게 했습니다. '이미 일은 진행되고 있어. 우리도 무언가를 해야 해.' 이렇게 하여 세계 최초, 최대의 인터넷 방화벽 회사인 체크포인트Check Point가 시작되었습니다."

세계적 기업의 시작

체크포인트는 대부분 슈웨드의 아이디어였지만 나흐트는 그가 후하게 회사를 50대 50으로 나누자는 제안을 했다고 말한다. 나흐트는 그가 곧 일 더미에 파묻히게 될 것이라는 것을 알고 있었다. 그는 '천국'에서 생각을 정리하고 휴식을 취하겠다는 생각으로 몇 주간 자메

이카로 휴가를 떠났다. 그 섬에 있는 동안 그는 슈웨드로부터 전화를 받았다. 제3의 인물을 끌어들여도 괜찮겠냐고 묻는 내용이었다. 그 사람은 8200 부대에서 슈웨드와 친구가 된 숄로모 크레머Sholomo Kramer였다. 나흐트는 크레머를 직접 알지 못했지만 슈웨드의 생각에 동의했다. 세 사람이 각기 3분의 1을 갖기로 지분을 다시 나누었다.

이 새로운 회사의 설립을 추진한 주된 인물은 슈웨드였지만, 나흐트는 이렇게 회상한다. "그는 컴퓨터도 가지고 있지 않았습니다. 때문에 내가 그에게 내 아파트를 내주었죠. 나에게는 인텔Intel 386이 있었습니다. 내 침실이 우리의 사무실이 되었습니다. 얼마 후, 크레머의 할머니께서 돌아가셨습니다. 그녀의 아파트가 우리 사무실이 되었고 나는 침실을 되찾았습니다."

종자돈을 얼마간 가지고 있었지만, 슈웨드와 나흐트, 크레머는 고객을 모으고 외부 자금이 없이도 유지할 수 있다는 확신이 들 때까지는 자신들을 도울 다른 사람을 고용하지 않는다는 데 뜻을 모았다. 실패할 경우 다른 사람들에게 피해를 끼치고 싶지 않았던 것이다. 그럴 경우 작은 나라 안에서 그들의 평판에 나쁜 영향이 있을 테고 더 중요한 것은 그들의 정신 건강에 좋지 않을 것이란 점이었다. 때문에 그들은 자질구레한 일, 궂은 일, 관리와 사무에 관련된 일의 대부분을 직접 해냈다.

상황이 조금 더 안정되기 시작했을 때 처음으로 고용한 사람들 중에는 리모르 바칼Limor Bakal이라는 여성이 있었다. 그녀의 일은 가능한 어떤 일이든 지원하면서 이 세 사람이 그들의 생각과 스케줄을 정리하는 데 도움을 주는 것이었다. 그녀는 영업과 마케팅 업무에 착수했다. 당시에는 누구나 할 것 없이 체크포인트의 모든 일을 했다.

바칼은 이렇게 말했다. "나는 인터넷이 무엇인지도 몰랐습니다. 당시로서는 굉장히 특별한 것이었죠. 대단히 기술적이고 학술적인 것이었습니다. 우리는 잠재 고객에게 접근하기 위해서 독학을 해야 했습니다. 우선 사업을 하는 데 인터넷을 사용할 수 있다는 것을 설명해야 했습니다. 그래야 거기에서 발생할 수 있는 문제들과 우리가 가진 해법에 대해서 말할 수 있으니까요. 잠재 고객에게 '방화벽에 접속해서 사용하세요.'라고 말할 수는 없습니다. '이것이 인터넷입니다.'라고 말해야 했죠. 잠재 고객들에게 '웹사이트를 가지고 계십니까?'라고 물었던 것이 기억납니다. 그들이 아니라고 답하면, 나는 더 이상 그들을 귀찮게 하지 않았습니다. 한참 뒤떨어져 있는 사람들이니까요. 하지만 기술 기업으로서 우리도 한참 뒤떨어져 있었습니다. 처음으로 개인용 컴퓨터를 들여왔을 때 아무도 그것을 건드리고 싶어 하지 않았습니다. 모두가 겁이 나서 죽을 지경이었습니다. 그들이 마이크로소프트에 관한 이야기를 하면 나는 '도대체 마이크로소프트가 뭐죠?'라고 말할 정도였죠."

바칼은 마리우스 나흐트가 미국에서 자금을 조달하러 다니던 것을 회상한다. "그는 항상 출장을 다녔습니다. 그는 몇 개월간 차에서 일을 하고 잠을 잤습니다. 옛날의 전형적인 유대인 세일즈맨처럼 말입니다. 그는 말 그대로 기업들을 찾아가 문을 두드렸습니다."

나흐트에게 바칼이 했던 말을 전하자, 그는 웃음을 지으면서 "내가 할 소리인데요"라고 대답했다. 초기에 나흐트가 미국 기업들을 찾아다닐 때, 그는 보스턴 근처에서 최고 기술 책임자를 만났다. 그 책임자는 이렇게 말했다. "인터넷 보안은 필요치 않습니다. 전혀요." 이 회사는 소프트웨어 제조업체 로터스Lotus였다. "그들은 나를 비웃으면서 사무실에서 내보냈습니다." 나흐트의 말이다. "그들은 인터넷에는 보안이 필요하지 않다고, 인터넷은 결코 상거래를 위한 통신 도구가 될 수 없다고 생각했습니다. 처음 우리가 그곳에 갔을 때 네트워크 관리자가 나에게 말했습니다. '저는 인터넷에 접속할 일이 절대 없습니다. 저는 방화벽이 필요치 않아요.' 여기에서 무슨 말을 할 수 있겠습니까? 인터넷에 접속하지 않는다면 방화벽은 전혀 필요하지 않습니다. 결국 그 사람은 회사에서 해고되었고 그를 대신한 사람이 우리에게 전화를 걸었습니다. 나는 그에게 제품을 보여주었고 그는 몹시 흥분해서 당장 로터스닷컴lotus.com 네트워크로 향하는 게이트웨이에 그 제품을 설치하고 싶어 했습니다. 내가 그에게 말했습니다. '먼저 프로덕션 네트워크에서 제품을 잠시 사용해 보고, 규칙을 배우고, 사용법을 익히는 게 어떨까요? 방화벽에 일련의 잘못된 규칙을 적용하면 당신이 만들 것을 스스로 망치게 됩니다.'"

체크포인트가 설립되고 오래지 않아 고용된 또 다른 사람은 탈피오트 초창기 졸업생인 길 다곤Gil Dagon이었다. 그의 역량은 프로그래머들로 이루어진 한 팀 전체와 맞먹었다는 전설 같은 이야기가 전해진다. 다곤은 자신이 관심을 가진 것들에 완전히 집중했고 지금도 그런 점은 변하지 않았다. 그는 체크포인트의 초기 옵션 중 대부분을 기부했다. 수백만 달러 가치의 옵션들이다. 바칼은 싱긋 웃으며 말했다. "염려 마세요. 아직도 많이 가지고 있으니까요."

변변치 않게 시작한 체크포인트는 현재 120억 달러 규모의 기업으로 이스라엘에서 가장 크고, 가장 성공적인, 그리고 가장 존경 받는 기업이다. 이 회사는 여전히 세계 업계의 선두 주자이며 여러 개의 핵심 특허를 보유하고 온라인 보안의 면모를 지속적으로 바꾸어나가고 있다.

다양한 분야에서의 성공

탈피오트 기업의 성공 사례는 온라인 쪽에만 있는 것이 아니다. 탈피오트 졸업생들은 수많은 다른 업계에서의 문제 해결에 탈피오트 시스템을 이용해왔다. 탈피오트는 생도들에게 '시스템 접근 방식'을 주입하는 것으로 유명하다. 어떤 것에 제한적인 접근 방식을 취하는 대신 위에서 관망하고 전체적인 영향을 파악하는 시스템적 방법을 찾은 후 계획을 세우는 것이다.

앞의 많은 사람과 같이, 길라드 알모지Gilad Almogy도 전투 지휘관이 되기를 꿈꾸었고 1984년 5기 탈피오트의 일원이 되기 전까지는 탈피오트에 대해 매우 회의적이었다. 하지만 그는 뛰어난 문제 해결자였고 때로는 개념 전체를 완전히 파악하지 못한 상태에서도 시험에서 좋은 성과를 거두었다. "아마 그 때문에 내가 탈피오트에 매우 적합한 사람이었던 것 같습니다." 그가 농담처럼 이야기했다.

알모지는 탈피오트의 일원이 되기 이전부터 시스템 접근 방식을 알고 있는 학생이었다. 하지만 그는 자신이 시스템 접근 방식을 완전히 익히게 된 공을 탈피오트에 돌렸다. "탈피오트가 그것을 가르친 방식으로 인해 저는 훌륭한 배경을 갖추게 되었습니다. 이후 나는 실행활에서도 그런 식의 사고를 갖게 되었습니다."

그는 물리학과 수학 전공으로 3년에 걸친 히브리대학의 탈피오트 과정을 충실하게 마쳤다. 이후 그는 전투 사관학교에 진학했다. 그는 골라니의 여단 소대장으로 1차 인티파다intifada(1987년 가지지구와 웨스트뱅크 이스라엘 점령 지역에서의 팔레스타인에 의한 반란_옮긴이)에서 싸웠으며 잠시 남부 레바논에서 복무했다. 작전 중 그는 찬 바닥에 누워서 어린 병사들을 둘러보며 혼자 이렇게 생각하곤 했다. "이 중에 고급 물리학과 수학 학위를 가진 사람은 없을 거야."

군 복무를 마친 후 알모지는 오보트Orbot에 고용되었다. 그곳에서 그는 육안으로는 절대 볼 수 없는 반도체의 결함을 찾는 시스템을 완성해서 기업들이 수억 달러를 아낄 수 있게 했다. 반도체가 작동되기 위해서는 완벽하게 만들어져야 한다. 작은 장치의 흠이나 긁힌 자국도 용납되지 않는다. (반도체를 개발하는 사람들이 방독면이 달린 생화학 재해가 일어난 곳에서나 볼 수 있는 것과 비슷한 옷을 입는 이유도 거기에 있다.)

"몇 천만 분의 일 크기의 결함을 찾는 것입니다." 알모지가 설명했다. "풋볼 구장에서 소금 알갱이 하나를 찾는 것과 비슷하죠. 구장에는 잔디가 깔려 있지만 그건 무시합시다. 그 소금 알갱이가 어떤 종류인지 알아야 하고 그것이 절대 후추가 아니라는 100퍼센트의 확신이 있어야 합니다."

오보트가 1996년 1억 1,000만 달러에 어플라이드 매테리얼Applied Materials(AMAT라는 나스닥 심볼로 알려진)에 매각되자 알모지는 AMAT로 자리를 옮겼다. 그 회사에 꼭 필요한 존재였던 그는 캘리포니아 공과대학에서 응용물리학 박사학위를 받은 후 수석 부사장 자리에까지 올랐다.

코제네라의 성공

그는 항상 자신의 사업을 하고 싶어 했지만 대기업의 그늘에서 벗어나는 것은 쉽지 않은 일이었다. "나는 문제 전체를 볼 수 있습니다. 그것이 나의 장점이죠." 그가 말했다. 그는 자신의 문제를 오랫동안 숙고했고 마침내 AMAT에서 벗어날 방법을 찾았다. 그는 다체제 경영multi-system mangement이 성공의 열쇠가 될 것이라고 생각했다.

알모지는 2009년 캘리포니아 기반의 태양 에너지 업체, 코제네라Cogenera를 설립했고 AMAT의 최고 경영진 두 명을 영입할 수 있었다. 그는 태양 전지판을 만드는 것이 반도체를 만드는 것과 비슷하다고 말한다. 최대 효율을 달성하려면 모든 전지판이 결함이 없이 완벽한 것이어야 하기 때문이다. 이 회사의 새로운 기술은 독특한 태양 전지판 디자인과 함께 세계적으로 선풍적인 인기를 모았다. 이로써 역사상 가장 성공적인 벤처 캐피털리스트 중 하나인 비노드 코슬라Vinod Khosla 등 유명 투자자들을 끌어들일 수 있었다.

코제네라 성공의 열쇠는 알모지가 '이케아 접근법Ikea approach'이라고 부르는 것에 있다. 모든 원료가 조립을 위해 그의 공장으로 옮겨진다. 어떤 원료에 대해서도 단일 공급 업체를 두지 않는다. 그런 방식으로 그는 절대 한 바구니에 달걀을 모두 담지 않는다. 그의 회사는 캘리포니아의 페이스북 새 본사, 소노마 와인Sonoma Wine Compay, 클로버 데어리Clover Dairy를 비롯해 인도의 규모 업체 두 곳과도 대규모 계약을 체결했다.

이스라엘을 최고의 창업 국가로

탈피오트 졸업생들은 아직 개발 단계에 있는 여러 기술 분야의 일선에도 포진하고 있다. 그 목록의 선두에 있는 것은 모바일 기술과 자율주행 차량이다. 탈피오트 5기 졸업생 이타이 가트Itay Gat는 모바일아이Mobileye의 생산 프로그램 부문 부사장이다. 이스라엘이 2014년 여름 테러와의 전쟁을 벌이고 있는 동안, 모바일아이는 금융 시세 표시기에 MBLY 라는 이름으로 올라간 나스닥 상장사가 되었다. 성공적인 주식 공개 후 거래 이튿날, 예루살렘 기반의 이 회사는 시가 총액 76억 달러를 기록했다.

모바일아이는 당신 차의 '세 번째 눈'이다. 이 장치는 앞차와 곧 충돌하게 될 상황이라는 것을 감지하고 운전자가 느리게 반응할 경우 브레이크까지 밟는다. 모바일아이는 경보를 통해 다른 차나 행인 등 도로 위의 다른 충돌 위협까지 경고해서 운전자가 빠르게 조치를 취하도록 한다.

모바일 전략은 탈피오트 졸업생들을 유인하는 또 다른 산업 분야이다. 9기 졸업생 가이 레비-유리스타Guy Levy-Yurista는 텔아비브대학에서 전기공학 학위를 받고, 바이츠만 연구소에서 박사학위를, 펜실베이니아 대학 와튼 경영대학원에서 MBA 학위를 취득했다. 그는 승인되지 않은 컴퓨터 프로그램과 광 신호를 부호화하고 탐지하는 데 초점을 맞춘 다섯 개의 미국 특허를 보유하고 있다.

그는 처음에는 이스라엘 방위군에서 이후에는 민간 부문에서의 연구개발에 평생을 바쳤다. 레비-유리스타는 AOL의 모바일 플랫폼과 보안 소프트웨어 부문의 거대 기업 맥아피의 모바일 보호 장치를 개발하는 일을 했다. 그는 에어패트롤AirPatrol이라는 회사의 최고 기술 책임자였다. 에어패트롤은 군중들이 모인 행사나 다른 회사를 방문할 경우 민감한 정보나 독점적인 정보를 차단시킬 필요가 있을 때 그들의 모바일 기기를 일시정지 시키거나 이용하는 방법을 통제할 수 있게 한다.

또 다른 탈피오트 졸업생은 너무나 많은 기업을 성공시켜서 친구들로부터 '아이디어 머신The Idea Machine'이라는 별명으로 불린다. 아리엘 마이슬로스Ariel Maislos의 아이디어들은 엄청난 수익을 낳는 상품이 되었다. 1994년 탈피오트를 졸업한 마이슬로스는 2001년까지 엘리트 연구개발 부대에서 복무했다. 그는 탈피오트를 떠난 후 두 개의 회사를 설립해 매각했다. 첫 번째 회사는 파사베Passave였다. 이 회사는 동영상, 음성, 고속 인터넷 라인을 이용하는 가정이나 기업의 접속 용이성을 더 낮게, 더 빠르게, 더 저렴하게 만드는 일을 했다. 2005년 매출은 연간 3,000만 달러 수준에 이르렀다. PMC-시에라PMC-Sierra가 2006년 이 회사를 3억 달러에 인수했다.

아리엘의 다른 큰 성공작은 아노비트Anobit였다. 이 회사는 세계적으로 65개의 특허 출원에 성공했다. 그와 공동 개발자들은 플래시 스토리지flash storage(플래시 메모리로 구성한 컴퓨팅 데이터 저장소_옮긴이)에 더 많은 정보를 저장하는 방법을 고안했다. 기술 부문에 있는 기업이라면 어떤 회사든 큰 가치를 인정하는 기술이지만, 모바일 기기 시장에서는 특히 더 중요하다. 아노비트는 여러 대기업의 구애를 받은 끝에 2012년 3억 9,000만 달러의 가격으로 애플Apple에 인수되었다. 마이슬로스는 회사를 매각한 후 애플에 잠시 잔류했지만 몇 개월 후 그곳을 떠났다. 아마도 또 수억 달러에 매각하게 될 새로운 회사를 다시 시작하기 위해서였을 것이다.

물론 돈은 성공을 가늠하는 유일한 척도가 아니다. 전 세계 음악 애호가들은 초기 탈피오트 졸업생의 이름을 기억하고 있다. 메이어 샤아슈아Meir Sha-ashua는 알고리즘을 이용해서 이스라엘 방위군의 새로운 레이더 시스템을 개발했다. 그는 알고리즘을 이용해 소리를 개선하는 방법을 찾기 위해 1992년 웨이브즈 오디오Waves Audio Ltd.를 공동 설립했다. 소리를 녹음하고, 섞고, 원반 디스크를 만드는 그들의 제품은 음악과 영화계에서 광범위하게 사용된다.

샤아슈아의 회사는 전 세계 수백만 축구 팬의 신경을 안정시키는 방법도 고안했다. 2010년 월드컵 기간 동안 남아프리카 공화국의 스타디움에 모인 팬들은 부부젤라를 불었다. 부부젤라는 다른 것과 확연히 구분되는 시끄러운 소리를 냈다. 경기 첫 날 BBC에만 수백 건의 고객 불편 사항이 접수되었다. 모두가 방송국의 조치를 촉구하는 내용이었다. 국제축구연맹Fédération Internationale de Football Association, FIFA은 경기 중 부부젤라 사용 금지를 거절했다. 이에 웨이브즈 오디오가 해결책을 마련하는 일을 시작했다. 그들은 특별한 플러그-인plug-in(추가해서 컴퓨터의 기능을 확장시킬 수 있는 소프트웨어_옮긴이)을 개발해서 텔레비전 방송국에 공급했다. 방송국은 이 제품을 이용해서 소음을 없앨 수 있었다.

이 회사는 2011년 테크니컬 그래미Technical Grammy 상을 받았다. 샤아슈아는 로스앤젤레스의 레드카펫에서 인터뷰를 하면서 이 독창적인 제품을 만든 공로를 직원들에게 돌렸다. "정말 영광입니다. 지금 생각나는 것은 이런 일을 가능하게 만든 웨이브즈의 모든 직원입니다."

18장

생명과학과
탈피오트

ISRAEL'S EDGE

우리는 3장에서 탈피오트 4기 엘리 민츠Eli Mintz를 만났다. 그가 쌓
은 경력의 궤적은 그를 뒤따르는 모든 사람을 고무시켰다. 군 복무를
마친 민츠는 INSEAD(세계 여러 지역에 분교를 둔 대규모 경영 대학원)
에서 경영을 공부하기 위해 프랑스로 갔다. 생물학자인 그의 아내 리
아트Liat는 생물학, 질병, 예방 접종, 미생물을 전문적으로 연구하는
비영리 재단, 파스퇴르 연구소Pasteur Institute에서 일자리를 찾았다.
"1990년대 초 프랑스는 인간 게놈 연구에 있어 미국보다도 앞서 있
었습니다." 민츠가 설명한다. "그 배경에는 프랑스의 엄청난 노력이
있었죠. 우리는 적절한 때에 적절한 장소에 있었던 겁니다."

INSEAD에 있는 동안 그는 알고리즘과 경영에 대한 전문 지식으

로 무엇을 하고 있을까 알아내기 위해 노력했다. 그때 리아트가 갑자기 한 아이디어를 떠올렸다. 두 사람은 자신들의 지식을 결합시켜서 게놈 데이터 마이닝date mining(대규모 자료를 토대로 새로운 정보를 찾아내는 것_옮긴이)을 더 빠르고, 더 신뢰할 수 있고, 더 효과적으로 만드는 컴퓨터를 개발하기로 했다.

그들의 아이디로부터 정교한 알고리즘을 이용해서 게놈 데이터 마이닝을 수행하고 인간 게놈 지도를 제작하는 최초의 기업, 컴퓨젠Compugen이 탄생했다. 예상하다시피, 그는 이 회사를 몇몇 다른 탈피오트 졸업생들과 함께 설립했다. 심천 파이글러Simchon Faigler와 아미르 나탄Amir Natan이 그들이다. (이후 그들은 또 다른 탈피오트를 영입했다. 모르 아미타이는 오랫동안 컴퓨젠의 CEO 자리를 지키면서 탈피오트의 가장 눈부신 성공 사례가 되었다.)

그들은 DNA 지도를 만들고 분석할 수 있는 컴퓨터를 개발하여 머크Merck, 화이자Pfizer, 바이엘Bayer, 일라이 릴리Eli Lilly같은 제약 회사의 제약 연구원들이 유전 암호를 검색해 보다 효과적인 약물을 개발할 수 있게 했다.

비이스라엘 유대인의 도움

하지만 컴퓨젠을 한 단계 더 성장시키는 데에는 한 미국인의 마케팅 노하우가 필요했다. 마틴 게르스텔Martin Gerstel은 자신의 유대계 혈통에 큰 관심을 두지 않고 미국에서 성장했다. 그는 그 문제에 그리 주의를 기울이지 않았다. 그가 예일대학에 진학하고 이후 급속히 발전하는 생물공학 업계에서 승승장구하는 동안 그의 혈통은 큰 의미를 갖지 않았다. 그는 AIDS에서 주의력 결핍증_{attention deficit disorder, ADD}에 이르는 온갖 질병과 싸우는 약을 만드는 알자 코퍼레이션_{Alza Corporation}의 CEO로 명성을 날렸다.

그는 출장길에 젊은 이스라엘 여성을 만났다. 그녀는 회의를 마친 후 잠깐 이스라엘에 들려 달라고 그를 설득했고 이 방문은 이후 그의 인생을 바꾸어놓았다. 그는 비행기에서 내린 순간 집에 온듯한 느낌을 받았다. 많은 비이스라엘 유대인들이 이스라엘의 첫 방문에 관해 묘사할 때 언급하는 느낌이었다. 게르스텔은 가만히 있지 않고 뭔가를 하기로 결정했다. 그는 그 젊은 여성과 결혼했고 이스라엘 사업계에서 나오는 뛰어는 아이디어를 지속적으로 뒷받침하는 후원자가 되었다. 게르스텔을 재정적 후원자 겸 경영 컨설턴트로 끌어들인 회사 중에는 컴퓨젠도 있었다.

민츠를 비롯한 탈피오트 졸업생들을 만난 게르스텔은 대단히 깊은 인상을 받았다. "탈피오트 같은 사람들은 세상 어디에도 없습니다." 그는 열정적으로 이야기한다. "그 프로그램 출신의 사람들은 전세계 유명 대학을 졸업한 일반적인 사람들과는 다르게 생각합니다. 그들이 어떻게 이렇게 되었는지 생각해 보십시오. 탈피오트 프로그램은 나라와 세계에 봉사하기 위한 목적으로 만들어졌습니다. 9년에 걸친 집중적인 과정입니다. 겨우 18세일 때부터의 9년을 생각해보십시오. 그들은 그들의 형제, 자매, 사촌, 부모들의 삶이 자신들이 옳으냐 그르냐에 달려 있는 현실적인 문제들에 대한 지식을 배우고 개발하고 적용합니다. 이곳의 기술에 대해서는 언제나 마음을 놓을 수 있습니다. 마케팅은 어떨까요? 그들은 마케팅에 대해서 전혀 알지 못합니다. 하지만 기술에 관해서라면 탈피오트는 최고의 것을 가르칩니다."

컴퓨젠의 영향력 있는 몇몇 투자자들은 회사를 '기업답게' 만들기 위해 게르스텔을 영입했다. 게르스텔은 컴퓨젠이 나스닥에 상장되어 가파른 상승세를 보인 직후 이 회사의 큰 전환을 이끌었다.

그는 컴퓨젠이 시장에서 최고의 제품을 적정 가격보다 싸게 팔고 있다는 것을 깨달았다. "그들의 컴퓨터는 120만 달러에 팔리고 있는 경쟁사의 제품보다 훨씬 좋았습니다. 컴퓨젠은 자사 제품을 3만 달러에 팔고 있었습니다." 아이러니하게도 컴퓨젠 컴퓨터의 좋은 성능은 매출 하락을 유발했다. "컴퓨터가 너무 좋고 너무 빨라서 또 다른 컴퓨터가 필요치 않았던 것이죠." 게르스텔이 회상한다.

그는 컴퓨젠에 컴퓨터 기업에서 생명과학 기업으로의 리브랜딩이 필요하다는 굳은 믿음을 갖게 되었다. 하지만 회사의 초점을 바꾸어야 한다는 그의 아이디어는 곧 회사 설립자들의 이탈로 이어졌다.

이 회사의 초기 탈피오트 팀은 기업계의 일반적 통념에 불만을 가지고 있었다. 게르스텔이 그가 '아이들'이라고 부르는 이 네 명을 이끌고 전 세계 대형 제약 회사들과 끝없이 회의를 이어갔다. 그는 그들이 옳고 다른 사람들이 틀렸다는 확신을 얻었다. "나는 이 컴퓨젠 친구들이 생물학에 대해서 그리고 구성 요소에 대해서 나머지 세상보다 더 많은 것을 알고 있다는 것을 바로 깨달았습니다. 우리는 수많은 대형 제약 회사를 방문했고 그들은 이렇게 말했습니다. '당신들이 좋은 수학자인 건 분명합니다만 그런 이론은 사실일 수가 없습니다.' 그 사람들은 생물학의 중심 원리(하나의 유전자, 하나의 유전 정보, 하나의 단백질)에서 벗어나지 못했습니다. 때문에 우리는 돌아와서 우리 컴퓨터로 발견한 예측을 실험하는 생물학 실험실을 만들었습니다. 우리는 수년에 걸쳐, 천천히 하지만 확실하게 우리 회사를 생명 과학 기업으로 변신시켰습니다. 우리는 더 많은 생물학자들을 고용했습니다. 우리는 연구와 조사에 대한 투자를 늘렸습니다."

게르스텔을 주축으로 한 컴퓨젠의 새 경영진은 회사를 새로운 궤도에 올렸다. 이 길은 새로운 클라이언트를 끌어들일 가능성을 훨씬 넓혔다. 이 2세대 경영진들 역시 탈피오트 출신들이었다. 게르스텔은 과거를 돌아보며 경탄을 금치 못한다. "그들은 생각하는 방식이 다릅니다." 게르스텔이 말한다. "탈피오트 졸업생들은 우선 문제를 인식한 후 다음으로 원인을 밝혀냅니다."

탈피오트를 향한 게르스텔의 믿음

특유의 에너지, 재능, 긍지를 가진 게르스텔은 이스라엘(주로 탈피오트와 컴퓨젠 덕분에)이 알고리즘 분야의 세계 정상에 있다고 힘주어 말한다. "이스라엘보다 나은 곳은 없습니다. 이스라엘은 이 분야의 중심이 될 수밖에 없습니다. 알고리즘과 생물학 양쪽에서 최고니까요. 지난 7년간의 생명 과학 분야 노벨상 중 세 번이 이스라엘에 돌아갔습니다. 노벨상 시상식은 스톡홀름이 아닌 예루살렘이나 텔아비브에서 열려야 합니다."

게르스텔은 가끔 영업 프레젠테이션을 할 때 컴퓨젠 경영진을 당황시킬 정도로 탈피오트에 현혹되어 있다는 비판을 받을 정도이다. 컴퓨젠의 중역이었던 한 사람은 특히나 당혹스러웠다. 그는 친구들에게 이렇게 말한다. "나는 전 세계를 돌아다녀도 이스라엘 밖에서 탈피오트에 대해 묻는 사람을 본 적이 없어. 이스라엘 내에서도 그런 사람은 매우 드물지. 사람들이 탈피오트에 대해 모르니까 말이야. 마틴은 모든 사람들에게 탈피오트에 대한 열렬한 강의를 펼쳐. 제약 회사의 경영진들이 빤히 지켜보는 그 자리에 나 역시 앉아 있어야 하지. 지독한 일이긴 하지만 그가 훌륭한 세일즈맨인 것만은 확실해."

엘리 민츠와 마틴 게르스텔은 사업에 있어서는 서로 마음이 잘 맞지 않았다. 하지만 세간의 이목을 끈 컴퓨젠의 분리 이후에도 그들은 서로를 칭찬하기에 바빴다. 민츠는 성공한 창업 투자자 조너선 메드베드Janathan Medved가 돈을 투자한 일을 회상한다. "하지만 그가 컴퓨젠에 한 가장 큰 기여는 우리를 마틴에게 소개해준 일이었습니다." 마틴은 말을 이었다. "그를 만나게 된 것은 큰 행운이었습니다. 그는 오늘날의 컴퓨젠이 존재하는 데 정말 중요한 역할을 했습니다. 마틴 게르스텔을 임원으로 둔 것은 그의 사업 경험, 그의 인맥, 자금을 조달하는 그의 능력, 그의 전략적 감각, 알자에서의 경험으로 인한 생명공학계에 대한 이해 덕분에 우리에게 큰 혜택이 되었습니다. 우리는 생명공학에 대한 경험이 있는 사람이 없이 그 분야에 손을 대고 있었습니다. 그는 훌륭한 안내자였습니다."

민츠의 칭찬을 들은 게르스텔은 크게 감동했다. "그가 그런 식으로 생각하는 줄은 정말 몰랐습니다."

우연이 바꿔준 미래,
의료기기 산업

뜻밖의 우연으로 게르스텔이 이스라엘에 온 것처럼, 갑작스런 기회가 탈피오트 11기 가이 시나르Guy Shinar의 미래를 바꾸어놓았다. 탈피오트에 합류하기 전, 그의 목표는 공군 조종사나 해군 지휘관이 되는 것이었고 그는 그 방향으로 계속 나아가기를 희망했다. 하지만 기초 훈련 중 실탄 사격 연습 과정에서 그는 눈에 파편을 맞았다. 시력이 영구적으로 손상될 것이란 이야기를 들은 그는 전투 근무를 하겠다는 꿈이 끝났다는 것을 깨달았다.

하지만 그는 길고 어려운 과정을 거쳐 그런 상황을 만회했다. 히브리대학 탈피오트 첫 해의 공부는 정말로 어려웠다. 하지만 그는 결국 과학과 사랑에 빠졌다. "제 남은 평생 동안 하고 싶은 일이라는 것을 알게 되었습니다."

졸업 후 그는 이스라엘의 법령 조사단과 정보단에서 연구개발 업무를 했다. 새로운 시스템을 개발하는 동안에도 전투에 직접 참여하지 못한다는 생각을 계속 해왔지만 그는 마침내 자신이 이스라엘 방위에 대단히 중요하고 지속적인 기여를 하고 있다는 것을 인식하기 시작했다. "그런 게 인생이죠." 그가 말한다. "한 가지를 선택하면 다른 것은 포기해야 합니다. 언제나 장단점이 있습니다."

10년 만에 군을 떠난 그는 프랑스의 경영 대학원에 진학했다. 당시 시나르는 이스라엘에서 부상하고 있는 의료기기 분야에 대해 많은 생각을 하기 시작했다. 이스라엘로 돌아온 직후 시나르는 심장병 환자들을 위한 카테터(튜브형의 기구) 기술을 개발하고 판매하기 위해 만들어진 기업, X-테크놀로지X-Technologies의 첫 직원이 되었다. 이 회사는 흉부 외과 의사들이 막힌 동맥을 넓히기 위해 사용하는 혈관 형성용 풍선 제조를 전문으로 했다. 이 풍선을 환자에게 삽입하고 공기를 주입하면 혈액의 흐름이 개선된다.

인디애나폴리스 기반의 가이던트Guidant는 설립 4년이 된 X-테크놀로지를 현금 6,000만 달러에 인수했다. 매출 목표를 달성할 경우 1억 달러 추가 지급이 약속되어 있었다. 가이던트는 X-테크놀로지의 제품을 공격적으로 마케팅하는 데 동의했다고 전해진다. 이 계약이 성사되고 3년 후 가이던트는 존슨앤존슨Johnson and Johnson, 보스턴 사이언티픽Boston Scientific, 애보트 랩Abbott Labs 등 여러 대기업의 인수 목표 기업이 되었다. 결국 애보트 랩의 도움을 받은 보스턴 사이언티픽이 장기에 걸친 인수전의 승자가 되었다.

가이던트는 X-테크놀로지 제품를 마케팅하고 홍보하기로 구체적인 약속을 했지만 X-테크놀로지의 일을 뒤로 미루고 다른 아이디어에 집중했다. X-테크놀로지의 설립자이자 최고 투자자인 시나르는 적절한 마케팅에 실패해서 매출 목표를 충족시키지 못했다는 이유로 가이던트를 고소했다. 이 사건은 시나르를 비롯한 원고들이 원래의 매각액인 1억 6,000만 달러를 모두 받지 못하는 것으로 종료되었다. 약속한 추가금을 받지 못했지만 여전히 엄청난 액수였다.

당시 가이던트의 X-테크놀로지 인수는 이스라엘 의료기구 기업의 인수로 가장 큰 규모였다. 이 거래는 세상에 이스라엘의 기업과 기술이 세계적인 수준에 올라 있음을 알렸다.

시나르는 여러 이스라엘 의료 기기 회사의 임원으로 재직하다가 자벨린 메디컬Javelin Medical이라는 회사를 공동 설립해 여기에서도 역시 최고 기술 책임자의 역할을 맡았다. 자벨린의 목표는 뇌졸중 고위험군, 특히 부정맥(심장의 불규칙한 박동과 관련된)의 일반적인 형태인 심장 세동 환자들의 심장 발작을 막는 것이다. 시나르는 설명한다. "현재로서는 뇌졸중에 대한 적절한 치료법이 없습니다. 예방이 최선의 전략입니다." 자벨린은 현재 이 기술의 동물 실험을 진행 중이며 곧 인체 실험으로 진전하길 기대하고 있다.

많은 탈피오트 졸업생들과 마찬가지로 시나르는 여러 분야(기술, 의학, 임상실험 설계, 통계, 품질 관리는 물론 규제와 지적 재산권 등)에 정통해야 하기 때문에 의료기기 분야에 끌렸다고 말한다. 탈피오트 출신의 사람들에게 이것은 자연스러운 일이다. "탈피오트 과정을 마친 사람들은 여러 가지 문제를 다양한 시각에서 동시에 해결하는 일에 경쟁력을 갖추고 있습니다." 시나르는 이렇게 지적한다. "우리는 수년간 시스템 접근법을 사용하도록 배웠고 이것은 의료기기 산업에서 필요로 하는 일련의 기술과 정확하게 맞아떨어집니다." 시나르는 탈피오트를 선택한 것이야말로 자기 인생의 획기적인 사건이라고 말한다. 다른 어떤 것도 그에게 그보다 큰 영향을 준 것은 없다.

비즈니스 거물과
탈피오트

이스라엘 비즈니스계의 거물 요시 그로스Yossi Gross는 이런 탈피오트의 창의력과 지적 능력을 최대한으로 활용했다. 그는 탈피오트가 생기기 이전에 군에 복무했지만 의료기기 기술에서 그가 보인 기업가 정신 덕분에 탈피오트 졸업생들을 핵심 간부로 끌어들일 수 있었다. 의료기기 기술 부문은 상상력의 한계가 곧 그 부문의 한계가 되는 신생 분야이다.

그로스는 기체역학을 공부했고 이스라엘 공군 라비 전투기의 수석 엔지니어로 잠깐 활동했다. 그는 거대 기업에서 진행하는 큰 프로젝트의 관료주의가 자신의 창의력을 고갈시킨다고 생각하고 그 자리를 떠났다. 그 직후 그의 아내는 자신의 여성용 전기면도기가 제대로 작동하지 않는다고 불평했다. 그로스는 그것을 고치는 데에서 더 나아가 그 제품을 이후 세계 최고의 브랜드인 '레이디 레밍턴 스무드앤실키The Lady Remington Smooth and Silky' 전기면도기로 만들었다.

하지만 그로스는 곧 가전제품 사업에 대한 열의를 잃었다. "불과 얼마 전만해도 이스라엘 공군의 전투기를 개발했는데 여성용 면도기를 만들고 있다니요. 첨단 기술 분야에서 저차원 기술로 이동한 겁니다. 불만을 느꼈죠." 당시에는 몰랐지만 그는 획기적인 첨단 기술 분야로 가서 이스라엘은 물론 세계 최고의 지성들과 일할 수 있는 기회를 잡게 될 참이었다. 레밍턴에서 손을 뗀 후 그는 약물을 전달하는 초소형 펌프 개발에 대한 아이디어를 가지고 있었던 이스라엘 기업가를 만났다. "당시에는 그것에 대해 전혀 알지 못했는데도 나는 그에게 만들 수 있다고 이야기를 했습니다." 얼마 후 그는 이 아이디어와 그의 디자인을 아일랜드 생명 공학 기업인 엘란Elan에 가지고 갔다. 그들은 약물 주입 펌프에 투자를 했고, 그로스는 자신의 아이디어를 발전시키고 생물의학 공학이라는 새로운 분야에 새로운 기업들을 만들 초기 자금을 얻게 되었다.

요시 그로스는 현재 그의 이름으로 600개의 특허를 보유하고 있으며 생물의학 공학 분야에서 10여 개의 기업을 만들었다. 그는 이 대부분의 기업들을 레인보우 메디컬Rainbow Medical이란 이름 아래 두고 있다. 레인보우 메디컬은 이들 기업과 그들이 소유한 기술에 대한 자금 지원 기구의 역할을 한다. 레인보우 메디컬의 한 산하 기업은 심장의 작동을 돕는 최소 인체 삽입 임플란트 개발을 전문으로 한다. 또 다른 그의 회사는 초음파로 지방을 효과적으로 감소시켜 가격이 비싸고 긴 회복 기간을 필요로 하는 지방 흡입 수술의 필요를 줄인다.

처음부터 그로스는 탈피오트가 그가 관리하는 기업들을 맡아주길 바랐다. 공학에 대한 뛰어난 숙련도와 새로운 기술과 새로운 아이디어를 결합시키는 능력을 가진 탈피오트들은 이스라엘 의료기기 부문에서 확실한 강점을 가지고 있다. 프로젝트의 여러 다른 부분을 파악하고 관리할 수 있는 그들은 기계, 기술, 의료 분야, 소프트웨어 생산에 이르는 여러 분야에서 대단히 높은 평가를 받고 있다.

인류를 돕는 일

그로스가 가진 기업 중 하나인 나노-레티나Nano-REtina의 CEO, 라아난 게펜Ra'anan Geffen은 탈피오트 3기 졸업생이다. 이 회사는 초소형 인공 망막을 만들어 시력을 잃었거나 잃고 있는 환자들이 다시 시력을 찾는 데 도움을 준다. 현재 인공 망막의 주요 대상자는 노인성 시력 감퇴 환자들이다. 제품에 완벽을 기하기 위한 임상시험이 계속되고 있다.

게펜은 경력의 대부분을 이스라엘 방위군을 위해 더 나은 통신 기술과 해군 시스템을 개발하는 데 보냈다. 이 일에 20여 년을 보낸 후 그곳을 떠날 시기를 맞았다. 그는 창의적인 혁신가였고 다면적인 대규모 프로젝트를 관리한 경험이 있었기 때문에 그에게 열려 있는 문은 많았다. 과거를 돌아본 게펜은 그의 선택에 영향을 미친 가치들이 무엇인지 깨달았다. "군에서의 23년 동안 나는 1분도 허비하지 않았습니다. 민간 부문에서도 시간을 허비하고 싶지 않았습니다. 나는 여기에서 대단히 의미 있는 일을 하고 있습니다. 인류를 돕는 일은 저에게 대단히 중요한 문제입니다."

그는 아직 초창기에 불과한 분야, 즉 새롭고 혁신적인 아이디어에 굶주린 분야에서 회사를 경영하게 된 것은 탈피오트 때문이라고 말한다. "오늘의 저를 만든 것은 탈피오트입니다. 탈피오트는 혁신적이기 위해서 어떻게 해야 하는지, 그 혁신적인 동인을 이용하기 위해서 자신감을 가지려면 어떻게 해야 하는지 가르쳐 주었습니다."

"세컨드 사이트 메디컬 프로덕트Second Sight Medical Prodects"라는 캘리포니아 기업은 게펜이 이 성장 분야에서 올바른 길을 걷고 있다는 것을 입증해주었다. 그들은 나노-레티나가 개발하고 있는 인공 망막과 유사한 제품을 가지고 있었고 그 제품은 이미 여러 환자에게 이식된 상태였다. 게펜은 세컨드 사이트의 진척 상황을 주시하고 있었다. "그들은 경쟁자입니다. 하지만 우리는 그들을 응원했습니다. 그들은 우리가 그랬듯이 이 기술이 효과가 있다는 것을 입증했습니다. 그 기술은 업데이트와 개선이 필요하긴 했지만 분명히 효과가 있었습니다."

나노-레티나에서 게펜이 초창기에 영입한 인물 중에는 탈피오트 6기인 코비 카미니츠가 있었다. 우리는 이스라엘 인공위성의 카메라와 전기광학 연구를 한 그를 12장에서 만나보았다. 카미니츠는 나노-레티나라는 이름에도 불구하고 그 회사를 나노기술을 다루지 않는다고 지적한다. 부품들이 상상하기 힘들 정도로 작기는 하지만 나노기술이라고 여겨질 정도로 작지는 않다. 군에서의 경험을 활용해 그가 게펜과 개발하고 있는 인공망막은 이스라엘 우주정보 위성 함대가 채용하고 있는 것과 같은 기술을 이용한다. "우리의 목표는 휴대전화의 디지털 카메라 구멍에 사용되는 것과 같은 5밀리미터 이내의 칩을 사용하는 것입니다. 칩의 한쪽은 렌즈이고 다른 한쪽은 망막에 신호를 보내는 일련의 펄스입니다. 이것은 인간 눈의 광수용체, 간상체, 추상체를 모사합니다." 그의 설명이다.

혁신을 가능케 한 시스템적 접근

레인보우 메디컬 산하의 또 다른 창의적 기업은 맥실런트Maxillent이다. 이 회사는 최소 침습 치아 임플란트를 전문으로 생산한다. 이 회사의 최고 제품은 상악동 거상술, 즉 윗턱 부분에 있는 뼈의 양을 늘리는 혁신적인 수술 방법이다.

기드온 포스틱Gideon Fostick은 맥실런트의 CEO이다. 포스틱의 조부는 제2차 세계대전과 홀로코스트가 막 시작되던 1939년에 벨라루스를 떠났다. 그는 할아버지가 유럽을 떠나던 때 일어난 처참한 대학살에 대해 이야기해주었던 것을 기억한다. 그의 할머니는 폴란드 출신으로 홀로코스트에서 가족을 모두 잃었다. 가족의 이런 역사는 포스틱이 10년을 탈피오트와 군대, 그의 나라를 위해 바치고 싶어 했던 이유 중 하나였다.

포스틱은 텔아비브에서 고등학교를 다니던 때 탈피오트에 대해 처음으로 들었다. 그는 탈피오트에 들어가고 싶었고 1988년 탈피오트 10기가 되는 데 성공했다. 물리학과 공학 학위를 모두 따고 이 프로그램의 학술 과정을 마친 그는 군사 정보기술 부대로 갔다. 그는 곧 연구개발 지휘자가 되어 부문 책임자를 보조하면서 지금까지도 대부분 기밀로 분류되어 있는 여러 선진 군사 프로젝트를 진행했다.

그는 다분야 시스템에 대한 연구 공로로 이스라엘에서 가장 영예로운 이스라엘 국방훈장을 받았다. 프로젝트의 모든 세부 사항은 공개되지 않고 있지만 포스틱의 연구는 적의 미사일과 지상군의 공격 움직임을 탐지하도록 설계된 첨단 경보 시스템과 관련되어 있다. 이 시스템은 컴퓨터 과학, 물리학, 전자공학을 결합시켜 이스라엘 방위군에 적의 공격위협을 그 어느 때보다 많이 경고해준다. 그의 연구는 탈피오트의 목표를 정확히 보여준다.

맥실런트는 연평균 15퍼센트의 성장률을 보이고 있으며 그는 자신이 이런 경영기술을 얻게 된 것이 탈피오트와 정보 분야의 경험 덕분이라고 말한다. 포스틱은 탈피오트와 군사 정보 분야가 그에게 다르게 생각하는 방법을 가르쳤다고 이야기한다. "탈피오트는 생도들에게 계속 주입시킵니다. 시스템적 접근, 시스템적 접근, 시스템적 접근을 말입니다."

탈피오트가 역점을 두는 것은 변하지 않았다. 몇 년 전 포스틱은 동창회에 참석하기 위해 탈피오트로 돌아갔다. 마침 탈피오트 학생들이 연극 공연을 하고 있었다. 그 연극의 주제는 '시스템적 접근'이었다. 포스틱은 회상한다. "연극에서 몇몇 학생들이 한 장면을 연출하고 있었습니다. 그들이 방을 나서려는데 문이 잠겨 있었죠. 문이 꼼짝하지 않는 듯 보이자 첫 번째 학생이 문을 당기고 두드렸습니다. 두 번째 학생은 힘으로 문을 열려했죠. 세 번째 학생은 몇 분간 모든 각도에서, 위아래로, 양 옆으로 문을 쳐다봤습니다. 다른 두 학생이 뭘 하고 있느냐고 묻자 그 학생이 대답했습니다. '시스템적 접근'이라고 말입니다. 이후 그는 문을 쉽게 열었습니다. 정말 재미있었죠."

포스틱은 이스라엘 제약 회사, 기븐 이미징Given Imaging이 시스템적 접근법을 사용하는 기업의 가장 좋은 사례라고 말한다. 이 회사는 카메라가 내장된 알약을 만드는 것으로 가장 유명하다. 카메라는 환자의 위속에 들어가 체내에서 배출되기 전에 위 내부의 사진을 찍는다. "이 아이디어는 라파엘에서 유도 미사일 연구를 하던 팀으로부터 나왔습니다. 그들은 물건을 작게 만드는 방법을 알고 있죠. 그들은 광학에 대해서 알고 있습니다. 그들은 이것을 기반으로 뭔가 새로운 것을 만들었습니다. 그것은 시스템적 접근법의 전형적인 사례입니다. 우리가 이미 알고 있는 것들을 모두 모아서 새로운 목표에 이용하는 것이죠."

작고한 스티브 잡스Steve Jobs(애플을 창립하고 경영한)는 이스라엘 방위군에 몸담지 않았고 탈피오트에 대해서 전혀 들어본 적도 없었을 것이다. 하지만 포스틱은 말한다. "잡스는 세상에서 가장 시스템적인 사람일 것입니다. 그는 언제나 사용자 인터페이스에서 특허, 마케팅, 홍보에 이르는 큰 그림을 볼 줄 알았습니다. 그는 거의 혼자 힘으로 음악 산업을 재규정했습니다. 그는 문제를 넓은 시각에서 보고 그 문제를 해결하는 새로운 아이디어들을 만들었습니다."

기드온 포스틱은 탈피오트의 또 다른 특성을 지적한다. 서로의 독창성과 성과를 진정으로 칭찬하고 감탄하는 것이다. "5기에 총명한 탈피오트 졸업생이 있었습니다. 그는 자신의 일을 사랑했고 연구개발을 정말 좋아했죠. 그는 저의 삶과 경력에 큰 도움을 주었습니다.

그는 내가 자신이 알아내지 못했던 어떤 것을 알아낸 순간을 정말 소중하게 여겼습니다. 한 번은 광학과 관련된 프로젝트를 진행하고 있었는데 엔지니어들이 계속 실패를 기록했습니다. 그들은 이유를 알아차리지 못했죠. 마침내 내가 습기와 관련이 있다는 것을 알아냈습니다. 그는 내가 본 중에 가장 행복한 모습이었습니다. 탈피오트 공동체를 그토록 성공적으로 만드는 것의 가장 큰 부분은 누구의 공으로 돌아가느냐를 걱정하지 않고 서로를 돕고 협력하고자 하는 욕구입니다."

19장

산업을 이끄는
탈피오트

ISRAEL'S EDGE

　이 책을 통해 우리는 수십 명의 젊은 탈피오트 생도들을 만났다. 인생이 탈피오트와 이스라엘 군에서의 경험을 중심으로 돌아가는 젊은이들을 말이다. 좋은 교육을 받은 자신감에 넘치는 이들은 이스라엘의 발전에 기여하기를 열망했으며 제대 후 자신의 직업 전망에 대해 낙관적이었다. 그들에게 어떤 일이 있어났으며 지금 그들은 어디에 있는가?

　탈피오트 졸업생으로 가득한 공간, 이십 몇 기까지의 졸업생들이 모인 동창회장을 상상해 보라. 그들은 이제 경험이 풍부한 전문가들이며 그들의 인생 이야기는 다채롭고 다양하다. 어떤 이는 복무를 마친 직후의 경험을 간단하게 언급하거나 현재의 직장에 대해 알려줄 것이고 어떤 이는 기업과 모험에 관한 긴 이야기를 늘어놓을 것이다.

오페르 야론 Opher Yaron
: 탈피오트 2기

우리는 4장에서 국방부와 이스라엘 방위군이 오페르 야론에게 탈피오트를 이끄는 임무를 맡긴 이야기를 들었다. 그는 그 자리에 오른 최초의 졸업생이었다. 그는 1985년 탈피오트 7기에서부터 성공적인 미국 아이비리그 노선을 본뜬 프로그램을 만들었고 전통적인 감각을 확립했다. 그는 탈피오트로 선발되는 여성의 수가 증가하는지 감독했다.

그는 현재 벨기에에서 유럽 기술기업들의 자문역으로 활동하며 겐트대학에서 교편을 잡고 있지만 이스라엘로 돌아와 살 계획을 하고 있다. 겐트대학은 벨기에에서 주로 플라망어를 사용하는 지역에 있다. 그의 동료들은 그에게 플라망어를 배우라고 사정하지만 그는 장난스럽게 대답한다. "나는 이미 사용자가 천만이 못되는 언어(히브리어)를 할 수 있어. 또 다른 언어를 배우는 건 미친 짓이야."

오페르 킨로트 Opher Kinrot
: 탈피오트 2기

오페르는 정부 부문의 임무를 맡은 최초의 탈피오트 졸업생이다.

시나이 반도의 병력을 정교한 장거리 정보 장비로 무장시킨 후 (1982년) 그는 뉴저지 캠던의 RCA에 몸담았다. 당시 이 회사는 이스라엘 방위군과 계약을 맺고 있었다. 그는 이스라엘로 돌아와서 다시 새로운 탈피오트 생도들을 이끄는 초기 탈피오트들 중 한 명으로 선구자가 되었다. 그의 동기 오페르 야론과 마찬가지로 그는 성공적인 선례를 만들면서 탈피오트 생도들의 지휘관으로 탈피오트 졸업생들을 이용하는 것이 좋다는 점을 증명해보였다.

보아즈 리핀 Boaz Rippin
: 탈피오트 2기

보아즈가 탈피오트 2기가 되었을 때만 해도 이 프로그램은 아직 기밀이었고 실험적인 상태였다. 그는 복무를 마친 후 민간부문에서 전기통신을 연구하며 성공적인 경력을 쌓았다. 그는 보다 큰 대역폭을 이용해서 정보를 빠르게 이동시키는 비대칭 디지털 가입자 회선ADSL, asymmetric digital subscriber line 등의 통신 관련 연구에서 큰 성과를 이뤘다.

길라드 리더러 Gilad Lederer
: 탈피오트 3기

진정한 세계적 모험가 길라드는 성공할 사업을 잘 찾아내는 감각을 가지고 있다. 전형적인 탈피오트들과 달리, 그는 그 프로그램 역사상 가장 주저하는 신병이었다고 고백한다. 그가 탈피오트 심사를 받고 있을 때 엔지니어였던 그의 아버지는 그것이 시간 낭비라고 말했다. "물리학과 수학으로 뭘 하려고 그러니? 그런 직업은 없어." 탈피오트 신병 모집자들이 그에게 '생각하는 법'을 가르쳐 준다고 말하자 그는 그들을 비웃었다. 하지만 탈피오트에서 3년 동안 공부를 마칠 때쯤의 길라드는 탈피오트의 교육 방식과 교육 목표를 무척 존중하게 되었다.

우리가 10장에서 길라드를 만났을 때 그는 해군에 입대했고 미사일함에서 복무하는 탈피오트 최초의 전투 장교 중 한 명이 되었다. 이스라엘 방위군에서 연구개발 경력을 쌓는 동안 그는 대부분의 시간을 이스라엘이 적의 탐지 시스템을 속이는 데 도움을 주는 대함 레이더 개발에 할애했다.

길라드는 해군과 탈피오트에서의 경험을 이용해서 이 프로그램을 졸업한 그 어떤 사람보다 다채롭고 위험한 프로젝트 경력을 쌓았다. 일본에서 프로젝트를 진행한 후 그는 이스라엘로 돌아와 이스라엘에서 포르투갈 상무처에 근무하는 한 여성과 사랑에 빠졌다. 이스라엘에서 끊이지 않는 전쟁과 테러의 위협을 견디기 힘들게 되자 이 여성은 네 자녀를 비롯한 가족의 포르투갈 이주를 원하게 되었다. 길라드는 언제나 여행을 하고 새로운 문화를 경험하는 것을 좋아했기 때문에 포르투갈로 떠나게 되었다.

그러나 이것은 실수였다. 그는 포르투갈이 이스라엘과 정반대로 기업 환경이 우호적이지 못하고 기업가 정신이 거의 존재하지 않는 엉망진창의 상태라는 것을 발견했다. 그에게는 아이디어가 있었지만 회사에 투자하고 회사를 만드는 데에는 장애가 너무나 많았다. 그는 포기할 수밖에 없었다. 그는 이렇게 말한다. "포르투갈에서는 아무도 일을 잘 못한다는 이유로 해고할 수가 없습니다. 창의력을 발휘할 수 도 혁신을 일으킬 수도 없죠. 그 나라의 어떤 사람도 일하고 싶어 하 지 않습니다. 그런 식으로 나라를 운영하면서 나라의 발전을 꿈꿀 수 는 없습니다. 그런 나라는 뒤처질 수밖에 없습니다. 2009년의 경제 위기가 그 증거입니다."

그가 포르투갈을 빠져나온 것은 그의 장인이 아프리카에 사업 연 고를 가지고 있었던 덕분이었다. 거의 30년 동안 앙골라를 피폐하게 만들었던 끔찍하고 악랄한 내전이 막 끝이 났다. 앙골라는 수백 년 동안 포르투갈의 식민지였다. 좋건 나쁘건 이러한 유대관계가 좋은 비즈니스 기회를 만들었다.

길라드의 장인은 물리적 인프라가 매우 적고 기술 인프라는 거의 존재하지 않는 앙골라에 이스라엘의 기술을 팔고자 했다. 앙골라인 들은 다른 선진국처럼 최신 기술을 따라잡길 원했다. 그들에게는 전 화선, 휴대 전화 네트워크, 인공위성 기술, 인터넷이 필요했다. 모두 가 이스라엘이 두각을 나타내는 분야이다.

2004년 길라드는 가족을 남아프리카공화국 케이프타운으로 이주 시켰다. 앙골라는 가족들이 이주하기에는 아직 너무 위험했다. "나는 모험심이 강하고 굶주려 있었지만 순진하고 어리석지는 않았습니다." 그가 장난스럽게 말했다. 아내와 아이들을 케이프타운에 자리 잡게 한 후 그는 북쪽으로 1,700킬로미터 떨어진 앙골라의 수도 루안다에 정기적으로 출장을 가기 시작했다. 일주일에 몇십 번의 비행편이 있어서 그나마 여행은 비교적 쉬웠다. 이 통근은 견딜만 했다. 하지만 길라드는 이렇게 이야기한다. "천국에 살면서 지옥에서 일하는 것과 같았습니다."

어느 날 그는 지프를 타고 아내와 케이프타운 외곽의 비포장 도로를 달리고 있었다. 큰 충돌 사고가 일어났다. "우리는 시내에서 3시간 떨어진 곳에 있었습니다. 아내는 나를 향해 비명을 지르기 시작했지만 내가 차 안의 그녀 옆 자리에 없다는 사실을 깨닫고 소리 지르는 것을 멈추었습니다. 나는 차에서 튕겨 나와 머리부터 처박혔습니다." 쇄골에 금이 가고 갈비뼈가 10개나 부러졌다. 병원까지 가는 데 13시간이 걸렸다. 왼쪽 폐는 주저앉았고 그는 뇌진탕을 일으켰으며 의식을 찾았다 잃었다를 반복했다. "나는 10일 동안 집중 치료실에 있었고 3주 동안 병원에 누워 있었습니다. 폐를 다시 팽창시키려면 기침을 많이 해야 합니다. 나는 앙골라에 할 일이 있었습니다! 나는 의사에게 달리 방법이 없는지 물었습니다. 그녀가 말했습니다. '계단을 계속 오르내리세요.' 병원에 있는 모든 사람들이 팔에 링거를 꽂고 계단을 오르내리는 이상한 이스라엘 남자에 대해서 얘기하게 되었습니다. 그렇지만 효과는 확실했습니다. 의사는 무기폐無氣肺가 그렇게 빨리 회복된 경우를 본 적이 없다고 말했습니다. 내가 받은 탈피오트와 이스라엘 군의 훈련은 이런 기적과 같은 일이 가능하게 하는 그런 교육을 내게 한 겁니다."

길라드는 위험을 무릅쓰는 사람이 아닌 안정을 바라는 사람이라면 앙골라에서 사업을 시도해서는 안 된다고 말한다. 범죄와 보안이 여전히 문제가 되며 당신과 거래를 하는 사람이 어떤 사람인지 정확히 알 수가 없다. "육감이 있어야 합니다." 그가 눈을 찡긋했다. 출장객이 머물러야 하는 앙골라의 숙소들은 이상적인 환경과 거리가 멀다. "이스라엘이라면 먼지 구덩이에서 잘 때 돈을 낼 필요가 없습니다." 그가 설명했다. "아프리카에서는 바퀴벌레를 비롯한 뭔지 모를 것들과 함께 먼지 구덩이에서 자는 대가로 수백만 달러를 치릅니다. 그곳에 있는 것을 좋아한다고 말할 수는 없습니다. 하지만 그런 불편함이 저를 멈추게 만들 수는 없었습니다."

그는 꾸준히 인터넷 용량과 저장 솔루션을 수입하고 판매했다. "성장률이 두 자릿수였습니다." 그가 회상했다. "하지만 그곳에는 부패와 빈곤이 만연하고 있었습니다. 가슴 아픈 일이었죠. 결국 나는 구리선에서 네트워크 장치, 데이터 저장 시스템에 이르기까지 온갖 것을 판매하는 중간 상인이 되었습니다. 정말로 위험하다는 생각을 한 적은 없었지만 단 한 순간도 그 일이 마음에 들지 않았습니다. 나는 가벼운 마음으로 영원히 앙골라를 떠났습니다."

거의 불가능에 가까운 조건에서 일을 했던 경험 덕분에 그는 몇 년 후 맡겨진 어려운 문제를 해결할 준비를 갖추고 있었다. 길라드는 확인도 부정도 하지 않았지만, 그는 리비아가 대량 살상 무기를 포기한다는 서구와의 협정에 이른 직후 무아마르 알-카다피 Muammar al-

Gaddafi로부터 리비아의 리조트 건설 계약을 따내기 직전까지 갔었다고 전해진다. 그 거래는 실현되지 않았고 이 리비아의 지도자는 2011년 '아랍의 봄'으로 권좌에서 물러나고 사살 당했다.

그는 이스라엘 방위 산업체 엘비트에서 잠시 일을 한 후 프랑스의 경영 대학원 INSEAD에 입학했다. 여기서 쌓은 지식과 경험으로 그는 자신에게 가장 잘 어울리는 일을 하게 되었다. 길라드는 현재 민간과 공공 투자자들을 좋은 아이디어와 좋은 회사에 연결시키는 중매인의 역할을 하고 있다. 그는 자신을 '투자 은행가와 척후병을 합친 잡종'이라고 부른다. "나는 자료를 보고 분석한 후 거기에 품질과 가치가 있는지 빠르게 판단할 수 있습니다. 그게 내가 가장 잘하는 일입니다." 그는 혼자 일하지만 그에게 새로운 사업, 새로운 아이디어, 새로운 인맥을 가져다주는 것은 탈피오트와 INSEAD로 채워진 그의 주소록이다. 그는 자신이 투자하지 않을 거래는 절대 홍보하지 않는다. "내 사업에서는 당신이라는 사람이 가장 중요합니다."

길라드는 몇몇 다른 탈피오트 졸업생들과 OTM 테크놀로지OTM Technologies를 만들었다. OTM 테크놀로지는 사용자가 손으로 휴대 전화나 모바일 패드에 메모와 메시지를 적을 수 있는 장치를 개발하는 선두적인 기업이다. 이 장치의 이름은 '페더the feather(깃털)'이다.

아미르 펠레그 Amir Peleg
: 탈피오트 5기

그는 주로 1980년대 말과 1990년 초, 급속히 발전한 이스라엘 무인 항공기UAV, unmanned aerial vehicle 프로그램을 맡았다. 이스라엘은 현재 UAV와 UAV 부품 수출에서 세계 선두의 위치에 있다. 그 기반이 된 것은 이 프로그램에 쏟은 그의 노력이었다.

그에 이어 그는 마이크로소프트에 매각된 야데이터YaData를 비롯해 세 개의 회사를 설립한 연쇄 창업가가 되었다. 그는 산업 도시 예후드를 기반으로 수질 안전 기업, 타카두(16장에 설명된)를 설립하고 현재 그 회사의 CEO로 있다. 이 회사는 런던, 칠레, 이스라엘의 상수도를 비롯해 세계 전역에 클라이언트를 보유하고 있다.

에비아타르 마타니아 Eviatar Matania,
: 탈피오트 6기

이스라엘 국방부의 전설인 에비아타르는 이후 '탈피오트의 오른손'으로 알려졌다. 그는 탈피오트에 여러 생도를 보낸 고등학교 프로그램 나흐손Nachshon의 설립자이다. 현재 에비아타르는 베냐민 네타냐후 총리를 직속 상관으로 둔 이스라엘 사이버 방위 부문의 최고 사령관이다.

츠비카 디아망 Zvika Diament
: 탈피오트 6기

우리는 11장에서 엘리스라 내에서 이스라엘 공군을 위해 연구하는 대담한 젊은이였던 츠비카를 만났다. 그는 엘리스라에서 선배 엔지니어들과 수년 동안 일했다. 복무를 마친 그는 탈피오트 졸업생들이 설립한 두 성공적인 신생 업체에서 일했다. 그는 현재 아미르 펠레그의 타카두에서 다른 탈피오트 졸업생, 하가이 스콜니코프, 바락 펠레그, 우리 바르카이와 함께 일하고 있다. 그는 도시 급수 시스템을 설계하고 실험하는 일을 한다.

마탄 아라지 Matan Arazi
: 탈피오트 10기

일본에서 살던 마탄은 어린 시절 세계의 한쪽 끝에서 다른 쪽 끝으로 즉각적인 금융 거래를 가능하게 하는 획기적인 소프트웨어를 개발했다. 탈피오트 과정과 군 복무를 마친 그는 대부분의 졸업생들과 다른 길을 걸었다. 그는 할리우드로 갔다.

마탄은 엘리트 군 정보 부대에서 배운 수학 소프트웨어 개발 기술을 이용해 아우디쉬닷컴audish.com이라는 웹사이트를 만들었다. 이 웹사이트는 본질적으로 온라인 캐스팅 에이전트이다. 목표는 단순하다. 연출자나 영화 제작자와 배우를 온라인에서 연결시켜 중개인을 없애는 것이다. 이 사이트를 개발하지 않을 때의 마탄은 산타모니카의

앤젤 캐피털 벤처 기업, 시컨트 LLCSecent LLC의 이사였다. 시컨트는 스스로를 "세계적으로 매출을 창출할 수 있는 가능성을 가진 혁신적인 기술을 보유한 초기 단계의 기업들이 세계로 나아가는 관문"이라고 표현한다. 그는 이렇게 말한다. "우리는 사람들이 꿈을 현실로 만드는 것을 돕는 일을 즐깁니다. 우리는 사람들이 아는 사람들을 압니다."

오피르 크라 –오즈Ophir Kra-Oz
: 탈피오트 13기

오피르는 8200 부대에서 그에게 꼭 맞는 역할을 찾았다. 이스라엘 군 기계의 컴퓨터 서버에 저장된 자료를 검색하는 소프트웨어를 개발하는 일이었다. 8200 부대 복무를 마친 그는 클라우드쉐어Cloudshare라는 회사를 설립했다. 전 세계의 기업 고객들을 대상으로 비슷한 일을 하는 회사였다. 그는 서버가 마이애미에 있는 이유를 이렇게 설명한다. "서버가 이스라엘에 있다면 클라이언트를 절대 끌어들일 수 없습니다. 어떻게 이야기하시겠습니까? '걱정마세요. 이스라엘은 시리아, 헤즈볼라, 하마스, 이란, 각종 테러 단체의 미사일 사정거리 안에 있지만 당신의 데이터는 안전해요.'라고요?"

이 회사는 1차로 체크포인트, 그리고 곧이어 정보인프라 솔루션 분야의 세계 선두 기업들 중 하나인 EMC에 인수되었다. 그는 최근 자리를 옮겨 캘리포니아 마운틴뷰의 구글Google에서 일하고 있다. 그는 몇 년 안에 이스라엘로 돌아가기를 희망하고 있다.

오피르 조하르 Ofir Zohar
: 탈피오트 14기

오피르는 이스라엘 방위군 기술 부대에서 복무했고 이후 가장 부유한 탈피오트 졸업생이 되었다. 그는 탈피오트 동기들과 첨단 데이터 저장 시스템 XIV(탈피오트 14기의 이름을 딴)를 개발했고 이 시스템은 IBM 경영진의 눈을 사로잡았다. IBM은 2008년 3억 달러에 XIV를 사들였다. 당시 이스라엘 기업으로서는 최고 인수액이었다.

바락 벤 – 엘리에제르 Brak Ben-Eliezer
: 탈피오트 14기

바락은 세속 이스라엘인들 사이에서는 드문 존재이다. 그는 예루살렘의 구 시가지에서 자랐다. 그의 가족은 1967년 6일 전쟁 이후 이스라엘 영토로 회복된 그곳으로 이주했다. 유대인이 한 때 쫓겨났던 지역에서 사는 것을 애국자의 의무라고 여겼기 때문이다. 우연히도 15세 때 그는 탈피오트와 가까운 지역으로 이사를 했다. 구 시가지보다 현대적인 예루살렘 서쪽 지역이었다.

군복무 후 그는 큰 돈을 만질 수 있는 기회를 잡는 대신 이스라엘 국가 경찰 부대에 들어갔다. 그는 범죄와 부패(그리고 국가의 법규와 기관에 대한 존중의 부족)를 이스라엘이 직면한 가장 큰 위협으로 보았다. 외부의 적들보다, 이란보다 큰 위협으로 말이다.

바락은 순찰을 하는 경찰이나 교통 경찰이 되지 않았다. 그의 목표는 시대에 뒤떨어진 이스라엘의 기록 보관 방식을 현대화하는 소프트웨어를 만드는 것이었다. 그는 5년 동안 경찰에 몸을 담으면서 시스템을 업데이트함으로써 이스라엘 경찰을 보다 효율적으로 만들었다. 그의 유산은 아직도 숨 쉬고 있다. 경찰을 떠난 이후 다른 두 탈피오트 졸업생이 그가 시작한 일을 더 발전시키는 일에 참여하기로 했다.

사아르 코헨 Saar Cohen
: 탈피오트 15기

사아르는 탈피오트라는 배경을 돈을 버는 데 이용하고 싶지 않았다. 그의 목표는 중대한 공헌을 하는 것이었다. 그것이 보다 초라한 환경을 의미한다고 해도 말이다. 그는 회사가 그에게는 너무 크다고 말하면서 체크포인트가 제시한 엄청난 액수의 영입 제안을 거절했다. 그를 끌어들이려는 탈피오트 네트워크의 노력은 사아르가 브엘세바에 있는 EMC의 제안을 수락할 때까지 계속 실패했다. 그는 EMC의 리커버 포인트Recover Point, 즉 재해나 하드웨어와 소프트웨어의 대규모 기능 장애로 잃어버린 자료를 찾는 프로그램 개발의 핵심 인력이었다.

아리크 체르니악 Arik Czerniak
: 탈피오트 15기

　우리는 앞서 무슨 일이 있어도 조종사가 되고 싶었던 탈피오트 졸업생 아리크를 만났었다. 그는 결국 예비군으로 조종사들에게 공중전 훈련을 시키는 데 적극적인 역할을 하게 되었다. 군을 떠난 후 그는 초기의 비디오 공유 웹사이트, 메타카페Metacafe를 시작했다. 메타카페는 전문가들이 만든 비디오와 인터넷 기반 텔레비전 프로그램이 있는 유튜브YouTube의 고품질 버전이다. 그는 실리콘 밸리의 유명 벤처 캐피탈 기업인 액셀 파트너스Accel Partners와 벤치마크Benchmark로부터 300만 달러의 자금을 조달할 수 있었다. 아리크는 그의 지분을 250만 달러에 팔았다.

　현재 그는 그가 만든 두 번째 회사 슈퍼소닉 애드Supersonic Ads가 자리하고 있는 건물의 11층 사무실에서 푸른 지중해를 바라보고 있다. 그의 사무실은 편안하고 경관도 훌륭하다. 그곳은 최고의 교육을 받은 전투기 조종사에서 인터넷 기업 간부로 변신한 사람의 사무실로 기대하는 그대로의 모습을 하고 있다. 사무실에는 대형 백상어 해부 모형과 전기 기타, 방에 던져진 몇 벌의 청바지와 운동화, 두꺼운 녹색 코트, 미국 축구 대표팀의 유니폼이 있다. 슈퍼소닉 애드는 온라인 비디오 게임 광고, 소셜 네트워크, 직접 반응 광고의 세계 선두 기업이다. 이 회사는 가상 통화를 현금화하는 일도 한다. 이것은 페이스북에서 사상 최고의 인기를 누린 팜빌Farmville 게임의 핵심 요소이다. 게임에서 사용할 무엇인가를 구입하고 싶으면 슈퍼소닉 애드로 가서 실제 돈을 팜빌 달러로 바꾸어야 한다. 전 세계 5억 소셜 게이 머들이 이 회사의 광고를 만난다.

아리크는 여가 시간(많지는 않지만)에 매년 벌어지는 여러 건의 탈피오트 동창들의 행사를 창의적으로 조직하는 방법을 찾았다. 졸업생들은 그들이 민간 부문에서 개발했거나 개발 중인 새로운 기술을 동료 탈피오트들에게 소개하는 강연을 한다. 졸업생들은 이것을 지속적인 교육 수단으로 사용한다.

아미르 슐라쳇 Amir Schlachet
: 탈피오트 16기

비공식적인 탈피오트 역사가 중 한 명인 아미르는 가장 인기 높은 탈피오트 졸업생 중 한 명이다. 탈피오트 과정을 마친 그는 전투기 조종사가 되려 했지만 목표를 달성하지 못했다. 그는 헬리콥터 조종사 훈련 학교의 입교 제안을 받았지만 거절했다. 그는 이렇게 말한다. "헬기 조종사인 많은 친구들의 기분을 상하게 할 생각은 없습니다. 하지만 나로서는 전투기 조종사가 아니면 다른 것은 의미가 없었습니다."

군의 연구개발 부대에서 복무하고 탈피오트 지휘관으로 일하며 11년을 보낸 후 그는 하버드, 와튼, MIT, 컬럼비아, INSEAD 경영 대학원의 입학 허가를 받았다. 미국 학교를 선택할 경우 결국 한 쪽 길(미국 기업)로 이끌리게 될 것을 염려한 그는 파리에 있는 INSEAD를 선택했다. 아미르는 외국에서 살고 싶지 않았다. 그는 이스라엘에서 기업을 발전시키는 데 기여하고 싶었다.

맥킨지 앤드 컴퍼니McKinsey & Company에서 컨설턴트로 일한 그는 이어 이스라엘 최대 은행인 하포알림 은행Bank Hapoalim으로 자리를 옮겼다. 그곳에서 그는 CEO의 직접 보좌관으로 기업의 수석 참모에 해당하는 역할을 했다. 아미르는 은행업에서의 경험을 세계 전자 상거래 세상으로 가져가 '글로벌 E Global E'를 설립했다. 글로벌 E는 국제 은행 업무를 이전보다 더 쉽고 효율적으로 만드는 회사다.

애덤 카리프 Adam Kariv
: 탈피오트 18기

아르헨티나 태생의 애덤은 탈피오트를 졸업한 후 이스라엘 정보단의 기술 부대에서 복무했다. 이스라엘 군의 소프트웨어 전사로 9년간 일한 후 그는 이 기술을 가지고 민간 부문으로 진출했다.

개인용 휴대 기기를 직장의 모든 플랫폼과 호환되게 만들어서 기업이 하드웨어 비용 수십 억 달러를 절약하게 해주는 소프트웨어를 만든 후, 그는 스크리노베이트Screenovate라는 새로운 회사에서 일하기 시작했다. 초기 재정 지원은 인텔이 맡았다. 엔비디아Nvidia와 삼성과 같은 유력한 기술 기업들도 협력을 약속했다. 스크리노베이트는 어떤 스마트폰이든 TV를 스마트 TV로 전환시킬 수 있게 한다. 스크리노베이트 사용자는 휴대 기기에 있는 어떤 것이든 간단한 클릭만으

로 텔레비전의 큰 화면으로 옮길 수 있다. 직장에서 이루어지는 프레
젠테이션에 매우 적합하다. 프레젠테이션을 스마트폰으로 직접 만들
거나 저장한 후 회의 때 모두가 볼 수 있는 큰 스크린에 올릴 수 있
기 때문이다. 이 회사는 자동차 회사의 계기판 디스플레이, 게임 회
사, 홈 엔터테인먼트 제품도 내놓고 있다. 카리브는 자신의 프로그래
밍 기술을 이용해서 무료 온라인 데이터베이스, 퍼블릭 날리지 워크
숍Public Knowledge Workshop을 만들기도 했다. 이스라엘 대중들은 이 데이
터베이스를 이용해 정부가 정확히 어디에 돈을 쓰고 있는지를 비롯
해 이스라엘 국회에 대한 중요한 정보와 수치를 볼 수 있다.

마리나 간들린 Marina Gandlin
: 탈피오트 26기

탈피오트에 뽑힌 몇 안 되는 여성 중 한 명인 마리나는 기바티 여
단에서 강도 높은 훈련을 받았다. 기본 탈피오트 훈련과 교육(물리학,
수학, 컴퓨터 과학 중심의)을 마친 그녀는 오페크 인공위성 프로젝트
에 많은 시간을 보냈다.

그녀는 연구개발에 종사하는 한편으로 탈피오트 신입생도 모집
시스템에서도 중요한 역할을 맡고 있다. 현재 그녀는 세계를 여행하
면서 여성들을 대상으로 이스라엘 방위군에서 여성의 중요성과 이스
라엘 방위군의 성평등에 대해 강연을 하고 있다.

이츠하크 벤 – 이스라엘 Yizchak Ben-Israel
장군

벤-이스라엘 장군은 탈피오트 졸업생이 아님에도 불구하고 7장에서 탈피오트의 롤모델로 등장했다. 이스라엘 공군 정보·무기 개발 부대의 고위직에 있던 그는 국방연구개발부 지도부로 진출하고 탈피오트를 책임지게 되었다. 군에서의 성과 이외에도 그는 이스라엘 실업계에서 높은 가치를 지닌 자산이 되었다. 그는 이스라엘에서 가장 큰 규모와 가장 활발한 활동을 자랑하는(그리고 이스라엘 무인 드론 프로젝트의 선두 주자인) 방위 산업체 이스라엘 에어로스페이스 인더스트리의 임원이었다. 벤-이스라엘은 세계 최대의 제약 업체, 테바Teva 고문단에서도 일했다. 테바와 이스라엘 에어로스페이스 인더스트리는 이스라엘 최대의 인력을 고용한 대기업이다. 아리엘 샤론과 에후드 올메르트Ehud Olmert의 카무드당에서 활발히 활동하는 벤-이스라엘 장군은 17대 이스라엘 국회의 구성원이기도 했다.

요시 아자르 Yossi Azar

이번 장에는 이전에 만나보지 못한 탈피오트 졸업생이 있다. 큰 키에 마른 몸매를 가진 요시 아자르는 전혀 전사처럼 보이지 않는다. 그는 어느 모로 보나 '수학 올림픽Math Olympic'의 우승자(런던 수학 올림픽 1등)이자 텔아비브대학 컴퓨터 과학과의 학장에 어울리는 외모를 갖고 있다.

1981년 탈피오트 3기로 선발된 요시는 전형적인 병사가 아니었다. 전형적인 탈피오트 병사도 아니었다. 내성적인 성격에 타고난 독서광이었던 그는 이렇게 말한다. "탈피오트는 제 성격을 바꾸어 놓았습니다. 탈피오트는 집단에 소속되는 법을 가르칩니다. 아주 좋은 느낌이었죠. 나는 훨씬 팀 지향적인 사람이 되었습니다."

그는 고된 기초 훈련을 받을 준비가 되어 있지 않았다. 천식을 앓았기 때문에 이스라엘 방위군의 검사관들은 그는 다른 탈피오트 생도들이 견뎌야 하는 것보다 강도가 약한 훈련 과정으로 보냈다. 그는 활짝 웃으면서 자기가 그 탈피오트 과정 중 유일하게 예외적인 그 시스템을 어떻게 만들었는지 설명했다. "나는 의료 위원회를 찾아가 정규 기초 훈련을 받을 수 있도록 나를 천식 환자 목록에서 빼달라고 간청했습니다. 30년 뒤에 생각해보니 내가 왜 그렇게 했는지 이해가 잘 가지 않습니다. 어쨌든 당시의 저는 열여덟 살이었고 집단의 일원이 되겠다는 의욕이 왕성했습니다. 다른 친구들은 더 심한 훈련을 받게 해달라고 부탁하는 저를 미쳤다고 생각했습니다. 저에게는 정말 힘든 훈련이었지만 저는 그 과정을 마쳤습니다."

요시 교수에 따르면, 탈피오트는 이스라엘이 충분한 전사와 학자, 엔지니어를 보유하고 있다고 생각했다. "그들에게 필요한 것은 양쪽 세계를 아우르고, 양쪽 세계를 이해하고, 양쪽 세계를 연결할 수 있는 우리 같은 사람들이었습니다." 그는 이스라엘 방위군이 점점 세분화되고 있다는 점을 지적한다. 탈피오트를 창설한 사람들은 이런 추세를 처음으로 파악하고 그에 맞는 지도자들을 육성하는 일이 중요하다고 깨달은 이들이다. 열여덟 살의 그는 이런 필요를 이해하지 못했다. 하지만 과거를 돌아보면서 그는 이렇게 말한다. "제가 틀렸었습니다. 이스라엘 방위군은 저보다 앞서 있었습니다. 탈피오트는 그런 새로운 구조에서 새롭고 필요한 리더가 될 수 있었습니다." 하지만 그가 프로그램을 마칠 때까지도 이스라엘 방위군의 고급 간부들 중에는 탈피오트를 비용이 많이 드는 불필요한 프로그램이라고 폄하하는 사람들이 있었다.

졸업 후 요시는 정보 부대에 배치되었다. 수학과 컴퓨터를 이용해 문제를 해결하는 것은 처음부터 그의 목표였다. "나는 언제나 내가 하고 있는 것이 중요한 일이라고 생각했습니다. 학업까지도 말입니다." 그의 말이다. 25년이 지난 후에도 그는 부대를 위해 했던 일의 대부분을 발설하지 않고 있다.

그는 정보 부대에서 미래의 아내를 만났다. 이후 두 사람은 캘리포니아로 이주했고 요시는 그곳의 스탠퍼드 대학에서 공부를 했다. 다음으로 워싱턴 레드먼드로 옮겨 마이크로소프트에서 여러 가지 프로젝트를 진행했다. 그는 그곳에서 많은 이란 출신 소프트웨어 엔지니어들을 만났다. 그 경험은 그의 등골을 오싹하게 만들었다. 그는 이란의 과학자들이 얼마나 뛰어난지 직접 목격했다. 그들은 대부분 체제에 반대하는 입장이었지만 일부는 그렇지 않았다. 그는 그 뛰어난 인재들이 미래에 더 강력한 이란을 만들 것이라고 생각했다. "이스라엘과 자유 세계로서는 그리 반가운 소식이 아니죠." 그가 생각에 잠긴 채 덧붙인 말이다.

그것은 이스라엘이 탈피오트가 제공하는 첨단 기술을 필요로 하는 여러 가지 이유 중 하나이다. 요시는 탈피오트 프로그램이 그러한 위협과 싸우고, 경제에 동력을 공급하고, 이스라엘의 기술 우위를 지키는 데 대단히 중요하다는 확신을 갖고 있다. "이 프로그램은 사람들에게 동기를 부여하고 동기부여를 받은 사람을 더 의욕적으로 만듭니다. 이것은 이스라엘의 모든 부문에 대단히 유용한 일입니다. 탈피오트 졸업생들의 특별한 자질들을 생각해 보십시오. 그들은 성공적으로 군 복무를 마치고 학계, 산업계, 신생 기업, 대기업, 중소기업에서 중요한 위치를 차지하고 있습니다. 일부는 이스라엘 방위군에 남아있기도 하죠. 모두가 이 나라에 보탬이 되는 일입니다."

20장

더 나은
미래를 위해

ISRAEL'S EDGE

　이스라엘의 미래는 가까운 미래조차 명확하지 않다. 정치 상황이 변화하고 있다. 우파와 중도 우파가 10년 이상 지배적이었지만 이제는 이스라엘 정치의 변화가 불가피하다. 팔레스타인, 더 나아가 아랍 세계와의 평화회담도 안정적으로 이어지지 않고 있다. 가장 정통한 분석으로도 아랍의 봄은 물론, ISIS를 비롯한 새로운 폭발적 격변이 중동에 미치는 영향은 예측하기 어렵다. 이스라엘과 여타 세계와의 관계는 끊임없는 변동을 보여주고 있다.

　내부에는 예산 문제가 있다. 2013년 이스라엘 방위군은 수백 명의 직업 군인들을 해고할 수밖에 없었다. 2015년 2월 임기가 끝난 전 참모 총장 베니 간츠Benny Gantz는 이스라엘 방위군이 200억 셰켈의 적자를 기록하자 250명의 사람들에게 돈을 절약할 방법을 찾는 임무를 맡겼다. 2017년 미국과의 대외 원조 협정이 끝난다. 따라서 미국 정치에서 외교 정책 우선 기조가 바뀌고 있는 시간 동안 원조 협정의 마감 시한이 다가올 것이다. 미국 법에 따르면 미국은 이스라엘이 이웃나라에 비해 군사적 우위를 유지할 수 있게 도와야 하지만 (110회 국회 해군 함정 이전에 관한 법률 HR 7117 등), 의회의 법안 상정에 관한 한 더 이상 아무것도 보장할 수가 없다.

이스라엘의 안전을 위한 효율성 제고

현재 이스라엘 국방부를 이끌고 있는 전 참모총장 모쉐 얄론Moshe Ya'alon은 이런 문제들을 명확하게 이해하고 있다. 2013년의 연설에서 그는 정밀 화력, 무인 비행기, 기타 무인 방어 시스템, 정보와 사이버전 역량을 반드시 우선시해야 한다고 말하면서 중동 다른 나라와의 기술 격차를 크게 유지해야 할 필요성을 강조했다.

인력, 지출, 첨단 교육과 기술 배치에서의 효율은 이스라엘의 안전을 지키는 핵심 요소다. 이스라엘에는 다행스럽게도 효율성과는 거리가 먼 아랍인을 이웃에 두고 있다. 탈피오트 3기 졸업생으로 이스라엘 국방연구개발부의 컨설턴트이며 생명 과학 기업의 운영진인 드로르 오페르Dror Ofer는 이렇게 말한다. "우리를 둘러싼 아랍은 쇠퇴하고 있습니다 … 우리는 효율에 있어서 우위를 점하고 있습니다." 그는 탈피오트의 교육을 받은 생명과학자이자 군사 전문가만이 사용할 만한 방법으로 등식을 이용해서 이 말을 설명한다. "모든 아랍 군이 극히 효율적이어서 최적 효율의 80퍼센트로 가동되고 있다고 생각해봅시다. 최대 효율이 100퍼센트라면 아랍이 80퍼센트 정도의 수준에 도달할 경우 우리는 그들에 비해 병사 한 명당 1.25배 (=100/80) 생산적이게 됩니다. 그들의 수적 우세가 1.25보다 훨씬 크기 때문에 우리보다 두 배가 큰 군 병력을 이용해서 우리를 쉽게 누를 수 있습니다. 이제 아랍군이 극히 비효율적이어서 1퍼센트의 효율로 가동되고 있다고 가정해봅시다. 우리 군의 효율이 10퍼센트라면 병사 한 명당 효율은 대단히 낮지만 아랍보다는 훨씬 높기 때문에 우리가 우위에 있게 됩니다." 그는 씁쓸하게 덧붙인다. "3억 명의 스위스 인에게 둘러싸인다면 우리는 큰 곤경에 빠질 것입니다."

불과 몇 년 전, 이스라엘 방위군은 효율을 높이고 군사기술의 중요성을 강조하기 위해 컴퓨터를 이용해서 적의 인프라를 붕괴하는 병사들의 직함을 비록 총칼을 손에 쥔 군인은 아닐지라도 '전투 병사'로 부르기 시작했다. 이스라엘 언론은 많은 추측을 쏟아냈고 〈예루살렘 포스트〉의 한 기사는 이런 명칭의 변화가 '이스라엘 사이버 부대가 방어 목적만이 아닌 공격 목적으로 사용되고 있음'을 시인하는 것이란 짐작을 내놓았다. 이스라엘 방위군은 아무런 논평도 하지 않았다.

효율의 집합체, 탈피오트

이스라엘 방위군을 위해 이 모든 특별한 자원을 결합시키는 접착제가 탈피오트인데도, 이 프로그램에 들어가는 비용은 언제나 면밀한 조사의 대상이 되고 있다. 시간제로 전투기 조종사 업무를 하고 전임으로는 첨단기술 기업을 운영하는 아리크 체르니악은 이스라엘 방위군이 탈피오트 생도들을 대상으로 비교적 적은 투자로 상당한 이익을 보는 것에 대해 이야기한다. "탈피오트는 미래를 위해서 꼭 필요한 존재입니다. 군은 무엇을 합니까? 30~40명의 젊은이들이 학문적 훈련을 하는 비용을 대는 것 말입니까? 그 비용은 무시해도 좋을 정도로 적습니다. 그들은 연구개발에 정말로 열성적인 팀을 구축하고 있습니다. 공군 조종사 한 명에게 일주일 동안 쓰이는 비용이 탈피오트 프로그램 전체에 일 년 동안 들어가는 비용보다 많습니다. 때문에 저는 탈피오트가 비용이 많은 드는 프로그램이라고 생각지 않습니다. 오히려 아주 저렴하지만 대단히 현명한 방식으로 조직되어서 투자수익률이 무척 높습니다."

이스라엘을 위협하는
터널의 해법을 찾아라

미래의 어떤 프로젝트에 탈피오트 졸업생들이 활용될까? 그들은 보다 과학적인 수단을 동원하여 전투정보단Combat Intelligence Corps과 긴밀히 일할 것이다. 전투정보단은 북부 사령부와 일하는 샤하프Shahaf(갈매기), 가자지구의 국경에 접하고 있어 매우 바쁜 남부의 네셔Nesher(독수리), 웨스트뱅크를 포함한 이스라엘의 중심부에 있는 니찬Nitzan(꽃)의 3개 대대로 이루어져 있다. 이 부대들은 병사들에게 해를 입히지 않고도 적의 통신을 감시하고 가로채도록 설계된 복잡한 새로운 기술을 운용한다. 폐쇄회로 텔레비전 카메라는 테러리스트로 의심되는 사람이나 다른 누군가가 국경이나 지정된 비무장 지대에 가까워지면 지상 병력에 경보를 발하도록 만들어졌다. 이들은 이스라엘에 특히 가치있는 기술이다. 이스라엘 방위군은 더 이상 이 위험 지대의 병력이 국경을 정찰하게 할 필요가 없기 때문이다. 과거에는 국경의 병사들이 테러리스트의 공격에 무방비하게 노출되어 있었다. 이제 국경의 병사들이 비교적 안전하게 대기하다가 전투정보단이 주는 경보에 따라 대응할 수 있다.

네셔 부대의 지휘관은 2013년 〈예루살렘 포스트〉에 이렇게 말했다. "우리는 가자의 빅 브라더big brother로 알려져 있습니다. 우리는 모든 것을 보고 있습니다. 우리는 하마스가 병력을 강화하고 준비하는 것을 지켜보고 있습니다. 우리는 우리를 주시하는 그들을 낱낱이 지켜보고 있습니다."

2014년 여름 이스라엘에 솔리드 락Solid Rock으로 알려진(해외에서는 프로텍티브 엣지 작전Operation Protective Edge으로 알려진) 가자에서의 전쟁 동안, 하마스는 새로운 공격 무기인 '터널'을 활용했다. 테러리스트들은 이전부터 이 무기를 채택했다. 그들은 2006년 공격 때 이 지하 네트워크를 이용해 길라드 샬릿을 인질로 잡고 두 명의 이스라엘인을 죽음에 이르게 했다. 2014년 하마스는 이 터널들을 더 노골적으로 사용하기 시작했다. 많은 이스라엘 군사 분석가들은 이스라엘이 공중, 해상, 지상에서는 우위에 있지만 지하에서는 그렇지 못하다고 논평했다. 이런 우스갯소리도 있었다. "이스라엘은 텔아비브 지하철 건설에 하마스를 고용해야 한다."

하지만 그 터널들은 웃어넘길 일이 아니었다. 일부 터널은 가자지구에서 이스라엘 영토 깊숙이까지 뻗어 키부츠나 다른 민간 인프라 인근의 표면으로 이어져 있었다. 이스라엘 정보부는 이 터널들이 2014년 유대교 명절에 즈음한 '초대형 테러 공격'에 사용될 예정이었다는 단서를 발견했다. 이스라엘 군은 발견한 터널 안에서 이스라엘인들을 인질로 가자지구로 데려갈 때 사용할 수갑과 진정제를 발견했다.

이스라엘은 터널에 대해 알고 있었지만 2014년까지 그에 대한 방어는 충분치 못했다. 하마스는 터널을 이용해서 가자지구와 이스라엘 내부에서 몇 건의 공격을 성공적으로 수행했고 그 결과 여러 명의 이스라엘 병사가 목숨을 잃었다.

예루살렘 남서부에서 53마일 떨어진 곳에서 전쟁이 격화되면서 마침내 이스라엘 국회의 과학·기술 위원회Science and Technology Committee 가 터널의 위협과 맞설 방안을 찾기 시작했다. 위원회 의장인 데겔 하토라Degel HaTorah 당의 모쉐 가프니Moshe Gafni는 2014년 전쟁 종료 직후 지질학, 채굴 기타 유사 분야에 경험이 있는 전문가들의 증언과 아이디어를 듣고자 한다면서 터널의 위협을 해결하기 위한 위원회를 소집했다.

탈피오트 역시 해법의 모색에 나섰다. 터널 위협은 2학년 학생들이 진행해 군 장교들 앞에서 발표하게 될 프로젝트의 주제가 될 가능성이 크다. 차후의 해법이 무엇이 될지는 말할 수 없지만, 특히 이스라엘 남부 도시들의 경우 얼마간의 안전과 보안이 보장되어야 생활을 이어갈 수 있고 이를 위해서는 무슨 일인가는 해야 한다는 데 모두가 동의한다. 지하 경보 감지기에 관련된 아이디어는 이미 표면화되었지만 구체적인 것은 전혀 결정되지 않았다.

〈타임스 오브 이스라엘〉과 왈라닷코Walla.co.il(이스라엘 최대 인터넷 포털)의 기자 겸 분석가이며 2차 레바논 전쟁에 대한 책《34일34 Days》의 저자인 아비 이사차로프Avi Isaacharoff는 2014년 8월 〈타임스 오브 이스라엘〉의 한 기사를 통해 이런 추측을 내놓았다. "헤즈볼라는 최초로 방어용 터널을 이용해서 이스라엘 방위군 병사들을 공격하고 로켓을 계속해서 발사했다. 2차 레바논 전쟁 이후 8년 동안 헤즈볼라는 레바논 내 방어용 터널과 이스라엘을 향하는 공격용 터널의 두 가지 측면에서 채굴 프로젝트를 가속화해온 것으로 짐작된다. 8년에 걸친 그들의 작업은 다음 전쟁 때 우리가 꼭 국경 인근이 아니라도 이스라엘 영토 깊숙이에서 나타나는 헤즈볼라 전사들을 발견하게 될지 모른다는 것을 의미한다. 그곳의 땅은 가자의 땅에 비해 터널을 파기가 어렵다. 하지만 하마스는 그 일을 썩 잘 하며 헤즈볼라는 그보다 더 뛰어난 능력을 가지고 있다."

탈피오트나 다른 곳에서 해법이 나오지 않으면 남쪽 혹은 북쪽에서의 더 많은 터널 공격이 발생할 것이란 전망이 이스라엘의 비극으로 현실화될 수 있다. 여러 가지 측면에서 기술적인 해법이 이스라엘이 터널 위협에 취할 수 있는 유일한 첫 단계이다. 하마스와의 3일 휴전이 발효된 후 한 기자회견에서(2014년 8월 6일) 네타냐후 총리는 이스라엘과 세계 언론을 대상으로 한 연설의 대부분을 터널 위협에 할애했다. "이스라엘은 우리 영토에 이르게 될 새로운 터널의 위치를 찾기 위한 기술적 수단을 만드는 작업을 하고 있습니다."

이스라엘 국경을 지키는
탈피오트

탈피오트 훈련을 받은 병사들 역시 그들의 기술적 노하우를 이용해서 이스라엘-가자 국경에 배치된 원격 조정이 가능한 총 수십 정을 만들었다. 이 총은 몇 마을 떨어진 전투사령부에서 조작할 수 있고, 특히 훈련을 받은 여군들이 조작하는 경우가 많다. 이 총들은 지상군 수를 줄이는 데에도 도움을 준다. 이스라엘은 테러리스트들이 국경을 절대 넘지 못하도록 해야 한다.

국경에서의 싸움이 우선인 것은 분명하지만 원거리 전투도 무시할 수 없다. 탈피오트 졸업생들은 이스라엘 공군이 구형 F16을 대체하게 될 미제 F35에 대한 준비를 갖추는 데 참여하고 있다. F35 조종사들이 가지게 될 중요한 도구는 이스라엘 기업, 엘비트 시스템이 고안한 헬멧 장착 영상 장비이다. 엘비트와 탈피오트 엔지니어들로 구성된 직원들은 미국의 방위 산업체 록웰콜린스Rockwell Colins와 공동으로 이 프로젝트를 진행하고 있다. 이 미래형 전투기 조종사 헬멧은 장착된 카메라에서 찍은 비행 모습을 조종사에게 보내 조종사가 비행기의 역학과 성능은 물론 표적, 목표물, 장애물을 더 잘 파악할 수 있게 한다.

기술의 최전선

탈피오트의 유명한 졸업생으로 이스라엘 국방연구개발부의 수장인 오피르 쇼함은 로봇 공학에 대한 투자를 점차 늘리고 있다. 그는 로봇이 이스라엘 방위군의 병사를 완전히 대체할 것이라고 생각지는 않는다. 하지만 2020년까지 로봇이 전투 임무를 더 많이 수행하고 적지에 우선 진입함으로써 이스라엘의 사상자를 줄이게 될 것으로 확신하고 있다. 그는 2012년 〈하아레츠〉의 통신원 아모스 하렐Amos Harel에게 이렇게 말했다. "더 많은 로봇이 전사들을 대체할 것입니다. … 위험 부담이 큰 목표물에는 지상의 무인 차량이 접근하게 될 것입니다. 우리는 그들을 적진 깊숙이 보낼 수 있습니다. 상황을 관찰하고 사격을 하는 이 차량은 최전방 감시병의 역할을 합니다. 가까운 미래에 이런 일이 가능해질 것입니다." 쇼함은 지상에서 로봇의 존재감이 커지는 미래상을 그리고 있다. 이들 무인 지상 차량UGV, unmanned ground vehicle은 어떤 의미에서 세계 수준의 이스라엘 무인 항공기 함대와 거의 동일하다. 국방연구개발부 로봇공학부문의 책임자는 가비 도브레스코Gabi Dobresco 중령이다. 그는 많은 무인 지상 차량이 이미

가동 중이라고 말한다. 몇 대는 가자 국경에서 정찰을 돕고 있으며 몇 대는 웨스트뱅크 아랍 지역 인근의 부대를 지원하고 있다. 그는 미래에는 무인차량들이 노변의 폭탄과 지뢰를 찾고 폭발시키는 데 더 많이 사용될 것이라고 믿고 있다. 그들은 도심에서 사격을 유인해서 이스라엘 방위군이 적의 위치를 찾는 데에도 사용될 것이다. 도브 레스코 중령은 국방부의 보도자료를 통해 이렇게 발했다. "로봇이 병력보다 앞서 가서 좁은 통로와 같이 진행하기 어려운 길을 열어주고 군수 측면에서의 지원도 해준다. 로봇은 병사들의 부담을 줄여서 전투에 나선 병사가 적절하게 대응할 수 있게 한다." 그는 미래에는 "무인 지상 차량에 장애물 감지 센서, 카메라 기타 도구들이 장착될 것이고 혼자서 장애물을 인식하고 그것을 피해 갈 수 있게 될 것이다."라고도 말했다. 공중과 지상의 무선 조종 전투 장비 개발에 있어서는 탈피오트 역시 기술의 최전선에 있다.

더 나은 이스라엘의 미래를 위한 노력

탈피오트 졸업생들이 미치는 영향은 이스라엘 방위군에 제한되지 않는다. 이스라엘 경제의 새 지평을 여는 데 있어서는 특히 큰 영향력을 발휘하고 있다. 시스코Cisco의 CEO, 존 챔버스John Chambers는 2013년 예루살렘 방문 동안 이스라엘이 세계 최고의 디지털 국가가 될 것이라고 말했다. 네트워크를 설치하고 자금 조달에 도움을 주는 많은 탈피오트 졸업생들을 비롯한 이스라엘의 혁신가들과 기업가들은 경제의 점점 더 많은 분야를 광섬유에 연결시키고 있다. 이는 의료 시스템, 경제, 사람들이 집에서 통신을 하고, 학습을 하고, 사업을 하는 방법에 영향을 미칠 것이다.

탈피오트 학생들이 아직 영향을 미치지 않은 영역은 정치계이다. 지금까지 이스라엘 정치 체계를 흔든 탈피오트 졸업생은 단 한 명도 없었다. 하지만 언젠가는 이 상황도 바뀔 것이다. 나라를 깊이 걱정하는 탈피오트 졸업생들이 기존의 군사 체계를 바꾸었던 것처럼 정치 판도로 바꾸게 될 것이다.

이란은 계속해서 '이스라엘을 지도에서 지우겠다.'고 위협하지만, 이 책을 위해서 인터뷰 한 탈피오트 졸업생들 중에서 이란이 이스라엘의 큰 문제라고 생각하는 사람은 거의 없었다. 자신의 군과 탈피오트 경험을 세계적인 민간교육 분야의 경력으로 전환시킨 아비 폴레그 대령은 이란의 부상에 대해서 어떻게 생각하느냐는 질문에 웃음을 보였다. 그는 이렇게 말한다. "이란은 현재 이스라엘 방위에서 중요한 문제가 아닙니다. 나는 이란의 폭탄이나 팔레스타인 사람들에 대해서는 걱정하지 않습니다. 내게 가장 두렵고 문제가 되는 것은 우리 사회에서 진행되고 있는 과정입니다. 우리는 내면적인 강한 힘으로 역사 속의 많은 심각한 도전을 견뎌왔습니다. 사회 내부의 작동에 틈이 생기면 그것이 가장 위험합니다."

그가 암시하는 '틈' 중 하나는 성장하고 있는 유대교 근본주의파와 일반 사회 사이의 균열이다. 유대교 근본주의파는 1948년부터(그

수가 비교적 적었을 때) 병역을 면제받았기 때문에 언론을 통해 표현되는 대중들의 분노가 심각한 수준에 이르고 있다. 그들의 병역 면제를 두고 가열된 논란은 문화적 분열을 심화시키면서 국가의 단결을 약화시키고 있다. 탈피오트들은 이란의 핵폭탄보다 이스라엘 내부의 범죄와 부패, 균형을 잃은 경제를 더 걱정하고 있다.

하지만 사회적인 문제들은 군사적인 위협만큼 언론의 관심을 받지 못한다. 바락 벤-엘리에제르는 〈마커The Marker〉에 이렇게 말했다. "교육이나 사회 문제는 썩 관심을 끄는 문제는 아닐지 모르지만 안보만큼이나 심각한 문제입니다. 그들은 외부의 출혈이 아니라 내부의 출혈이기 때문에 감지하기도 노출시키기도 어렵습니다."

교육을 이스라엘을 위협하는 또 다른 '틈'이라고 지적한 그의 언급은 놀랍다. 하지만 이스라엘의 교육은 과거와 다르다. 65개 '선진' 국의 10대들을 대상으로 한 최근 연구에서 이스라엘은 수학에서 크로아티아, 그리스와 함께 41위를 차지했다. 과학에서도 이스라엘은 41위였다. 이스라엘이 뒤쳐질 여유가 없는 두 가지 분야가 있다면 그것은 수학과 과학이다. 혁신에 자부심을 가진 나라, 살아남기 위해서는 혁신이 필요한 나라에 수학과 과학 모두 없어서는 안 될 가장 중요한 요소이다.

이스라엘의 교육을 바로잡기 위해서는 탈피오트와 같은 접근법이 필요할 것이다. 그것은 이스라엘 안팎의 학교에서 자문을 할 때 탈피오트를 표본으로 삼는 폴레그 대령이 주창한 방법이다.

상냥한 태도와 조용한 어조를 가진 시카고 대학의 끈이론string theory

물리학자 데이비드 쿠타소프는 이런 질문으로 자신이 하는 일을 설명한다. "TV 프로그램 '빅뱅 이론The Big Bang Theory'을 본 적이 있습니까?" 그는 말을 잇는다. "나는 거기에 나오는 마르고 엉뚱한 남자 쉘던 쿠퍼Sheldon Cooper와 같은 직업을 가지고 있습니다. 내가 하는 일은 우주가 어떻게 존재하게 되었는지 밝히는 것입니다."

쿠타소프는 탈피오트가 계속해서 연구 분야를 이끌 것이라고 생각한다.

"미국의 유명 대학에 있는 학생들을 포함하여 요즘 내가 만나는 많은 젊은이들은 너무나 인습적이고 그다지 독창적이지 않습니다. 탈피오트에서는 생도들로부터 인습적인 생각을 제거하고 독창성을 이끌어냅니다. 이제 미국의 시스템을 살펴봅시다. 내 딸은 MIT의 입학 승인을 받았습니다. 엔지니어링 전공이죠. 하지만 그녀의 동기 중 엔지니어가 되기를 원하는 것은 딸아이뿐입니다. 나머지는 MBA 학위를 받고 싶어 하죠. 그들은 그저 무리에 섞여서 MIT에 지원한 것입니다. 또 다른 사례도 확인합시다. 맨해튼에서는 달턴, 하버드 등 좋은 법학대학원에 가려면 적절한 예비학교에 가야 합니다. 이 시스템은 독창적이지 못한 전문인들을 키웁니다. 그런 시스템은 당신을 거기까지 밖에 데려다 주지 못합니다."

"미국의 주요한 기술 리더들은 모두 대학을 마치지 않은 것 같습니다. 스티브 잡스도 빌 게이츠Bill Gates도 학교를 마치지 못했죠. 심지어 신용부도의 늪에 빠져있는 기업에 베팅을 하는 MBA들을 보십시오. '이것이 정말 좋은 생각인가?'라는 의문을 가지는 사람은 없는 것일까요? 이 시스템은 리더가 아닌 추종자만을 키워냅니다."

"반면 탈피오트는 계속해서 리더를 만듭니다. 탈피오트는 독창성에 역점을 둡니다. 탈피오트는 사람들에게 군의 어떤 부문에서 무슨 일이 벌어지고 있는지 파악하게 한 뒤에 그들이라면 어떻게 다르게 일을 할 것인지 묻습니다. 그들은 항상 도전 과제를 부여합니다. 그것이 그 프로그램의 유전자 안에 있습니다."

탈피오트의 창설 후 그 '유전자'들은 프로그램과 졸업생을 예상치 못한 그리고 전례 없는 돌파구로 나아가게 만들었다. 언젠가 이 젊은 이들이 이스라엘 정부와 정치에 영향을 미치고 평화 전망까지 강화하게 될 것이 분명하다. 탈피오트 동문들이 국방은 물론 교육, 예루살렘 정치의 중심까지 모든 부문에서 영향력을 확장하면서 차세대가 더 안전하고 안정적인 이스라엘을 맞이하는 데 주춧돌이 될 것이다.

연도	역사적 사건	탈피오트 사건	탈피오트 졸업생의 업적
1918 /1919년	1차 세계대전 종전, 팔레스타인 오토만 통치 종료. 국제연맹League of Nations이 대영제국에 팔레스타인 통치 권한 부여		
1924년		유고슬라비아에서 펠릭스 도싼 출생	
1927년		영국령 팔레스타인에서 사울 야치프 출생	
1947년 11월 29일	국제연합United Nations이 아랍과 유대의 팔레스타인 분할에 동의		
1948년 5월 14일	이스라엘State of Israel 수립. 미국인 이스라엘을 인정		
1948 ~1949년	이스라엘이 주변 아랍 국가의 공격을 받음. 독립 전쟁이 이집트, 요르단, 시리아, 레바논과의 휴전 협정으로 종료. 이스라엘과 요르단이 예루살렘을 분할		
1956년 10월	시나이 캠페인Sinai Campaign: 이스라엘이 영국과 프랑스의 지원으로 시나이 점령. UN, 미국, 소비에트 연방의 압력으로 이집트에 반환		
1950년대 /1960년대	지속적인 아랍 게릴라 공격, IDF의 보복 작전		

연도	역사적 사건	탈피오트 사건	탈피오트 졸업생의 업적
1967년 6월	6일 전쟁. 이집트가 티란 해협 봉쇄. 이스라엘이 이집트로부터 시나이 반도를, 요르단으로부터 예루살렘을 비롯한 웨스트뱅크를, 시리아로부터 골란 고원을 빼앗음		
1967년 11월	UN 결의안 242호가 평화를 위한 기본틀을 채택함		
1967 ~1970년	이집트/이스라엘 지구전		
1973년 10월	욤 키푸르 전쟁. 이스라엘이 이집트와 시리아의 공격을 받음. 초기에는 피해를 입었지만 결국 이집트와 시리아를 패배시킴. 휴전이 선언됨		
1974년 4월	욤 키푸르 전쟁의 실패 원인을 조사하는 아그라나트 위원회의 중간보고서가 군사력과 정보력에 대한 준비 부족을 지적. 골다 메이어 총리가 고위 군부 지도자들과 함께 사임		
1974년 11월		사울 야치프와 펠릭스 도싼 교수가 '신무기 개발 연구소 설립을 위한 제안 A Proposal for Establishing an Institute for the Development of New Weapons'이라는 제목의 문서를 작성	

연도	역사적 사건	탈피오트 사건	탈피오트 졸업생의 업적
		현재는 이 문서를 간단히 탈피오프 프로그램의 '개시 문서The Initiation Document'라고 부름. 도싼과 야치프의 원 제안은 재능 있는 신병들에게 12개월 안에 수학과 물리학 학위를 수여하고 이후 그들이 군을 위한 해법을 만들게 하자는 것	
1974년	인텔이 이스라엘 지사를 설립함. 미국 밖에 최초로 만든 개발실		
1975년 7월		국방부 회의가 탈피오트 프로그램의 창설을 고려함. 회의 말미에 참가자들이 좋은 아이디어라는 데 동의. 하지만 몇 가지 문제가 남았고 공식적인 승인은 없었음	
1971 ~1982년	PLO가 1971년 요르단에서 축출되고 남부 레바논에 기지를 세움. PLO는 갈릴리 주민들에게 공격을 가하고 IDF의 보복을 당함		
1978년 3월	리타니 작전Operation Litani. 이스라엘이 처음으로 레바논에 대규모 침공을 감행. PLO가 남부 레바논에서 철수해 리타니 강 북쪽에 기지를 세움. 이스라엘과 레바논 국경에 UN 완충 지대가 만들어짐		

연도	역사적 사건	탈피오트 사건	탈피오트 졸업생의 업적
1978년 9월	이스라엘과 이집트 사이에 캠프 데이비드 협정Camp David Accords 체결. 이집트 사다트Sadat 대통령과 이스라엘 베긴 총리가 1978년 노벨 평화상 공동 수상		
1978년	베긴 총리하에서 라파엘 에이탄 장군이 이스라엘의 11대 참모 총장이 되면서 혁신의 시대를 시작함		
1979년 3월	이스라엘-이집트 평화 협정 조인	에이탄 장군이 공식적으로 탈피오트 프로그램을 승인하고 프로그램 실행에 대한 초기 명령을 하달	
1979년 봄		탈피오트 신입생 모집 시작. 프로그램 계획 개발. 1979년 1기 탈피오트 여름 복무 시작	
1981년		탈피오트 기지가 팔마힘 군사 기지에서 예루살렘 히브리대학으로 이전	
1978 ~1982년	PLO가 대 이스라엘 군사 작전을 계속함. 이스라엘이 1982년 다시 레바논을 침공해 PLO를 무력으로 축출함. 이스라엘이 남부 레바논군SLA, South Lebanon Army의 원조에 동의해 좁은 국경 완충 지대로 철수		
1981년	아리엘 샤론이 국방 장관 임명		

연도	역사적 사건	탈피오트 사건	탈피오트 졸업생의 업적
1982년		이스라엘 해군이 현대화에 도움을 줄 것을 기대하고 탈피오트 생도를 수용함. 1기 탈피오트가 3년간의 학술 과정을 마치고 졸업함	
1982 ~2000년	남부 레바논에 IDF, 헤즈볼라, 기타 민병대, 게릴라 사이의 지속적인 전투	탈피오트 생도들이 장교와 전투 훈련을 위해 레바논에 파견됨	
1983년		탈피오트 과정에 컴퓨터 과학 추가	
1983년	과학부의 수장이었고 탈피오트가 국방부의 승인을 얻는 데 중요한 역할을 했던 유발 네만Yuval Ne'eman이 이스라엘 우주국Israel Space Agency 창설		
1984년		탈피오트가 프로그램에 여성을 받아들이기 시작	
1985년	이란이 후원하는 레바논 시아파 급진 운동 단체, 헤즈볼라가 이스라엘의 레바논 영토 점령을 종식시키기 위한 무력 투쟁을 촉구		
1980년대 중반		탈피오트 교수 아리엘 로버가 기갑 전투 차량을 위한 능동 방호 시스템, 트로피에 대한 개념과 원형을 고안.	

연도	역사적 사건	탈피오트 사건	탈피오트 졸업생의 업적
1985년		탈피오트의 졸업생들이 처음으로 생도를 지휘하는 탈피오트 프로그램의 강사가 됨. 탈피오트 졸업생인 오페르 야론이 이 프로그램을 이끄는 첫 번째 졸업생이 됨. 더욱 적극적으로 여성들 모집에 나섬	
1987 ~1993년	1차 인티파다-요르단 강 서안 지구와 가자지구에서 일어난 이스라엘에 대한 팔레스타인의 봉기		
1988년	이스라엘이 첫번째 오페크 인공 위성 발사		
1991년	'스커드 전쟁Scud War' 동안 이라크가 이스라엘에 미사일을 발사	군사 학습이 탈피오트 학생들에게 의무화됨. 이 과정에는 아랍-이스라엘 분쟁, 현대전, 국가 안보에 관한 내용 포함	
1993 /1995년	이스라엘과 PLO 사이에 오슬로 협정Oslo Accords 체결		
1990년대 중반	이스라엘 남부의 민간인 지역 중심에서 로켓 발사	탈피오트 학생들이 아이언 돔 방어 체제의 초기 콘셉트 제안	
1993년			탈피오트 졸업생 마리우스 나흐트가 체크 포인트 소프트웨어 테크놀로지 공동 설립. 탈피오트 졸업생 엘리 민츠, 심천 파이글러, 아미트 나탄이 컴퓨젠 설립
1994년 10월	이스라엘-요르단 평화 조약 체결		
1994년	폭탄 테러의 시대 시작		

연도	역사적 사건	탈피오트 사건	탈피오트 졸업생의 업적
1995년 11월	이츠하크 라빈 총리 암살		
1996년			체크 포인트 소프트웨어 테크놀로지 나스닥 상장
1999년		탈피오트 20주년	
2000년		탈피오트 프로그램이 거의 두 배에 달하는 생도를 수용할 수 있게 확대	컴퓨젠 나스닥 상장
2001년			탈피오트 졸업생 아리엘 마이슬로스가 파사베 설립
2003년		지휘관 아미르 슐라첸 아래에서 탈피오트 시험과 모집 재설계	가이던트의 X-테크놀로지 인수. 탈피오트 졸업생 가이 시나르는 이 회사, 그리고 이스라엘 생명 공학 기업으로서 최초로 성사된 이 대규모 거래와 깊은 관련이 있음
2000 ~2005년	2차 인티파다-웨스트 뱅크와 가자지구에서 일어난 이스라엘에 대한 팔레스타인의 봉기		
2006년 7월~8월	대 헤즈볼라 2차 레바논 전쟁		
2007년			바락 벤-엘리에제르과 오피르 조하르를 비롯한 탈피오트 14기 졸업생들이 설립한 XIV가 IBM에 매각
2008년		탈피오트 30기 시작	

연도	역사적 사건	탈피오트 사건	탈피오트 졸업생의 업적
2008년 12월 ~2009년 1월	대 하마스 1차 가자 전쟁(캐스트 리드 작전)		
2011년	사이버 방어 체계를 개발하고 총리의 고문 역할을 하는 이스라엘 사이버전쟁국 설립. 책임자는 탈피오트 졸업생 에비아타르 마타니아		메이어 샤아슈아가 설립한 웨이브즈 오디오가 테크니컬 그래미 상 수상
2012년 1월			탈피오트 졸업생 아리엘 마이슬로스가 공동 개발한 아노비트가 애플에 매각
2012년 11월	2차 가자 전쟁(필라 오브 디펜스 작전)		
2014년 7월~8월	3차 가자 전쟁(프로텍티브 엣지 작전)		

| 도움을 주신 분들 |

민감한 군사 프로그램에 대한 상세한 기사나 책을 쓸 때면 작가는 프로젝트의 리서치에 엄청난 도움을 주었지만 이름을 거론할 수 없는 많은 사람들에게 마음의 빚을 지게 된다. 이스라엘은 조종사, 간첩, 군사 분석가, 국방부나 군 간부, 장교, 전투원, 과학자의 신원을 보호하는 엄격한 보안 규칙을 가지고 있다. 이스라엘 방위군의 탈피오트 프로그램은 효과적인 막강한 전투력을 이루는 데 꼭 필요한 모든 요소들로 이루어진 초호화 목록이다.

정보와 연구를 도와주신 분들과 이스라엘 방위군이라는 기계가 어떻게 작동하는지 파악하는 데 도움을 주신 모든 분들께 감사드리고 싶다. 보안상의 이유로 언급할 수 없는 분들, 저널리스트가 언급하는 것을 승인하지 않는 분들이 많지만, 그들의 기여는 이 책에 없어서는 안 될 것들이었다.

이 명단에는 큰 도움을 준 모사드 출신 남녀, 크고 작은 이스라엘 군사 계약에 관련된 간부, 관대하게 시간을 할애해 주었지만 특정 주제에 대해서는 아직도 비밀 유지 규칙을 준수해야 했던 이스라엘 방위군 대변인실의 전 멤버, 현직 현장 지휘관, 공군 조종사, 전 해군 장교, 여러 명의 탈피오트 병사, 이스라엘 방위군과 이스라엘 예비군의 여러 분과에서 복무하고 있는 여러 탈피오트 졸업생이 포함된다.

그들은 현장에서 엘리트 부대를 지휘하고, 다음 전쟁을 대비하고, 이스라엘을 둘러싼 적들보다 늘 열 걸음 앞서기 위해 애쓰면서 용감히 나라를 위해 일했고 계속해서 나라를 위해 일하고 있다.

다행히 이름을 공개하는 것을 허락한 분들도 많다. 다음의 탈피오트 졸업생들에게 큰 감사의 마음을 전한다.

길라드 알모지Gilad Almogy, 모르 아미타이Mor Amitai, 마탄 아라지Matan Arazi 요시 아자르Yossi Azar, 우리 바르카이Uri Barkai, 오데트 바르 레브Oded Bar Lev, 지프 벨스키Ziv Belsky, 론 베르만Ron Berman, 사아르 코헨Saar Cohen, 아리크 체르니악Arik Czerniak, 탈 데켈Tal Dekel, 츠비카 디아망Zvika Diament, 로템 엘다르Rotem Eldar, 바락 벤-엘리에제르Barak Ben-Eliezer, 엘라드 페르버Elad Ferber, 기드온 포스틱Gideon Fostick, 마리나 간들린Marina Gandlin, 라아난 게펜Raanan Gefen, 코비 카미니츠Kobi Kaminitz, 애덤 카리프Adam Kariv, 오

페르 킨로트Opher Kinrot, 조라 코른블라우Giora Kornblau, 오피르 크라-오즈Ophir Kra-Oz, 데이비드 쿠타소프David Kutasov, 길라드 리더러Gilad Lederer, 론 마일로Ron Milo, 엘리 민츠Eli Mintz, 마리우스 나흐트Marius Nacht, 드로르 오페르Dror Ofer, 아미르 펠레그Amir Peleg, 바락 펠레그Barak Peleg, 아비 폴레그Avi Poleg, 보아즈 리핀Boaz Rippin, 아미르 슐라챗Amir Schlachet, 하가이 스콜니코프Haggai Scolnicov, 가이 시나르Guy Shinar, 탈 슬로보드킨Tal Slobodkin Dr. 아비브 투트나우어Aviv Tuttnauer, MD, 오페르 야론Opher Yaron, 가이 레비-유리스타Guy Levy-Yurista, 오피르 조하르Ofir Zohar

탈피오트 졸업생 오데트 고프린Oded Govrin(사망)의 형제 암논 고프린Amnon Govrin에게 특별히 감사의 인사를 전한다.

초기 관리자
탈피오트의 창립자인 펠릭스 도싼Felix Dothan의 아들, 요아프 도싼Yoav Dothan, 전 MAFAT 책임자 우치 에일람Uzi Eilam 장군, 전 MAFAT 책임자 이츠하크 벤-이스라엘Yitzhak Ben-Israel 장군, 초기 창립자인 공군의 벤지 마크니스Benji Machnes 대령, 심리학자 역할을 한 프로그램의 초기 관리자 하노쉬 차딕Hanoch Tzadik

프로그램/전 병사들의 초기 관찰자
오델리아 코헨Odelliah Cohen, 메이다드 무스칼Meidad Muskal

외무부 직원

오렌 아놀릭Oren Anolik, 벤자민 크라스나Benjamin Krasna

군 대변인실

에이탄 버크만Eytan Buchman 대위, 케렌 하지오프Keren Hajioff 대위, 아비탈 레이보비치Avital Leibovich 대령, 리비 와이스Libby Weiss, 리모르 그로스-바이스버크Limor Gross-Weisbuch 중령

방위 산업체

라파엘의 데이비드 이샤이David Ishai, IAI의 노가 나들러Noga Nadler

기업 계약

벤처 캐피털리스트 마틴 게르스텔Martin Gerstel, 레인보우 메디컬Rainbow Medical의 요시 그로스Yossi Gross, STEP 전략 고문 샤로나 저스트만Sharona Justman

교수/역사가/저널리스트

데이비드 호 로비츠David Horovitz, 아리에 오설리반Arieh O'Sullivan, 아브라함 라비노비치Abraham Rabinovich, 아미르 라파포트Amir Rapaport, 조나선 라이언홀드Jonathan Rynhold 교수, 샤울 샤이Shaul Shay 대령, 로넨 베르그만Ronen Bergman, 론 슐라이퍼Ron Schleifer

대중 문화 관찰자

아사프 하렐Asaf Harel 배우/제작자/작가

뉴욕 이스라엘 영사관 IDF 기록 보관소 직원

샤하르 아자니Shahar Azani, 케렌 겔판트Keren Gelfand

| 감사의 말 |

샤를로트 프라이드란트Charlotte Friedland와 이츠하크 프라이드란
트Yitzchak Friedland가 아니었다면 이 책은 결코 존재할 수 없었을 것이
다. 책을 어떻게 구성해야 하는지 가르치면서 보인 그들의 인내와 도
움은 나에게 더없이 귀중했다. 그들에게 감사의 마음을 제대로 전할
방법은 아마 존재하지 않을 것이다. 두 사람은 훌륭한 편집자이고 훌
륭한 사람들이다. 감사합니다.

나와 이 책에 신뢰를 가져주고 출판해준 게펜 퍼블리싱 하우
스Gefen Publishing House의 일란 그린필드Ilan Greenfield, 린 두에크Lynn Douek,
케지아 라펠 프라이드Kezia Raffel Pride, 에스더 슈바르츠-아이브지Esther
Schwartz-Ivgy에게도 감사드리고 싶다. 일란은 내가 수년 전 그에게 보낸

첫 번째 이메일에서 책에 대한 나의 비전과 스토리에 대한 나의 열정을 진심으로 이해해주었다.

예루살렘의 예후디트 싱어Yehudit Singer는 나를 이스라엘의 중요 인물들과 연결시켜주고, 찾는 것이 불가능에 가까운 문서를 찾아주고 번역해주었다. 그녀가 아니었다면 나는 아직도 영어-히브리어 사전을 들고 차가운 예루살렘 도서관 바닥에 앉아 있을 것이다.

아비탈 라이보비치Avital Leibovich 대령, 리모르 그로스-바이스 부흐Limor Gross-Weisbuch 대령, 에이탄 버크만Eytan Buckman, 케렌 하지오프Keren Hajioff, 리비 웨이스Libby Weiss를 비롯한 이스라엘 방위군 대변인실의 많은 분들께도 감사의 마음을 전하고 싶다. 나는 국방부에서 나에게 조언을 주었을 뿐 아니라 소중한 팩트 체커의 역할까지 해주신 여러분들에게 진 빚을 영원히 갚지 못할 것이다. 심지어 한 분은 빗방울 사이를 걷는 법까지 가르쳐주었다. 감사합니다.

이스라엘의 가장 명민한 군사 저널리스트 중 한 명인 로넨 베르그만Ronen Bergman은 집필 과정에서 지극히 관대한 태도로 조언과 아이디어를 아끼지 않았다.

하다사 메디컬 센터Hadassah Medical Center의 최고 홍보 책임자 바바라 소페르Barbara Sofer는 나에게 늘 조언과 상담과 우정을 전해주었고 항상 나를 웃게 만들었다.

제프리 게비르츠Jeffrey Gewirtz와 스테이시 게비르츠Stacy Gewirtz는 이스라엘을 오가는 여행을 함께 해준 멋진 조력자들이었다. 나의 아버지, 마이클 게비르츠Michael Gewirtz는 내가 제대로 정리하고 저장할 수 없을 정도로 많은 조사 자료를 제공해주었다. 그는 쉬지 않고 온라인과 신문에서 찾은 전 세계의 자료를 추천하는 노력을 보여주었다.

책 표지에 대한 내 아이디어를 그래픽으로 설명해서 게펜의 아티스트들이 내가 말로 표현할 수 없었던 비전을 만들어낼 수 있게 도와준 로버트 드펠리스Robert DeFelice에게도 감사드리고 싶다.

이스라엘 아리엘 대학의 론 슐라이퍼Ron Schleifer가 내 아이디어를 어떻게 책으로 옮기지, 어디에서 출발하는지, 어떻게 진행해나가는지 대해 해준 조언은 큰 도움이 되었다.

나는 뉴스 비즈니스계에서 최고의 사람들과 일하는 큰 행운을 누렸다. 마크 호프만Mark Hoffman은 CNBC를 비즈니스 뉴스의 최고 브랜드로 만들었다. 그는 CNBC를 모든 직원들이 자랑스러운 직장이라고 말할 수 있는 곳으로 만들었다.

내가 조사와 집필을 이어나가는 동안 닉 디오건Nik Deogun이 보여준 열정에 특별히 감사를 표하고 싶다. 닉은 내가 만난 가장 현명한, 최고의 뉴스맨이다. 뉴스는 물론이고 경영에 대해서까지 그가 가진 지식의 폭은 끝이 없다.

제레미 핑크Jeremy Pink는 이 프로젝트를 시작할 때 처음으로 격려를 보내준 특별한 사람이다. 나를 CNBC로 이끌어준 데이비드 프렌드David Friend와 조엘 프랭클린Joel Franklin에게도 감사를 전하고 싶다.

조너선 왈드Jonathan Wald가 아니었다면 이 책은 불가능한 일이었을 것이다. 내가 첫 임무로 이스라엘에 간 것은 그가 프로듀서로 나를 보냈기 때문이었다. 그는 계속해서 전쟁, 평화, 2006년 워런 버

핏Warren Buffett의 역사적인 이스라엘 여행을 다루는 일을 나에게 맡겼다. 이런 임무들은 이 책을 쓸 수 있게 한 자신감을 심어주었을 뿐 아니라 나를 개인적으로나 직업적으로 성장시켜주었다.

세계 곳곳(전쟁 와중의 중동, 폭동이 벌어지는 그리스)에서 칼 킨타닐라Carl Quintanilla와 일한 경험은 부담감 속에서 일하는 것이 무엇인지에 대해 많은 것을 가르쳐주었다. 칼과 현장에서 보낸 시간은 저널리스트로서 내가 가장 자랑스럽게 생각하는 시간이다.

나는 NBC 텔아비브 지국에서 이스라엘을 담당했던 그 어떤 저널리스트들보다 뛰어난 기량을 자랑하는 길라 그로스먼Gila Grossman, 폴 골드만Paul Goldman, 데이브 코플랜드Dave Copeland, 마틴 플레처Martin Fletcher와 근무한 행운아였다. CNBC의 국제 특파원 미셸 카루소-카브레라Michelle Caruso-Cabrera, 수석 특파원 스콧 콘Scott Cohn과 여행을 하고 일한 경험은 내게 큰 영향을 주었다.

나는 이 원고의 여러 부분에서 벤 셔우드Ben Sherwood의 《생존자 클럽The Survivor's Club》을 모델로 사용했다. 벤은 뛰어난 스토리텔러이다. 그와 보낼 수 있었던 짧은 시간 동안을 통해서, 이야기를 하고 상대가 스스로 이야기를 하게 만드는 그의 놀라운 능력을 통해서 나는 많은 것을 배웠다.

'체크 포인트'(방화벽을 개발한 세계 최고의 인터넷 보안회사)의 짐 리바스Jim Rivas는 중요한 인터뷰와 자료를 확보하는 데 큰 도움을 주었다.

《검은 9월의 공포Terror in Black September》의 저자 데이비드 라아브David

Raab는 내가 집필을 시작할 때 너그럽게 자신의 시간을 할애하고 조언을 해주었다.

모든 분들께 정말로 감사드립니다.

윤세문

미국 컬럼비아 대학에서 전자공학 석사학위 이수 후, LG전자에서 근무했다. 현재는 스위스 제네바에 본부를 둔 세계경제포럼(World Economic Forum)에서 세계 유수의 스타트업을 발굴, 선정하는 업무를 하고 있다. 혁신 창업 국가로 잘 알려진 이스라엘 기업들을 포함한 다양한 스타트업과의 협력을 통해 4차 산업혁명의 역동성 확산 업무를 맡고있다.

박지수

전주교육대학 졸업 후 서울대신초등학교에서 교사로 재직 중이다. 이스라엘의 하브루타 교육을 시작으로, 창의적 인재 양성을 위한 교육 시스템을 연구하고 있다.

이영래

이화여자대학교 법학과를 졸업하고 리츠칼튼 서울에서 리셉셔니스트로, 이수그룹 비서 팀에서 비서로 근무했으며, 현재 번역에이전시 엔터스코리아에서 전문 번역가로 활동하고 있다. 주요 역서로는《세계미래보고서 2055》,《유엔미래보고서 2050》,《진화된 마케팅 그로스 해킹》,《폭력적인 세계 경제》,《트럼프의 진실》,《미국 대통령을 위한 NIC 미래 예측 보고서》,《더 나은 유엔을 위하여》,《위안화의 역습》 등이 있다.

이스라엘 탈피오트의 비밀

1판 1쇄 발행 2018년 6월 5일
1판 2쇄 발행 2018년 10월 30일

지은이 제이슨 게위츠
감수 윤종록 **옮긴이** 윤세문, 박지수, 이영래

발행인 양원석 **본부장** 김순미 **편집장** 최두은
책임편집 박현아 **디자인** RHK 디자인팀 마가림, 김미선
해외저작권 황지현 **제작** 문태일 **영업마케팅** 최창규, 김용환, 정주호, 양정길,
이은혜, 조아라, 신우섭, 유가형, 임도진, 김유정, 우정아, 김양석, 정문희

펴낸 곳 ㈜알에이치코리아
주소 서울시 금천구 가산디지털2로 53, 20층 (가산동, 한라시그마밸리)
편집문의 02-6443-8827 **구입문의** 02-6443-8838
홈페이지 http://rhk.co.kr
등록 2004년 1월 15일 제2-3726호

ISBN 978-89-255-6410-4 (03320)